Abitur 2016
Mathematik-Training mit den Abi-Aufgaben
2015, 2014, 2013, 2012 und 2011

Klaus Messner

11. Oktober 2015

Herstellung und Verlag:
BoD - Books on  Demand, Norderstedt

ISBN  9783738625080

Autor: Klaus Messner
klaus_messner@web.de
www.elearning-freiburg.de

# Vorwort

Liebe Leserinnen, liebe Leser,

dieses Buch dient vor allem der Wiederholung. Ich möchte Ihnen zeigen, wie man an Abi-Aufgaben herangeht und sie löst. Hier steht also das Wie im Vordergrund, das Warum ist Sache des Schulunterrichts! Sie finden hier also keine Beweise, dafür umso mehr Verfahren, Formeln und viele anschauliche Beispiele und Rechen-aufgaben.

Formeln und Verfahren erkläre ich immer zuerst in kleinen einfachen Rechenbeispielen, weil es für die Schwächeren unter Ihnen wichtig ist, den grundlegenden Umgang mit Ihrem Handwerkszeug einzuüben. Falls Sie schon genügend geübt sind, können Sie sich direkt an die entsprechenden Abituraufgaben heranwagen. So erhoffe ich mir, den verschiedenen Leistungs-ständen etwa zwischen 4 und 11 Punkten gerecht zu werden.

Im vorliegenden Band werden die abiturrelevanten Themen Differenzial- und Integralrechnung und Geometrie behandelt. Weitere Themen wie „Die Bedienung des GTR" oder „Mathematische Techniken", die früher enthalten waren, finden Sie jetzt auf meiner Homepage. Im letzten Kapitel finden Sie Abi-Aufgaben der vergangenen Jahre zusammen mit meinen Lösungsvorschlägen. Die Lösungsvorschläge haben keinerlei offiziellen Charakter!

Auf meiner Internetseite www.elearning-freiburg.de finden Sie außerdem einige Abi-Themen, Prüfungsaufgaben und deren Lösungsvorschläge als Videovorträge sowie in ausdruckbarer Form. Hier stehen auch Materialien bereit, die im Buch nicht veröffentlicht wurden, etwa die Abi-Aufgaben früherer Jahre. Eine DVD mit Video-Tutorials und Prüfungsaufgaben können Sie über meine Internetseite auch käuflich erwerben.

Wenn Sie Anregungen haben oder Kritik üben wollen, schreiben Sie mir ein E-Mail an klaus_messner@web.de, vor allem wenn Sie irgendwo einen Fehler entdeckt haben. Und nun liebe Leserin, lieber Leser, wünsche ich Ihnen viel Spaß beim Durcharbeiten der Lektüre, beim Üben und Verstehen und viel Erfolg in Ihrer Prüfung,

Klaus Messner

# Inhaltsverzeichnis

# 1 Differenzialrechnung

## 1.1 Grundlagen

### 1.1.1 Begriffe und Zusammenhänge

Am Anfang der Differenzialrechnung steht die einfache geometrische Frage, wie man die Steigung der Tangente in einem beliebigen Punkt $P_0$ einer Funktion bestimmt. Gibt es denn in jedem Fall eine Steigung bzw. eine Tangente? Wie kann man die Gleichung der Tangente in $P_0$ bestimmen? In der Schule haben Sie gelernt, dass man Ableitungen bilden muss und dass die Ableitungen in einem engen Zusammenhang zu Tangenten und Steigungen stehen. Das wichtigste Handwerkszeug der Differenzialrechnung ist also das Ableiten. Es folgen ein paar grundlegende Bezeichnungen und Zusammenhänge.

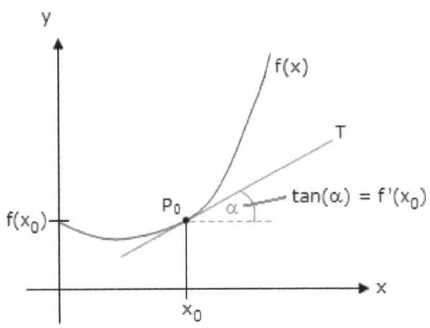

Die erste Ableitung einer Funktion $f(x)$ bezeichnet man mit $f'(x)$ (gelesen: f Strich von x). Es sei nun $P_0(x_0|y_0)$ ein beliebiger Punkt auf dem Schaubild von $f$, dann ist $f'(x_0)$ die erste Ableitung von $f$ in $x_0$. Geometrisch ist damit der Tangens des Steigungswinkels der Tangente in $P_0$ gemeint. Die nebenstehende Abbildung zeigt den Zusammenhang noch einmal.

Wir halten fest:

> Die erste Ableitung $f'(x_0)$ einer Funktion gibt den Steigungswinkel der Tangente in $x_0$ an, genauer gesagt, den Tangens dieses Steigungswinkels.

Die Erkenntnis, dass Sie mit der Ableitung einen Steigungswinkel berechnen können, ist schon eine der wichtigsten Grundlagen der Differenzialrechnung. In den nächsten beiden Abschnitten beschäftigen wir uns damit, wie man nun konkret Ableitungen bildet.

# 1.1.2 Ableitung elementarer Funktionen

Um später allgemeine Funktionen ableiten zu können, bildet man in der Schule zunächst die erste Ableitung einiger elementarer Funktionen, beispielsweise von Potenzen und trigonometrischen Funktionen. Die Ergebnisse dieser Untersuchungen sind in der folgenden Tabelle dargestellt, die Sie möglichst auswendig lernen sollten.

| $f(x)$ | $f'(x)$ |
|---|---|
| $c$ | $0$ |
| $x$ | $1$ |
| $x^n$ | $nx^{n-1}$ |
| | |
| $\sin(x)$ | $\cos(x)$ |
| $\cos(x)$ | $-\sin(x)$ |
| | |
| $e^x$ | $e^x$ |
| $\ln(x)$ | $\dfrac{1}{x}$ |

In der obigen Tabelle ist $c \in \mathbb{R}$ eine beliebige reelle Zahl, also eine beliebige Konstante. Die Ableitung einer Konstanten ist also immer 0. Wir müssen noch nicht einmal rechnen, um das einzusehen! Schauen wir uns dazu einmal das Schaubild einer konstanten Funktion $f(x) = c$ an.

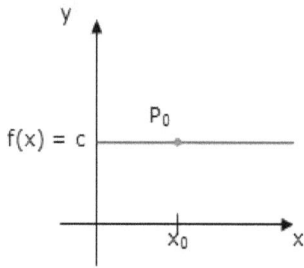

Egal welchen Punkt $P_0$ Sie sich aussuchen, die Tangente verläuft in diesem Punkt immer waagrecht. Mit anderen Worten: Die Steigung der Tangente ist immer 0 und damit ist auch $f'(x)$ immer 0.

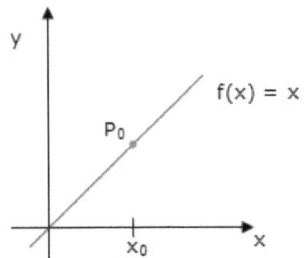

Auf dieselbe Weise macht man sich klar, dass für $f(x) = x$ in jedem beliebigen Punkt die Ableitung $f'(x) = 1$ ist, denn das Schaubild von $f(x)$ ist nichts anderes als die Winkelhalbierende. Deren Steigung ist 45° und der Tangens davon ist 1, also $f'(x) = \tan(45) = 1$.

Bemerkenswert an der Tabelle ist, dass $\sin(x)$ abgeleitet zu $\cos(x)$ wird, aber $\cos(x)$ wird nach der Ableitung nicht wieder zu $\sin(x)$ sondern zu $-\sin(x)$.

Besonders bemerkenswert ist aber die Tatsache, dass die e-Funktion beim Ableiten erhalten bleibt!

Im G8-Gymnasium kommt die Ableitung von $\tan(x)$ offenbar nicht mehr vor und wird daher auch hier nicht weiter untersucht.

Wichtig ist, dass Sie diese Ableitungstabelle auswendig lernen. Das ist sozusagen Ihr Handwerkszeug. Sie verlieren im Abitur sehr viel Zeit, wenn Sie jedes Mal nachschlagen müssen!
Kommen wir noch einmal darauf zurück, dass sich aus der ersten Ableitung der Steigungswinkel der Tangente in einem beliebigen Punkt $x_0$ einer Funktion $f(x)$ berechnen lässt. Zwei Rechenbeispiele sollen den Vorgang verdeutlichen.

### Rechenbeispiel 1:

Es sei $f(x) = x^2$. Gesucht ist der Steigungswinkel der Tangente im Punkt $P(1|1)$ .

### Lösung:

Bilde mit der Potenzregel zunächst $f'$ und erhalte $f'(x) = 2x^{2-1} = 2x$ . Nun setzt man einfach die $x$-Koordinate von P, nämlich $x_0 = 1$ ein und erhält $f'(1) = 2$. Dies ist der Tangens des gesuchten Steigungswinkels. Folglich gilt $\tan(\alpha) = 2$ woraus sich der Steigungswinkel selbst mit $\alpha = 63{,}43°$ ergibt. Mit dem GTR geben Sie hierzu {2ND TAN 2} ein. Vergessen Sie nicht, den GTR über {MODE} in den Modus {DEGREE} einzustellen, damit der Winkel im Gradmaß berechnet wird.

*Rechenbeispiel 2:*

Es sei $f(x) = e^x$. Gesucht ist der Steigungswinkel der Tangente im Punkt $P(0|1)$.

*Lösung:*

Mit $f(x) = e^x$ folgt $f'(x) = e^x$. $x_0 = 0$ eingesetzt ergibt $f'(0) = e^0 = 1$, also folgt $\tan(\alpha) = 1$ und damit $\alpha = 45°$.

# 1.1.3 Rechenregeln

Bisher können wir nur elementare Funktionen ableiten, aber Funktionen sind in der Regel nicht elementar. Sie können auf vielfältige Weise zusammengesetzt oder verknüpft sein, z.B. mit + oder ·. Hier einige Beispiele:

1.  $f(x) = x^2 + x$. Hier ist f(x) die Summe der Funktionen $u(x) = x^2$ und $v(x) = x$. $f$ hat also die Form $f(x) = u(x) + v(x)$

2.  $f(x) = x^2 \sin(x)$. Hier ist $f(x)$ das Produkt der Funktionen $u(x) = x^2$ und $v(x) = \sin(x)$. Somit hat $f$ die Form $f(x) = u(x) \cdot v(x)$

3.  $f(x) = \sin(2x)$. Das ist eine besondere Form. Hier steckt sozusagen eine Funktion in einer anderen drin. Im Beispiel steckt die Funktion $v(x) = 2x$ in der Funktion $u(x) = \sin(x)$. Man sagt, dass die Funktionen ineinander verschachtelt sind. $f$ hat die Form $f(x) = u(v(x))$, wobei $v(x)$ die innere und $u(x)$ die äußere Funktion ist.

4.  $f(x) = e^{x/2}$. Auch hier steckt wieder eine Funktion in einer anderen. Im Beispiel sind die Funktionen $v(x) = x/2$ und $u(x) = e^x$ ineinander verschachtelt. $f$ hat wieder die Form $f(x) = u(v(x))$, mit $v(x) = x/2$ als innerer und $u(x) = e^x$ als äußerer Funktion.

Um auch zusammengesetzte Funktionen ableiten zu können, entwickelt man in der Schule eine Reihe von Rechenregeln. Die wichtigsten fassen wir wieder in einer Tabelle zusammen.

| Rechenregel | f(x) | f'(x) |
|---|---|---|
| Konstanter Faktor: | $c \cdot u(x)$ | $c \cdot u'(x)$ |
| Summenregel: | $u(x) + v(x)$ | $u'(x) + v'(x)$ |
| Produktregel: | $u(x) \cdot v(x)$ | $u'(x) \cdot v(x) + u(x) \cdot v'(x)$ |
| Kettenregel: | $u(v(x))$ | $u'(v(x)) \cdot v'(x)$ |

**Die Quotientenregel kommt im G8-Abitur nicht mehr vor!**

Die erste Regel in dieser Tabelle besagt, dass ein konstanter Faktor $c \in \mathbb{R}$ beim Ableiten erhalten bleibt. Dies ist nicht zu verwechseln mit der Aussage aus der vorangehenden Tabelle. Steht die Konstante allein, so wird sie beim Ableiten zu 0, d.h. für $f(x) = c$ gilt $f'(x) = 0$.

Hier einige Rechenbeispiele zur Verdeutlichung.

*Rechenbeispiel 1 (Potenz- und Summenregel):*

Es sei $f(x) = \frac{1}{2}x^4 + \frac{1}{3}x^3 + 2x^2 - x + 1$. Gesucht ist $f'(x)$.

*Lösung:*

Beim Ableiten werden alle Exponenten als Faktor nach vorne gezogen, die neuen Exponenten sind um eins erniedrigt und die Konstante +1 am Ende fällt weg.

$$f'(x) = 4 \cdot \frac{1}{2}x^3 + 3 \cdot \frac{1}{3}x^2 + 2 \cdot 2x - 1 = 2x^3 + x^2 + 4x - 1$$

*Rechenbeispiel 2 (Produktregel):*

Es sei $f(x) = x^2 \cdot e^x$. Gesucht ist $f'(x)$.

*Lösung:*

$f$ hat die Form $f(x) = u(x) \cdot v(x)$ mit $u(x) = x^2$ und $v(x) = e^x$. Zum Ableiten wird demnach die Produktregel verwendet. Es gilt $u'(x) = 2x$ und $v'(x) = e^x$ und damit $f'(x) = u'(x) \cdot v(x) + u(x) \cdot v'(x) = 2xe^x + x^2 e^x = (x^2 + 2x)e^x$.

Die Kettenregel gilt von allen als die schwierigste, denn bei einer zusammengesetzten Funktion der Form $f(x) = u(v(x))$ müssen Sie erkennen lernen, welches die „äußere" und welches die „innere" Funktion ist.

**Beispiele zu „äußere/innere" Funktion:**

1) $f(x) = \ln(x^2)$    2) $f(x) = \sin^2(x)$    3) $f(x) = e^{2x}$

äußere Funktion    äußere Funktion    äußere Funktion

$u(x) = \ln(x)$    $u(x) = x^2$    $u(x) = e^x$

innere Funktion    innere Funktion    innere Funktion

$v(x) = x^2$    $v(x) = \sin(x)$    $v(x) = 2x$

In Beispiel 1) ist klar zu erkennen, was innen und was außen ist. In Beispiel 2) gibt es eigentlich eher ein „oben" und „unten". Wenn Sie in einem solchen Fall nicht sehen, was innen und außen ist, können Sie dies leicht durch ineinander Einsetzen herausfinden. In Beispiel 2) setzen Sie also $v(x)$ in $u(x)$ ein und prüfen, ob Sie $f(x)$ erhalten. In unserem Fall gilt $u(v(x)) = u(\sin(x)) = \sin^2(x)$ und dies ist offensichtlich $f(x)$. Hätten Sie stattdessen $u(x)$ in v(x) eingesetzt, so hätten Sie $v(u(x)) = v(x^2) = \sin(x^2)$ erhalten, also nicht $f(x)$. Folglich muss, wie im Beispiel angegeben $u(x) = x^2$ die äußere und $v(x) = \sin(x)$ die innere Funktion sein. Überprüfen Sie dies zur Übung noch einmal an Beispiel 3).

Die Kettenregel besagt nun, dass man die äußere Funktion ableitet (die innere bleibt dabei unverändert) und mit der Ableitung der inneren Funktion malnimmt. Somit ergeben sich für die drei obigen Beispiele die folgenden Ableitungen:

1) $f(x) = \ln(x^2) \Rightarrow f'(x) = \frac{1}{x^2} \cdot 2x = \frac{2}{x}$

2) $f(x) = \sin^2(x) \Rightarrow f'(x) = 2\sin(x)\cos(x)$

3) $f(x) = e^{2x} \Rightarrow f'(x) = 2e^{2x}$

Es folgen nun weitere Rechenbeispiele zur Kettenregel.

### Rechenbeispiel 3 (Kettenregel):

Es sei $f(x) = e^{x/2}$. Gesucht ist $f'(x)$.

### Lösung:

$f$ hat die Form $f(x) = u(v(x))$ mit $u(x) = e^x$ als äußerer und $v(x) = x/2$ als innerer Funktion. Wir leiten mit der Kettenregel ab und bilden $u'(v(x))$. Es wird also zunächst nur die äußere Funktion abgeleitet und deren Argument $v(x)$ bleibt erhalten. Mit $u'(x) = e^x$ folgt $u'(v(x)) = e^{x/2}$. Jetzt wird die innere Funktion $v(x)$ abgeleitet: $v'(x) = 1/2$. Nach der Kettenregel müssen wir nun das Produkt bilden und erhalten $f'(x) = u'(v(x)) \cdot v'(x) = \frac{1}{2} e^{x/2}$.

### Rechenbeispiel 4 (Kettenregel):

Bestimme die erste Ableitung von $f(x) = \sin(\ln(x))$.

### Lösung:

$f$ hat wieder die Form $f(x) = u(v(x))$ mit $u(x) = \sin(x)$ als äußerer und $v(x) = \ln(x)$ als innerer Funktion. Wir leiten mit der Kettenregel ab und bilden zunächst $u'(x) = \cos(x)$, folglich ist $u'(v(x)) = \cos(\ln(x))$. Die Ableitung der inneren Funktion ist $v'(x) = 1/x$. Nach der Kettenregel folgt dann $f'(x) = u'(v(x)) \cdot v'(x) = \frac{1}{x} \cos(\ln(x))$.

In der Praxis werden Sie die Regeln u.U. kombiniert anwenden müssen!

Neben der ersten Ableitung gibt es auch höhere Ableitungen einer Funktion. Um beispielsweise die zweite Ableitung zu kennzeichnen schreibt man einfach $f''(x)$, für die dritte Ableitung $f'''(x)$. Bei noch höheren Ableitungen wird diese Schreibweise unpraktisch. Statt der Striche schreibt man dann die Nummer der Ableitung, eingefasst in runden Klammern, nämlich so: $f^{(4)}(x)$, $f^{(5)}(x)$ usw. Im Abitur werden bei der Kurvendiskussion normalerweise höchstens dritte Ableitungen benötigt.

*Beispiele für höhere Ableitungen:*

1. $f(x) = x^5$, $f'(x) = 5x^4$, $f''(x) = 20x^3$, $f'''(x) = 60x^2$, $f^{(4)}(x) = 120x$,
   $f^{(5)}(x) = 120, f^{(6)}(x) = 0$
2. $f(x) = \sin(x)$, $f'(x) = \cos(x)$, $f''(x) = -\sin(x)$, $f'''(x) = -\cos(x)$,
   $f^{(4)}(x) = \sin(x)$

Sie sehen, dass es auch beim Bilden höherer Ableitungen noch Gesetzmäßigkeiten zu entdecken gibt. Im Fall von Beispiel 1 sogar zwei Gesetzmäßigkeiten! Im Falle von Potenzen der Form $x^n$ landen alle höheren Ableitungen irgendwann einmal bei 0, nämlich genau ab der (n+1)-ten Ableitung. Wenn man beim Ableiten die Faktoren nicht gleich ausrechnet, sondern einfach nur hinschreibt, sieht man, wie sich Stück für Stück eine Faktorenreihe aufbaut: $f(x) = x^5$, $f'(x) = 5x^4$, $f''(x) = 5 \cdot 4 \cdot x^3$, $f'''(x) = 5 \cdot 4 \cdot 3 \cdot x^2$, $f^{(4)}(x) = 5 \cdot 4 \cdot 3 \cdot 2 \cdot x$, $f^{(5)}(x) = 5 \cdot 4 \cdot 3 \cdot 2 \cdot 1$ und zuletzt wieder $f^{(6)}(x) = 0$.

Im zweiten Beispiel sehen Sie, dass Ableitungen auch zyklisch sein können. Wir beginnen mit $\sin(x)$ und kehren nach dem vierten Ableiten wieder zurück zu $\sin(x)$.

Mit den höheren Ableitungen werden wir uns später, beim Thema Kurvendiskussion noch einmal genauer beschäftigen.

# 1.1.4 Tangentengleichung, Normalengleichung

In den Abi-Aufgaben kommt es immer wieder vor, dass man nicht nur die Steigung der Tangente in einem bestimmten Punkt berechnen soll, sondern die gesamte Tangentengleichung. Gegeben ist also die Funktion $f(x)$ und ein Punkt $P(x_0|y_0)$ der auf dem Graphen von $f$ liegt. Gesucht ist die Geradengleichung der Tangente an den Graphen von $f$ durch den Punkt $P$. Ebenso kann es vorkommen, dass die Gleichung der zugehörigen Normalen gesucht ist. Zur Erinnerung: Die Normale ist diejenige Gerade, die im Punkt $P$ senkrecht zur Tangente steht. In der Schule haben Sue hierfür entsprechende Formeln hergeleitet.

| *Tangentengleichung* | *Normalengleichung* |
|:---:|:---:|
| $y = f'(x_0)(x - x_0) + f(x_0)$ | $y = \dfrac{-1}{f'(x_0)}(x - x_0) + f(x_0)$ |

*Rechenbeispiel 1:*

Es sei $f(x) = x^2 + 2x - 1$. Gesucht ist die Gleichung der Tangente im Punkt $P(1|2)$ an den Graphen von $f$.

*Lösung:*

Berechne zuerst $f'$ mit $f'(x) = 2x + 2 \Rightarrow f'(1) = 4$. Mit $f(1) = 2$ folgt durch Einsetzen $y = 4(x - 1) + 2 = 4x - 2$. Dies ist die gesuchte Tangentengleichung.

Fragen zur Tangenten- oder Normalengleichung kommen immer mal wieder im Pflichtteil vor. Hier ein Ausschnitt aus dem Pflichtteil 2007 als Beispiel.

*Aufgabe 4 (Pflichtteil 2007):*

Gegeben ist die Funktion $f$ mit $f(x) = \frac{x^2}{x+1}$.

b) Das Schaubild von f hat im Punkt $P\left(1|\frac{1}{2}\right)$ die Normale n. Ermitteln sie eine Gleichung von n.

*Lösung:*

Zunächst benötigen wir $f'$ (im Jahr 2007 war die Quotientenregel noch prüfungs-relevant). Es gilt $f'(x) = \frac{2x(x+1)-x^2}{(x+1)^2} = \frac{x^2+2x}{(x+1)^2}$ und damit $f'(1) = \frac{3}{4}$. Mit $f(1) = \frac{1}{2}$ folgt nun nach Einsetzen in die Normalengleichung $y = \frac{-1}{3/4}(x - 1) + \frac{1}{2} = -\frac{4}{3}x + \frac{4}{3} + \frac{1}{2}$ also $y = -\frac{4}{3}x + \frac{11}{6}$. Dies ist die gesuchte Normalengleichung.

# 1.2 Kurvendiskussion

Eine Kurvendiskussion hat zum Ziel zu einer gegebenen Funktion $f$ gewisse Kenngrößen zu ermitteln. Man versucht dabei, charakteristische Merkmale der Funktion zu beschreiben. Hat die Funktion Hoch- oder Tiefpunkte? Gibt es Wende-punkte? Hat sie Nullstellen, und wenn ja, wo? Gibt es Polstellen, Asymptoten, Symmetrien? Für welche $x$-Werte ist die Funktion definiert und welche Werte kann sie annehmen? Dies sind die Fragen, die man bei der Diskussion einer Kurve im Allgemeinen beantworten will.

# 1.2.1 Bestimmung von Hoch- und Tiefpunkten

Mit den bisherigen Rechenregeln haben wir bereits das gesamte Handwerkszeug, das wir brauchen, um die Extrempunkte einer Funktion zu bestimmen, falls es solche überhaupt gibt. Schauen Sie sich einmal die folgende Abbildung an.

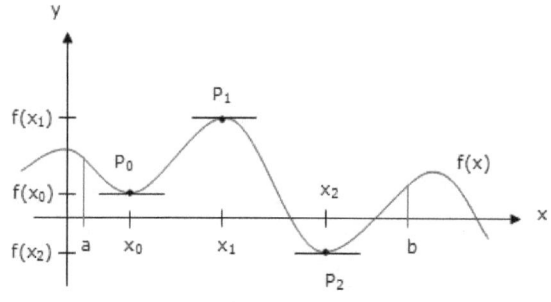

Wir haben an jedem Hoch- und Tiefpunkt die Tangente eingezeichnet. Was fällt Ihnen auf? Genau! Die Tangenten verlaufen waagrecht! Die Steigung der Tangente in einem Hoch- bzw. Tiefpunkt ist also gleich 0. Im letzten Kapitel haben wir erfahren, dass die Steigung der Tangente etwas mit der ersten Ableitung der Funktion in dem betreffenden Punkt zu tun hat. Die erste Ableitung ist nämlich nichts anderes als die Steigung der Tangente (genauer gesagt: der Tangens des Steigungswinkels). Bei einer waagrechten Tangente ist der Steigungswinkel 0, folglich ist auch der Tangens des Steigungswinkels also die erste Ableitung gleich 0. Damit haben wir eine erste wichtige Entdeckung gemacht: Damit wir überhaupt Extrempunkte finden können, muss zumindest einmal $f'(x) = 0$ gelten. Wir müssen also diejenigen $x$-Werte finden, für die $f'(x) = 0$ wird. Diese $x$-Werte sind unsere Kandidaten für Hoch- und Tiefpunkte. Warum nur Kandidaten? Weil es sein kann, dass in einem gewissen Punkt $x_0$ zwar $f'(x_0) = 0$ ist aber dennoch weder ein Hoch- noch ein Tiefpunkt vorliegt. Schauen Sie sich dazu folgende Abbildung an:

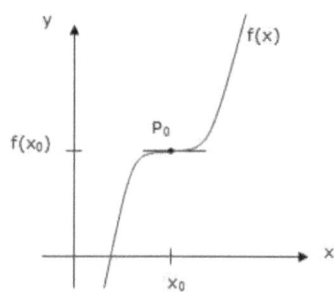

Sie sehen, dass die gezeigte Kurve mit zunehmenden x-Werten immer mehr abflacht, bis die Tangente in $x_0$ waagrecht verläuft, dann aber wieder zunehmend steigt. Hier haben wir den Fall einer waagrecht verlaufenden Tangente und dennoch ist $P_0$ weder ein Hochpunkt noch ein Tiefpunkt. Das bedeutet, dass die Bedingung $f'(x) = 0$ notwendig ist, um überhaupt Extrempunkte zu finden, aber nicht ausreichend! Man sagt, die Bedingung sei notwendig, aber nicht hinreichend.

Wir brauchen ein weiteres Kriterium, um die Nicht-Extrempunkte sozusagen herauszufiltern. Dazu betrachten wir die nächste Abbildung.

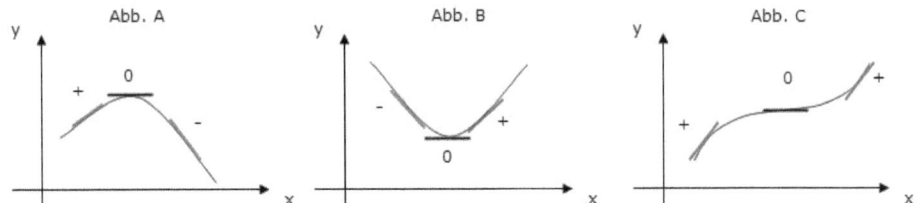

In Abbildung A haben wir einen Hochpunkt vorliegen. Links vom Hochpunkt haben die Tangenten eine positive Steigung, zum Hochpunkt hin werden sie immer flacher, im Hochpunkt selbst ist die Steigung Null, und nach dem Hochpunkt sind die Tangentensteigungen negativ.

In Abbildung B haben wir einen Tiefpunkt. Hier sind die Verhältnisse genau umgekehrt. Links vom Tiefpunkt haben die Tangenten negative Steigung, zum Tiefpunkt hin werden sie immer steiler und nach dem Tiefpunkt sind die Tangentensteigungen positiv.

In Abbildung C haben wir ebenfalls einen Punkt mit $f'(x_0) = 0$. Links von $x_0$ sind die Steigungen positiv und werden zu $x_0$ hin immer flacher, bis die Steigung in $x_0$ genau 0 ist. Im Gegensatz zu Abbildung A nimmt die Steigung nach $x_0$ jedoch wieder zu. Einen solchen Punkt nennt man einen Sattelpunkt. Sattelpunkte sind eine spezielle Form von Wendepunkten, die Sie später noch kennenlernen werden.

Damit haben wir das entscheidende Merkmal entdeckt, um Hoch- und Tiefpunkte zu finden bzw. diese von Sattelpunkten zu unterscheiden. Bei Hoch- und Tiefpunkten findet ein Vorzeichenwechsel in der Tangentensteigung statt. Bei einem Sattelpunkt ist dies nicht der Fall.

Im Falle eines Hochpunkts müssen wir also testen ob die Tangentensteigung von + nach – wechselt. Man setzt dazu einfach zwei $x$-Werte nahe genug(!) links und rechts vom vermeintlichen Hochpunkt in $f'$ ein und testet das Vorzeichen. Umgekehrt muss man für einen Tiefpunkt lediglich testen, ob das Vorzeichen der Tangentensteigung von – nach + wechselt. Technisch gesehen ist ein Vorzeichenwechsel der Tangentensteigung von + nach – gleichbedeutend mit der Bedingung $f''(x) < 0$ (Hochpunkt!) bzw. von – nach + mit der Bedingung $f''(x) > 0$ (Tiefpunkt!). Ob Sie nun auf Vorzeichenwechsel testen, oder den Weg über die zweite Ableitung gehen, bleibt Ihnen überlassen. Nehmen Sie den Weg des geringsten Wiederstands! Da die

Bestimmung von Hoch- und Tiefpunkten zumeist in den Wahlteilen vorkommt, haben Sie dort auch den GTR zur Verfügung, so dass Sie sich die Kurve zeichnen lassen und mit {2ND CALC minimum} bzw. {2ND CALC maximum} bequem das Minimum bzw. Maximum bestimmen können.

Wir halten fest:

> **Notwendige Bedingung für Hoch- und Tiefpunkte:** $f'(x) = 0$
> Finde alle $x$-Werte in denen $f'(x) = 0$ wird. Dies sind die Kandidaten für Hoch- und Tiefpunkte.
>
> **Hinreichende Bedingung für Hoch- und Tiefpunkte:** $f''(x) \neq 0$
> Setze der Reihe nach alle aus $f'(x) = 0$ erhaltenen $x$-Werte in $f''(x)$ ein.
>
> Ist $f''(x) > 0$, so liegt ein Tiefpunkt vor, für $f''(x) < 0$ ein Hochpunkt.

Um die konkreten Koordinaten der Hoch- und Tiefpunkte zu bestimmen, müssen Sie die $x$-Werte natürlich noch in die ursprüngliche Funktion $f(x)$ einsetzen und die Funktionswerte bestimmen, damit Sie die noch fehlenden $y$-Koordinaten bekommen. Nur für den Fall, dass Ihnen der Begriff im Abitur begegnet: $x$-Werte nennt man auch Abszissen. Die Abszisse ist die $x$-Achse im Koordinatensystem, die Ordinate ist die $y$-Achse.

*Rechenbeispiel 1:*

$f(x) = x^3 + 2x^2$. Bestimmen Sie alle Extrempunkte des Schaubilds von $f$.

*Lösung:*

Mit $f'(x) = 3x^2 + 4x = 0$ folgt $x(3x + 4) = 0$, also $x_1 = 0$ oder $x_2 = -\frac{4}{3}$. Dies sind die Kandidaten für Hoch- und Tiefpunkte. Wir überprüfen dies durch Einsetzen in die zweite Ableitung. Mit $f''(x) = 6x + 4$ folgt $f''(0) = 4 > 0$, d.h. dass an der Stelle $x_1 = 0$ ein Tiefpunkt vorliegt. Weiterhin

Maximum
X=‑1.333332   Y=1.1851852

gilt $f''\left(-\frac{4}{3}\right) = -4 < 0$, also liegt an der Stelle $x_2 = -\frac{4}{3}$ ein Hochpunkt vor. Wir bestimmen noch die $y$-Koordinaten durch Einsetzen in $f(x)$ und erhalten $f(0) = 0$ und $f\left(-\frac{4}{3}\right) \approx 1{,}185$ und schließlich $H\left(-\frac{4}{3}\big|1{,}185\right)$ und $T(0|0)$.

Falls Sie die Aufgabe lieber mit dem GTR lösen wollen, geben Sie den Funktionsterm einfach bei Y₁ ein, lassen sich den Graphen mit {GRAPH} anzeigen und bestimmen anschließend mit {2ND CALC minimum} bzw. {2ND CALC maximum} die jeweiligen Extremstellen, siehe Abbildung oben.

Im zweiten Rechenbeispiel zeigen wir, dass die herkömmlichen Methoden zur Berechnung von Hoch- und Tiefpunkten auch einmal versagen können, nämlich dann, wenn die Ableitungen kompliziert werden, so dass man nicht mehr problemlos die Nullstellen bestimmen kann oder die Aufgabenstellung den Einsatz des GTR verbietet. Im Wahlteil Analysis I 2 der Abiturprüfung Mathematik 2007 haben wir einen solchen Fall. Dargestellt wird nur ein kleiner Ausschnitt der Aufgabe a) und der Wortlaut wird sinngemäß wiedergegeben.

*Rechenbeispiel 2:*

Geben Sie alle Tiefpunkte der Funktion $f(x) = \frac{4}{2 + \cos\left(\frac{\pi}{2}x\right)}$ an.

*Lösung:*

Wenn Sie hier auf dem üblichen Weg mit Ableitungen arbeiten, werden Sie schnell merken, wie aufwändig und schwierig das wird. Versuchen Sie es! Man könnte vielleicht mit dem GTR einen Tiefpunkt bestimmen, aber es wird ja nach allen(!) Tiefpunkten gefragt. Wir kommen also nicht um „echte" Überlegungen herum! Wir werden gleich sehen, dass es möglich ist, diese Aufgabe komplett ohne GTR und ohne Ableitungen zu lösen! Überlegen wir uns dazu was passiert, wenn in einem Bruch der Zähler fest bleibt und der Nenner immer größer wird. Wir können uns dies bequem an einem Beispiel verdeutlichen: $\frac{1}{1} = 1; \frac{1}{10} = 0{,}1; \frac{1}{100} = 0{,}01$. Offensichtlich wird der Bruch am kleinsten, wenn der Nenner den größten Wert annimmt! Dasselbe gilt für unsere Aufgabe. Hier ist der Nenner $2 + \cos\left(\frac{\pi}{2}x\right)$. Da cos nur Werte zwischen -1 und 1 annehmen kann, wird der Nenner am größten, wenn cos den Wert 1 annimmt. Dies ist z.B. bei $x = 0$ der Fall. Somit hat der Bruch bei $x = 0$ den minimalen Wert $\frac{4}{2+1} = \frac{4}{3}$. Damit haben wir bereits einen Tiefpunkt bei $T\left(0\big|\frac{4}{3}\right)$ gefunden. Mit der bekannten Formel $p = \frac{2\pi}{a}$ können wir die Periode von Ausdrücken wie $\cos(ax)$ oder $\sin(ax)$

bestimmen. In unserem Fall gilt $p = \frac{2\pi}{\pi/2} = 4$. Somit wiederholt sich unser Tiefpunkt

alle 4 Längeneinheiten und mit $T_k\left(4k\,\Big|\,\frac{4}{3}\right)$ mit $k\epsilon\mathbb{Z}$ haben wir nun alle Tiefpunkte.
Gehen Sie nun die Argumentation noch einmal Schritt für Schritt durch, indem Sie
alle Hochpunkte der Funktion bestimmen. (Lösung: $H_k(4k + 2|2)$ mit $k\epsilon\mathbb{Z}$).

## 1.2.2 Bestimmung von Wendepunkten

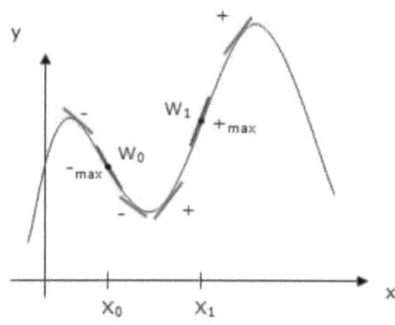

Bei der Untersuchung auf Hoch- und Tiefpunkte im vorigen Abschnitt ist uns bereits ein spezieller Vertreter der Wendepunkte begegnet. Es stellt sich die Frage was Wendepunkte nun eigentlich sind. Betrachten Sie dazu den Verlauf der Steigungen in der nebenstehenden Abbildung. Links von $W_0$, nach dem Hochpunkt, haben wir negative Tangentensteigungen. Die Steigungen selbst nehmen zu $W_0$ hin immer mehr ab, bis sie in $W_0$ ihren Tiefstwert erreicht haben. Von da an nehmen sie wieder zu, bleiben aber bis zum lokalen Tiefpunkt immer noch negativ. Links von $W_1$, nach dem Tiefpunkt, haben wir positive Tangentensteigungen. Die Steigungen nehmen zu $W_1$ hin immer mehr zu, bis sie in $W_1$ ihren Maximalwert erreicht haben. Von da an nehmen die Steigungen wieder ab, bleiben aber bis zum nächsten lokalen Hochpunkt immer noch positiv. Sie sehen also, dass in den Punkten $W_0$ und $W_1$ die Tangentensteigungen (betragsmäßig) maximal sind und es findet kein Vorzeichenwechsel statt. Punkte für die diese beiden Bedingungen gelten, nennt man Wendepunkte. Wenn wir solche Wendepunkte finden wollen, müssen wir uns folglich fragen, an welchen Stellen die Tangentensteigungen maximal bzw. minimal werden. Anders ausgedrückt: Wir müssen die Hoch- und Tiefpunkte der Tangentensteigungen finden. Die Tangentensteigungen werden wiedergegeben durch $f'(x)$. Die Hoch- und Tiefpunkte einer Funktion finden wir, indem wir deren Ableitung Null setzen. Also suchen wir alle $x$-Werte für die $f''(x) = 0$ wird. Auch dies ist wieder nur eine notwendige Bedingung für Wendepunkte. Die hinreichende Bedingung ist, dass für die gefundenen $x$-Werte $f'''(x) \neq 0$ sein muss. Andernfalls liegt kein Wendepunkt vor.

Wir fassen zusammen:

> **Notwendiges Kriterium für Wendepunkte: $f''(x) = 0$**
> Finde alle $x$-Werte für die $f''(x) = 0$ wird. Dies sind die Kandidaten für Wendepunkte.
>
> **Hinreichendes Kriterium für Wendepunkte: $f'''(x) \neq 0$**
> Setze der Reihe nach alle aus $f''(x) = 0$ erhaltenen $x$-Werte in $f'''(x)$ ein.
>
> Ist $f'''(x) \neq 0$, so liegt ein Wendepunkt vor, andernfalls nicht.

# 1.2.3 Untersuchung auf Monotonie

Mit der ersten Ableitung $f'(x)$ lässt sich auch feststellen, ob eine Funktion $f(x)$ in einem Intervall [a;b] (streng) monoton wächst oder (streng) monoton fällt. Grund: $f'(x)$ gibt, wie wir ja bereits wissen, die Steigung der Tangente in $x$ an.

Wir haben folgende Zusammenhänge:

$f'(x) > 0 \Rightarrow$ streng monoton wachsend
$f'(x) \geq 0 \Rightarrow$ monoton wachsend
$f'(x) < 0 \Rightarrow$ streng monoton fallend
$f'(x) \leq 0 \Rightarrow$ monoton fallend

In [-2,5;2,5] ist $f$ monoton fallend. An der Stelle $x = 0$ gilt $f'(x) = 0$, d.h. wir haben eine waagrechte Tangente und daher ist $f$ nicht streng monoton fallend!

# 1.2.4 Symmetrien

Viele Betrachtungen werden erheblich vereinfacht, wenn man festgestellt hat, dass eine Funktion symmetrisch ist. Hat man beispielsweise auf einer Seite einer achsensymmetrischen Funktion einen Extrempunkt gefunden, so kennt man aufgrund der Symmetrie auch den Extrempunkt auf der anderen Seite. Dasselbe gilt für Polstellen, Nullstellen, Wendepunkte usw. Im Schulunterricht haben Sie zwei verschiedene Arten von Symmetrien kennengelernt, die Achsensymmetrie und die Punktsymmetrie.

Wenn wir uns gleich mit dem Nachweis von Symmetrien beschäftigen, werden wir ein mathematisches Hilfsmittel benötigen, das hier noch einmal kurz erläutert wird. Es geht um das Verschieben einer Funktion im Koordinatensystem. Wenn Sie eine Funktion parallel zur $x$-Achse um den Wert $a$ nach rechts verschieben wollen, so bilden Sie $f(x - a)$ bzw. $f(x + a)$, wenn Sie nach links verschieben wollen. Achtung: Minus bedeutet in diesem Fall tatsächlich eine Verschiebung nach rechts und Plus eine Verschiebung nach links! Eine Verschiebung entlang der $y$-Achse erreicht man durch addieren eines Wertes $b$ zum Funktionsterm, also durch Bildung von $f(x) + b$. Für $b > 0$ ist dies eine Verschiebung nach oben bzw. für $b < 0$ eine Verschiebung nach unten. Natürlich kann man beides auch kombinieren. So ist z.B. $f(x - 3) + 1$ gegenüber $f(x)$ um 3 Einheiten nach rechts und um eine Einheit nach oben verschoben.

### 1.2.4.1 Achsensymmetrie

Eine Funktion kann, wenn überhaupt, nur zur $y$-Achse symmetrisch sein (andernfalls handelt es sich nicht um eine Funktion). Wie kann man nun von einer gegebenen Funktion $f(x)$ feststellen, ob sie achsensymmetrisch ist? Betrachten wir dazu folgende Abbildung:

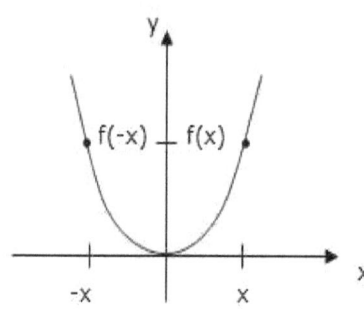

Man sieht sofort: Der Wert $x$ und der spiegelbildliche Wert $-x$ besitzen denselben Funktionswert. Daraus ergibt sich schon das Kriterium für Symmetrie zur $y$-Achse:

**Kriterium für Symmetrie zur y-Achse:**
$$f(x) = f(-x)$$

Sie testen also lediglich, ob die Bedingung $f(x) = f(-x)$ stets (also für jedes $x$) erfüllt ist oder nicht.

*Rechenbeispiel 1:*

Untersuche $f(x) = x^4 + 2x^2 - 1$ auf Achsensymmetrie.

*Lösung:*

$f(-x) = (-x)^4 + 2(-x)^2 - 1 = x^4 + 2x^2 - 1 = f(x)$. Also ist $f(x)$ achsensymmetrisch. Aus dem Beispiel sieht man sofort, dass geradzahlige Potenzen ein Vorzeichen eliminieren.

*Erkenntnis:*

> Kommen im Funktionsterm einer ganzrationalen Funktion nur gerade Potenzen vor, so ist die Funktion achsensymmetrisch.

*Rechenbeispiel 2:*

Untersuche $f(x) = x^3 - x^2$ auf Achsensymmetrie.

*Lösung:*

$f(-x) = (-x)^3 - (-x)^2 = -x^3 - x^2 \neq f(x)$. Also ist $f(x)$ nicht achsensymmetrisch. Aus diesem Beispiel sieht man, dass ganzrationale Funktionen nicht achsensymmetrisch sind, sobald im Funktionsterm ungerade Potenzen vorkommen.

*Rechenbeispiel 3:*

Untersuche $f(x) = x^2 \cos(x)$ auf Achsensymmetrie.

*Lösung:*

$f(-x) = (-x)^2 \cos(-x) = x^2 \cos(x) = f(x)$. Also ist f (x) achsensymmetrisch.

Eine Funktion muss nicht unbedingt zur $y$-Achse symmetrisch sein. In der folgenden Abbildung sehen Sie eine Funktion, die zu einer Parallelen der $y$-Achse symmetrisch ist.

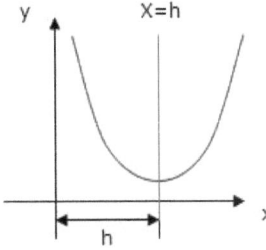

In der nebenstehenden Abbildung wird die Symmetrieachse durch die Gleichung $x = h$ beschrieben, wobei $h$ eine beliebige reelle Zahl sein kann. Durch ein Verschieben der Funktion um den Wert $h$ (nach links), erreichen Sie, dass die Funktion nunmehr zur $y$-Achse symmetrisch ist. Formal bilden Sie durch das Verschieben eine neue Funktion $g(x)$ mit $g(x) = f(x + h)$, wenn Sie, wie im Beispiel, $f(x)$ nach links verschieben. Anschließend testen Sie mit dem vorherigen Kriterium, ob $g(-x) = g(x)$ gilt. Wenn ja, dann ist $f(x)$ symmetrisch zur Achse $x = h$.

*Rechenbeispiel 4:*

Untersuche $f(x) = x^2 - 4x + 4$ auf Symmetrie zur Achse $x = 2$.

*Lösung:*

Es gilt $f(x) = x^2 - 4x + 4 = (x - 2)^2$. Verschiebe nun $f$ um $h = 2$ nach links: $g(x) = f(x + 2) = \left((x + 2) - 2\right)^2 = x^2$. Mit $g(x) = x^2$ ist $g(-x) = (-x)^2 = x^2 = g(x)$. Also ist $f(x)$ symmetrisch zur Achse $x = 2$.

## 1.2.4.2 Punktsymmetrie

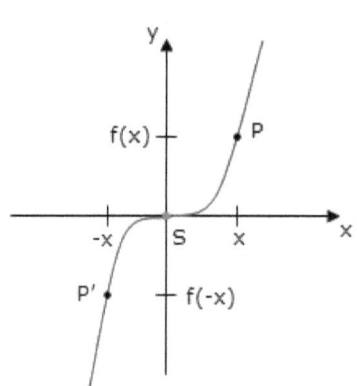

Eine andere Art der Symmetrie ist die Punktsymmetrie. Wenn eine Funktion punktsymmetrisch ist, dann gibt es irgendwo auf der Kurve einen Punkt $S$, der die Kurve in zwei Zweige aufteilt. Dreht man den einen Zweig am Punkt $S$ um 180°, so kommt er genau auf dem anderen Zweig zu liegen. Nach einer Drehung um 180° sind die beiden Zweige also deckungsgleich. Um ein Kriterium für Punktsymmetrie zu entwickeln, beginnen wir mit einer einfachen Variante. Zunächst versuchen wir festzustellen, wann eine Funktion symmetrisch zum Punkt $S(0|0)$, also zum Ursprung, ist. Wähle auf dem rechten Zweig irgendeinen Punkt $P(x|f(x))$. Punktsymmetrisch dazu ergibt sich auf dem linken Zweig der Punkt $P'(-x|f(-x))$. Betrachten Sie nun die Funktionswerte $f(x)$ und $f(-x)$. Sie liegen genau entgegengesetzt zueinander. Wenn die Funktion wirklich punktsymmetrisch (zum Ursprung) ist, dann muss $f(x) = -f(-x)$ gelten! Manchmal wird das auch in der Form $-f(x) = f(-x)$ notiert. Dies ist das Kriterium für Punktsymmetrie (zum Ursprung)!

**Kriterium für Punktsymmetrie zum Ursprung: $-f(x) = f(-x)$**

*Rechenbeispiel 5:*

Untersuche $f(x) = x^3 - 9x$ auf Punktsymmetrie zum Ursprung.

*Lösung:*

Es gilt einerseits $-f(x) = -x^3 + 9x$ und andererseits $f(-x) = (-x)^3 - 9(-x) = -x^3 + 9x$. Es folgt $-f(x) = f(-x)$ und damit ist $f(x)$ punktsymmetrisch zum Ursprung. Sie sehen an diesem Beispiel, dass bei ungeraden Potenzen ein Vorzeichen erhalten bleibt. Wir formulieren dies als Erkenntnis.

*Erkenntnis:*

> Kommen im Funktionsterm einer ganzrationalen Funktion nur ungerade Potenzen vor, so ist die Funktion punktsymmetrisch zum Ursprung.

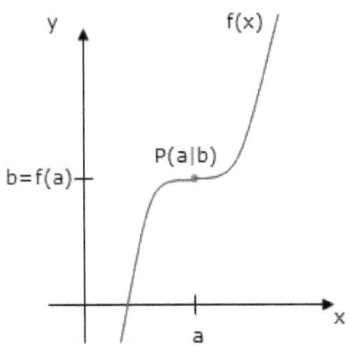

Sehen Sie sich nun den allgemeinen Fall der Punktsymmetrie an. Die in der Abbildung gezeigte Funktion ist punktsymmetrisch zum Punkt $P$, der nicht der Ursprung ist. In einem solchen Fall behelfen Sie sich mit einem kleinen Trick. Verschieben Sie die Funktion einfach zurück in den Ursprung und weisen Sie mit dem eben gezeigten Kriterium die Punktsymmetrie zum Ursprung nach! Angenommen es soll Punktsymmetrie zum Punkt $P(a|b)$, wie in der Abbildung gezeigt, nachgewiesen werden, so bilden Sie zunächst $g(x) = f(x + a) - b$. Dadurch haben Sie $f$ so verschoben, dass $P$ nunmehr im Ursprung liegt. Jetzt testen Sie, ob $-g(x) = g(-x)$ gilt. Das war's!

*Rechenbeispiel 6:*

Untersuche $f(x) = x^3 - 9x^2 + 27x - 22$ auf Punktsymmetrie zum Punkt $P(3|5)$.

*Lösung:*

Verschiebe $f$ so, dass $P$ im Ursprung liegt, bilde also $g(x) = f(x + 3) - 5$:

$$g(x) = f(x + 3) - 5 = (x + 3)^3 - 9(x + 3)^2 + 27(x + 3) - 22 - 5$$
$$= (x^3 + 9x^2 + 27x + 27) - 9(x^2 + 6x + 9) + 27x + 81 - 22 - 5$$
$$= x^3 - 9x^2 + 27x + 27 - 9x^2 - 54x - 81 + 27x + 54 = x^3$$

Damit ist $-g(x) = -x^3$ und $g(-x) = (-x)^3 = -x^3$. Folglich ist $-g(x) = g(-x)$, d.h. die ursprüngliche Funktion $f$ ist punktsymmetrisch zu $P(3|5)$.

## 1.2.5 Definitions- und Wertebereich

Häufig sind Funktionen nicht für alle Werte $x \in \mathbb{R}$ definiert. Will man jetzt z.B. Nullstellen oder Polstellen bestimmen, so muss hinterher geprüft werden, ob die Funktion für die gefundenen $x$-Werte überhaupt definiert ist. Betrachte beispielsweise die Funktion $f(x) = x \cdot ln(x)$. Die Nullstellen sieht man ja sofort, nämlich $x_1 = 0$ und $x_2 = 1$. FALSCH! Diese Funktion hat nur eine Nullstelle, nämlich bei $x = 1$, da $ln(1) = 0$. Für den Wert $x = 0$ ist der Logarithmus und damit die ganze Funktion $f$ nicht definiert! Gehen Sie also in Zukunft nicht zu schnell über solche vermeintlich einfachen Aufgaben hinweg. Schauen Sie genauer hin! Auch für negative Werte ist der Logarithmus nicht definiert. Der Definitionsbereich von $f$ ist demnach $D_f = \mathbb{R}^+$. Im Gegensatz dazu kann $f$ jeden beliebigen Wert $y \in \mathbb{R}$ annehmen, der Wertebereich ist also $W_f = \mathbb{R}$.

In einigen Abituraufgaben sind Funktionen auf bestimmte Intervalle beschränkt. Auch in solchen Fällen müssen Sie von Ihren gefundenen Hoch- und Tiefpunkten, Wendepunkten, Nullstellen, etc. diejenigen herausfischen, die im vorgegebenen Intervall liegen. Gerade periodische Funktionen wie $sin(x)$ und $cos(x)$ werden gern auf das Intervall einer Schwingung begrenzt, z.B. auf $[-\pi; \pi]$. Rechnen Sie hier nicht versehentlich innerhalb des Intervalls $[0; 2\pi]$!

Die Frage nach dem Definitionsbereich wird vor allem gerne bei gebrochen rationalen Funktionen gestellt. Hier müssen Sie die Nullstellen des Nenners finden und diese ausschließen. Falls mehrere Nenner vorkommen, müssen für jeden Nenner einzeln die Nullstellen gefunden und ausgeschlossen werden.

*Rechenbeispiel 1:*

Wie lautet der Definitionsbereich der Funktion $f(x) = \frac{x^2 - 4}{x^2 - 9}$.

*Lösung:*

Die Nullstellen des Nenners sind $x_1 = 3$ und $x_2 = -3$, folglich ist $D_f = \mathbb{R} \backslash \{-3, 3\}$.

*Rechenbeispiel 2:*

Wie lautet der Definitionsbereich der Funktion $f(x) = \sqrt{x-2}$?

*Lösung:*

Hier müssen wir beachten, dass die Zahl unter der Wurzel nicht negativ werden darf. Wir müssen also alle $x$-Werte ausschließen, für die $x - 2 < 0$ also $x < 2$ wird. Dies kann man auf verschiedene Arten notieren, z.B. in der Form $D_f = \{x \in \mathbb{R} | x < 2\}$ oder mit Hilfe von Intervallen $D_f = (-\infty; 2)$. Benutzen Sie die Schreibweise, die Sie in der Schule gelernt haben.

Bei der Bestimmung des Definitionsbereichs einer Funktion, fragt man sich, welche Werte man in die Funktion einsetzen darf. Im Gegensatz dazu fragt man beim Wertebereich danach, welche Werte die Funktion annehmen kann. Das Symbol für den Wertebereich ist $W_f$.

*Rechenbeispiel 3:*

Bestimmen Sie den Wertebereich der Funktionen

1) $f(x) = \ln(x)$
2) $f(x) = \sin(x)$
3) $f(x) = \sqrt{x}$
4) $f(x) = e^x$

*Lösung:*

1) $W_f = \mathbb{R}$, der natürliche Logarithmus kann jeden reellen Wert annehmen.
2) $W_f = [-1; 1]$, Die Sinus-Funktion schwingt zwischen -1 und 1.
3) $W_f = \mathbb{R}_0^+$ nicht $W_f = \mathbb{R}$!
4) $W_f = \mathbb{R}^+$. Die e-Funktion ist immer positiv!

Die nachfolgenden Abbildungen zeigen die „Steckbriefe" der wichtigsten elementaren Funktionen. Prägen Sie sich vor allem die Kurvenverläufe gut ein, Sie ersparen sich in der Abiturprüfung dadurch eine Menge Nachschlagezeit. Wenn Sie den Verlauf einer Kurve kennen, hilft Ihnen das bei vielen Aufgaben!

*Sinus und Cosinus*

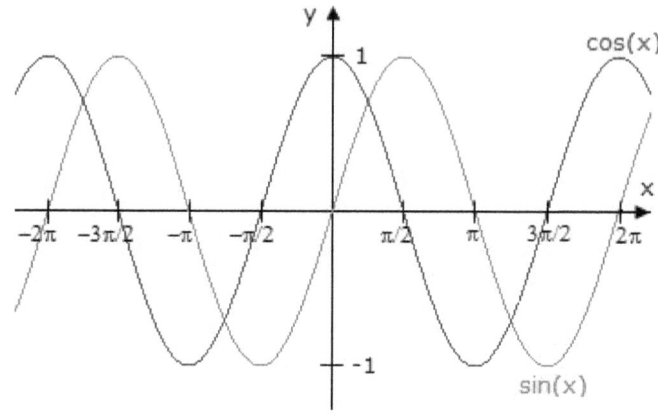

| Steckbrief | |
|---|---|
| $\sin(x)$: | $D_f = \mathbb{R};\ W_f = [-1; 1]$ |
| Periode: | $2\pi$ |
| Symmetrie: | Punktsymmetrie zum Ursprung |
| | $\sin(0) = \sin(\pi) = \sin(2\pi) = \cdots = 0$ $\sin\left(\dfrac{\pi}{2}\right) = \sin\left(\dfrac{5\pi}{2}\right) = \sin\left(\dfrac{9\pi}{2}\right) = \cdots = 1$ $\sin\left(\dfrac{3\pi}{2}\right) = \sin\left(\dfrac{7\pi}{2}\right) = \sin\left(\dfrac{11\pi}{2}\right) = \cdots = -1$ |
| $\cos(x)$: | $D_f = \mathbb{R};\ W_f = [-1; 1]$ |
| Periode: | $2\pi$ |
| Symmetrie: | Symmetrie zur $y$-Achse |
| | $\cos(0) = \cos(2\pi) = \cos(4\pi) = \cdots = 1$ $\cos\left(\dfrac{\pi}{2}\right) = \cos\left(\dfrac{3\pi}{2}\right) = \cos\left(\dfrac{5\pi}{2}\right) = \cdots = 0$ $\cos(\pi) = \cos(3\pi) = \cos(5\pi) = \cdots = -1$ |

*e-Funktion und natürlicher Logarithmus*

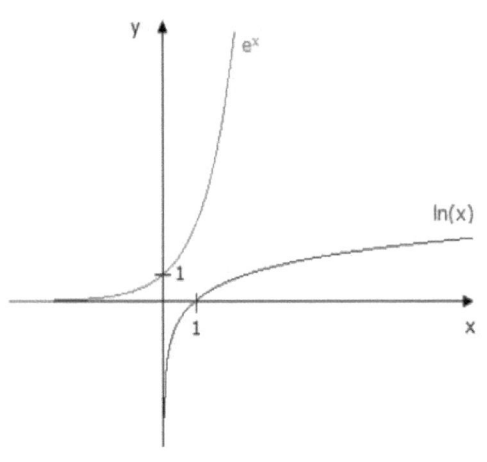

| Steckbrief | |
|---|---|
| $e^x$ | $D_f = \mathbb{R};\ W_f = \mathbb{R}^+$ |
| Periode: | keine |
| Symmetrie: | keine |
| | $e^0 = 1,\ \lim\limits_{x \to -\infty} e^x = 0$ |
| | |
| $\ln(x)$ | $D_f = \mathbb{R}^+;\ W_f = \mathbb{R}$ |
| Periode: | Keine |
| Symmetrie: | Keine |
| | $\ln(1) = 0,$ $\lim\limits_{x \to 0} \ln(x) = -\infty$ |

*Gerade und ungerade Potenzen*

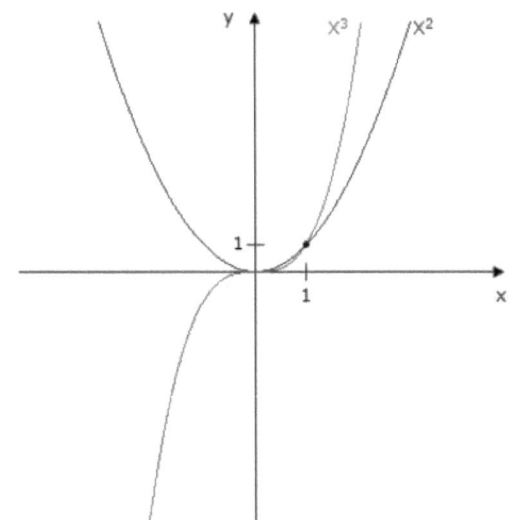

| Steckbrief | |
|---|---|
| $x^2, x^4, x^6, \ldots$ | $D_f = \mathbb{R};\ W_f = \mathbb{R}_0^+$ |
| Periode: | keine |
| Symmetrie: | $y$-Achse |
| | |
| $x, x^3, x^5, \ldots$ | $D_f = \mathbb{R};\ W_f = \mathbb{R}$ |
| Periode: | keine |
| Symmetrie: | Punktsymmetrie zum Ursprung |

## 1.2.6 Asymptoten

In manchen Schaubildern lassen sich Geraden einzeichnen, denen sich die Funktionswerte anzunähern scheinen. Solche Geraden nennt man Näherungs-geraden oder Asymptoten. Man unterscheidet waagrechte Asymptoten, senkrechte Asymptoten, welche man auch Polstellen nennt und schiefe Asymptoten. Schiefe Asymptoten kommen im G8-Abitur nicht mehr vor und werden hier auch nicht mehr wiederholt.

### 1.2.6.1 Waagrechte Asymptoten

Die Abbildung links zeigt den Graphen der Funktion

$$f(x) = \frac{2x^2 + 5x + 3}{4x^2 - 2x + 1}$$

Sie sehen, dass sich die Funktionswerte mit größer werdenden $x$-Werten immer mehr dem Wert $\frac{1}{2}$ annähern. Dieselbe Situation ergibt sich, wenn die $x$-Werte immer kleiner werden. Auch hier nähert sich $f$ dem Wert $\frac{1}{2}$. In beiden Fällen ist die Gerade $y = \frac{1}{2}$ eine Asymptote von $f$. Sie untersuchen eine Funktion auf waagrechte Asymptoten, indem Sie die $x$-Werte gegen $\infty$ oder $-\infty$ gehen lassen, d.h. Sie berechnen $\lim\limits_{x \to \infty} f(x)$ bzw. $\lim\limits_{x \to -\infty} f(x)$, falls diese Grenzwerte überhaupt existieren. Wenn Sie konkrete Zahlenwerte erhalten, etwa $\lim\limits_{x \to \infty} f(x) = a$, dann hat $f$ eine waagrechte Asymptote, nämlich die Gerade $y = a$. Das Berechnen der Grenzwerte ist besonders einfach, wenn $f$ eine gebrochen rationale Funktion ist. Man unterscheidet drei Fälle:

1)  Falls der höchste Exponent im Zähler höher ist als der höchste Exponent im Nenner, wie in $f(x) = \frac{2x^3 - x + 1}{8x^2 + 1}$, dann gibt es keine waagrechten Asymptoten. Es gilt dann $\left| \lim\limits_{x \to \infty} f(x) \right| = \infty$ bzw. $\left| \lim\limits_{x \to -\infty} f(x) \right| = \infty$. Da in einem solchen Fall der Zähler „schneller" wächst als der Nenner, ist dies auch anschaulich klar.

2)  Ist der höchste Exponent des Zählers kleiner als der höchste Exponent im Nenner, wie in $f(x) = \frac{3x^2 + 1}{-x^3 - 2x + 4}$, so besitzt $f$ nur eine waagrechte Asymptote,

nämlich die Gerade $y = 0$, d.h. es gilt $\lim\limits_{x \to -\infty} f(x) = \lim\limits_{x \to \infty} f(x) = 0$. In diesem Fall wächst der Nenner schneller als der Zähler.

3) Sind die höchsten Exponenten im Zähler und im Nenner gleich, so können Sie sich mit einem kleinen Trick behelfen. Angenommen es sei $a$ der Koeffizient der bei der höchsten Potenz von $x$ im Zähler steht und $b$ der Koeffizient der bei der höchsten Potenz im Nenner steht. Dann ist $\lim\limits_{x \to \infty} f(x) = \frac{a}{b}$ und $f$ hat eine waagrechte Asymptote bei der Geraden $y = \frac{a}{b}$. Warum das funktioniert wurde bereits im Schulunterricht gezeigt.

**Rechenbeispiel 1:**

Besitzt die Funktion $f(x) = \frac{x^2 - 4}{x^2 + x - 9}$ waagrechte Asymptoten? Wenn ja, welche?

**Lösung:**

Die höchsten Exponenten im Zähler und Nenner sind gleich, also kann der Trick aus Fall 3) angewendet werden. Der Koeffizient bei der höchsten Potenz im Zähler ist $a = 1$, derjenige im Nenner ist $b = 1$. Folglich hat $f$ eine waagrechte Asymptote bei der Geraden $y = \frac{1}{1} = 1$.

Wir müssen in diesem Fall also gar nichts rechnen, man kann den Grenzwert sofort „sehen":

$$f(x) = \frac{1x^2 - 4}{1x^2 + x - 9}$$

**Rechenbeispiel 2:**

Bestimme die waagrechten Asymptoten der Funktion $f(x) = \frac{8x^7 - 3x^5 + x^2 - 14}{4x^7 + x^3 + 3}$.

**Lösung:**

Auch hier wird wieder der Trick aus Fall 3) angewendet. Der Koeffizient bei der höchsten Potenz im Zähler ist $a = 8$, derjenige im Nenner ist $b = 4$. Folglich hat $f$ eine waagrechte Asymptote bei der Geraden $y = \frac{8}{4} = 2$.

Wie in Rechenbeispiel 1 kann man den Grenzwert sofort sehen:

$$f(x) = \frac{8x^7 - 3x^5 + x^2 - 14}{4x^7 + x^3 + 3}$$

**Rechenbeispiel 3:**

Besitzt die Funktion $f(x) = \frac{6x^3 - 2x^2 + 5}{4x^2 - 2}$ waagrechte Asymptoten und wenn ja, welche?

**Lösung:**

Der höchste Exponent im Zähler ist höher als derjenige im Nenner. Dies ist Fall 1), d.h. $f$ hat keine waagrechten Asymptoten.

## 1.2.6.2 Senkrechte Asymptoten / Polstellen

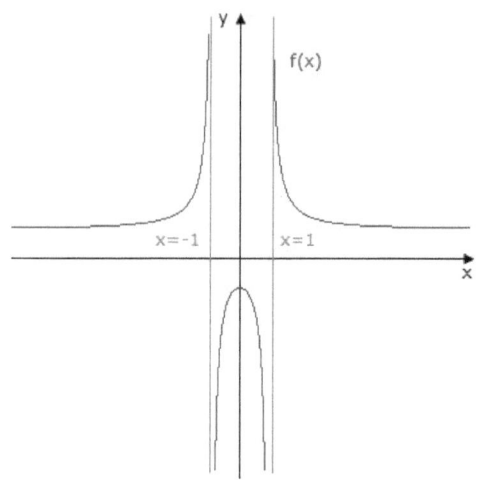

Die nebenstehende Abbildung zeigt das Schaubild der gebrochen rationalen Funktion

$$f(x) = \frac{x^2 + 1}{x^2 - 1}$$

Der Nenner besitzt zwei Nullstellen, nämlich bei $x_1 = -1$ und $x_2 = 1$. An diesen Stellen werden die Funktionswerte unendlich groß. Ist das immer so? Kann man allgemein feststellen, wie sich die Funktionswerte verhalten, wenn $x$ sich einer Nullstelle des Nenners nähert? Werden die Funktionswerte unendlich groß oder klein? Hat die Funktion an dieser Stelle einen definierten (endlichen) Wert? Macht es einen Unterschied, ob man sich der Nullstelle des Nenners von links oder von rechts nähert?

Sich der Stelle $x_0$ einer Funktion $f(x)$ zu nähern bedeutet $\lim\limits_{x \to x_0} f(x)$ zu bilden. Wie Sie am vorliegenden Beispiel sehen, macht es aber sehr wohl einen Unterschied, ob man sich nun von links oder von rechts dem Wert $x_0 = 1$ nähert. Im Falle einer Annäherung von rechts werden die Funktionswerte unendlich groß, im Falle der

Annäherung von links werden sie unendlich klein. In der Schule verwendet man für das Annähern von rechts die Schreibweise $\lim\limits_{x \to x_0} f(x)$ und $x > x_0$ bzw. $\lim\limits_{x \to x_0} f(x)$ und $x < x_0$ für die Annäherung von links. Falls der jeweilige Grenzwert nicht existiert, d.h. falls $\lim\limits_{x \to x_0} f(x) = \pm\infty$ mit $x > x_0$ oder $\lim\limits_{x \to x_0} f(x) = \pm\infty$ mit $x < x_0$, dann hat $f(x)$ an der Stelle $x_0$ eine senkrechte Asymptote bzw. eine Polstelle.

**Rechenbeispiel 1:**

Untersuche die Funktion $f(x) = \frac{x^2+1}{x^2-1}$ (siehe Abbildung) auf Polstellen.

**Lösung:**

Die Nullstellen des Nenners sind $x_1 = -1$ und $x_2 = 1$. Beachten Sie, dass bei $x_1$ und $x_2$ der Zähler nicht ebenfalls Null wird (da er keine Nullstellen hat). Wir untersuchen das Verhalten der Funktionswerte zunächst bei $x_1$ indem wir uns einmal von links und einmal von rechts nähern. Es folgt:

$$x < -1: \quad \lim_{x \to -1} f(x) = \lim_{x \to -1} \frac{x^2+1}{x^2-1} = \infty$$

Erklärung: Der Zähler ist wegen $x^2$ immer positiv. Der Nenner ist ebenfalls positiv, denn wegen $x < -1$ ist $x^2 > 1$, daher ist $x^2 - 1 > 0$. Bei der Division erhalten wir ein positives Vorzeichen, was beim Grenzübergang zu $+\infty$ wird.

Jetzt untersuchen wir das Verhalten der Funktionswerte bei Annäherung von rechts an $x_1$.

$$x > -1: \quad \lim_{x \to -1} f(x) = \lim_{x \to -1} \frac{x^2+1}{x^2-1} = -\infty$$

Erklärung: Der Zähler ist wie vorher positiv. Beachte nun, dass zwar $x > -1$ gilt aber, da wir uns der $-1$ von rechts her nähern überschreiten wir irgendwann die 0 und es gilt dann $x < 0$. Damit wird dann $x^2 < 1$ und folglich $x^2 - 1 < 0$. Der Nenner wird somit negativ, was beim Grenzübergang zu $-\infty$ führt.

Wir sehen: $f(x)$ hat an der Stelle $x = x_1 = -1$ eine Polstelle mit Vorzeichenwechsel. Auf dieselbe Weise finden Sie heraus, dass auch an der Stelle $x = x_2 = 1$ eine Polstelle mit Vorzeichenwechsel vorliegt. Üben Sie, indem Sie die Rechnung jetzt selbst nachvollziehen. Sie sehen, dass im ersten Fall das Vorzeichen von $+$ nach $-$

und im zweiten Fall von − nach + wechselt (wenn man von links kommend die Polstellen überquert).

# 1.2.7 Nullstellen

Das Thema Nullstellen kann hier sehr verkürzt dargestellt werden. Im G8-Abitur entfällt die Polynomdivision, so dass Sie die Nullstellen von ganzrationalen Funktionen nicht mehr „von Hand" bestimmen müssen. Für quadratische Funktionen gibt es die p-q-Formel bzw. die abc-Formel und für die restlichen Funktionstypen reicht der GTR. Nun gibt es in den Abi-Aufgaben aber dennoch hin und wieder den Fall, dass Sie Nullstellen von Hand berechnen müssen, oder dass Sie eine Formel für alle(!) Nullstellen irgendeiner Schwingung herleiten sollen. Dies möchte ich Ihnen an zwei kleinen Rechenbeispielen erläutern.

*Rechenbeispiel 1:*

Finde alle Nullstellen der Funktion $f(x) = \sin(2x)$.

*Lösung:*

Im Steckbrief der Sinus-Funktion können Sie ablesen, dass Sinus bei allen ganzzahlig Vielfachen von $\pi$ eine Nullstelle hat. Wenn also das Argument unserer Funktion $f(x)$ ein ganzzahlig Vielfaches von $\pi$ annimmt, dann hat $f(x)$ eine Nullstelle. Wir setzen demnach $2x = k\pi$ und erhalten $x = \frac{k}{2}\pi$ mit $k \in \mathbb{Z}$. Das bedeutet, dass durch $x = \frac{k}{2}\pi$ mit $k \in \mathbb{Z}$ alle Nullstellen von $f(x)$ bestimmt sind.

*Rechenbeispiel 2:*

Finde alle Nullstellen der Funktion $f(x) = \cos\left(\frac{x^2}{2}\right)$.

*Lösung:*

Hier ist die Situation etwas komplizierter, aber auch hier können Sie im Steckbrief der Cosinus-Funktion nachschlagen, dass Cosinus bei allen ungeradzahlig Vielfachen von $\frac{\pi}{2}$ seine Nullstellen hat. Wie also drückt man dies als Formel aus? Nun, wenn $k$ irgendeine ganze Zahl ist (also $k \in \mathbb{Z}$), dann ist $2k$ sicherlich eine gerade Zahl und folglich ist $2k + 1$ (oder auch $2k - 1$) eine ungerade Zahl. Ein ungeradzahlig Vielfaches von $\frac{\pi}{2}$ kann demnach in der Form $(2k + 1)\frac{\pi}{2}$ oder $(2k - 1)\frac{\pi}{2}$ mit $k \in \mathbb{Z}$

ausgedrückt werden. Wir verwenden für die Berechnung die erste Variante. Damit nun $f(x) = 0$ wird, muss also $\frac{x^2}{2} = (2k+1)\frac{\pi}{2}$ mit $k \in \mathbb{Z}$ gelten. Dies lässt sich nach $x$ auflösen. Sie erhalten zunächst $x^2 = (2k+1)\pi$ und daraus $x = \pm\sqrt{(2k+1)\pi}$ mit $k \in \mathbb{Z}$. Damit sind die Nullstellen von $f(x)$ vollständig beschrieben!

# 1.3 Extremwertaufgaben

Extremwertaufgaben zu lösen bedeutet grob gesagt, eine Funktion zu maximieren bzw. zu minimieren. Die Schwierigkeit besteht in der Regel darin, die Funktion aus der Aufgabenstellung zu konstruieren. Zumeist sind mehrere voneinander abhängige Einflussgrößen beteiligt. Sie müssen dann die Funktion so formulieren, dass nur noch eine Einflussgröße $x$ übrigbleibt. Mit den Mitteln der Differenzialrechnung können Sie dann die Extrempunkte dieser Funktion finden. Im Abitur finden sich Extremwertaufgaben häufig im Zusammenhang mit Flächenberechnungen und Integralen. Integrale werden jedoch erst im nächsten Kapitel behandelt, weshalb das Lösen von Extremwertaufgaben hier an einfacheren Beispielen verdeutlicht werden soll.

*Rechenbeispiel 1:*

Aus einem rechteckigen Stück Blech soll ein oben offener Behälter hergestellt werden. Das Blech ist 60cm lang und 48cm breit. An den vier Ecken werden Quadrate ausgeschnitten. Die Quadrate sollen so ausgeschnitten werden, dass das Fassungsvermögen des Behälters möglichst groß wird. Klebeflächen werden dabei nicht berücksichtigt. Bestimmen Sie die Abmessungen des Behälters und dessen Volumen.

*Lösung:*

Im ersten Schritt fertigen Sie sich am besten eine Skizze an und bestimmen anschließend eine Funktionsgleichung für das Volumen des Behälters. Wenn Sie die Aufgabe ein wenig zu schnell angehen, machen Sie vielleicht den Fehler, das Volumen mit $V = a \cdot b \cdot x$ zu bestimmen, wobei $x$ die Höhe ist. Aufgepasst! Wenn Sie die Seitenteile hochklappen, haben Sie nicht mehr die volle

Länge $a$ und nicht mehr die volle Breite $b$. Sie müssen jeweils $2x$ abziehen und es verbleiben $a - 2x$ für die Länge und $b - 2x$ für die Breite. Daher ist das Volumen des Behälters gegeben durch $V = (a - 2x)(b - 2x)x$. Mit $a = 60$ und $b = 48$ haben wir $V(x) = (60 - 2x)(48 - 2x)x = (2880 - 216x + 4x^2)x = 4x^3 - 216x^2 + 2880x$.

Im zweiten Schritt soll dieses Volumen maximiert werden, d.h. wir suchen das Maximum der Funktion $V(x) = 4x^3 - 216x^2 + 2880x$. Dazu setzen Sie die erste Ableitung gleich Null und erhalten $V'(x) = 12x^2 - 432x + 2880 = 0$ bzw. $x^2 - 36x + 240 = 0$. Das liefert mit der p-q-Formel $x_1 = 25{,}17$ und $x_2 = 8{,}83$ (die Ergebnisse sind jeweils auf zwei Stellen gerundet). $x_1$ kann für eine Lösung nicht in Frage kommen, denn sonst bekämen wir mit $b = 48 - 2 \cdot 25{,}17 < 0$ für die Seite $b$ eine negative Länge, was nicht sein kann. Die einzig verbleibende Lösung führt über $x_2 = 8{,}83$. Damit erhalten wir $a = 42{,}34$cm, $b = 30{,}34$cm und $h = x = 8{,}83$cm für die Abmessungen des Behälters sowie $V(8{,}83) = 11343$cm$^3$ für dessen Volumen.

*Rechenbeispiel 2:*

Gegeben ist eine Rolle mit 50m Zaun. Damit soll nun ein rechteckiges Stück Land so umzäunt werden, dass die Landfläche möglichst groß wird. Wie lauten dann die Abmessungen des Rechtecks und wie groß ist dessen Fläche?

*Lösung:*

In dieser Aufgabe sparen wir uns die Skizze, sondern stellen uns das Rechteck einfach vor. Ein wenig Training schadet ja nicht! Die Länge des Rechtecks sei $x$, die Breite sei $y$. Der Umfang $U$ ist dann gegeben mit $U = 2x + 2y = 50$. Die Fläche ist $A = x \cdot y$. Die Fläche ist diejenige Größe, die maximiert werden soll, also müssen wir $A$ in Abhängigkeit von $x$ (oder von $y$) ausdrücken. Dazu formen wir $2x + 2y = 50$ um zu $y = 25 - x$. Eingesetzt in die Flächenformel erhalten wir $A(x) = x(25 - x) = -x^2 + 25x$. Wir setzen wie immer die Ableitung gleich Null, um die Extremwerte zu finden: $A'(x) = -2x + 25 = 0$ was zu $x = 12{,}5$m und damit zu $y = 12{,}5$m führt. Offenbar handelt es sich um ein Quadrat mit der Fläche $A = 156{,}25$m$^2$ und damit ist die Frage beantwortet.

Diese beiden Rechenbeispiele zeigen das allgemeine Verfahren beim Lösen von Extremwertaufgaben:

1. Bestimmen Sie aus der Aufgabenstellung eine Zielfunktion $f(x)$, die nur noch von einem Parameter abhängt.
2. Setzen Sie die erste Ableitung gleich Null, um die x-Werte für die Extrempunkte zu finden. Lösen Sie also die Gleichung $f'(x) = 0$.
3. Aus den gefundenen x-Werten schließen Sie diejenigen aus, die nicht den Anforderungen aus der Aufgabenstellung genügen.

# 1.4 Funktionsscharen und Ortskurven

In den Abituraufgaben kommt es immer wieder vor, dass eine Funktion einen zusätzlichen Parameter $t$ enthält, beispielsweise bei $f_t(x) = \frac{tx^3+2}{2x^2}$ mit $t \in \mathbb{R}$. Hier hat man es nicht mit einer einzelnen Funktion zu tun, sondern mit einer Funktionen-schar. Indem man für $t$ einen speziellen (gültigen) Wert einsetzt, erhält man eine konkrete Funktion. Für $t = 2$ ergibt sich $f_2(x) = \frac{2x^3+2}{2x^2}$, für $t = 0{,}5$ haben wir $f_{0,5}(x) = \frac{0{,}5x^3+2}{2x^2}$ usw. Wenn man $t$ als beliebige aber fest gewählte Zahl betrachtet, kann man mit Funktionenscharen

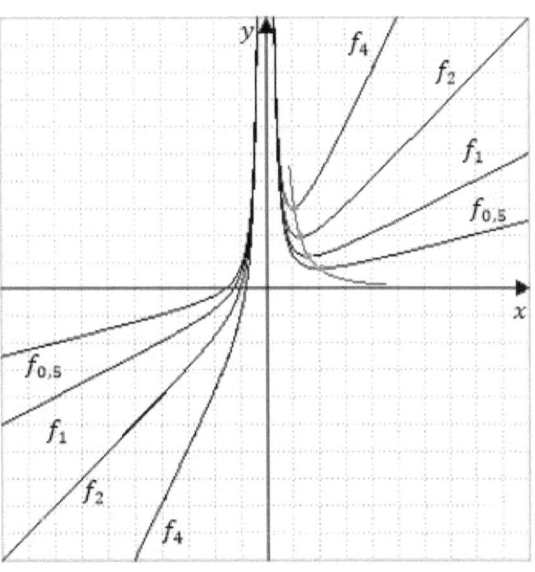

genauso rechnen wie mit gewöhnlichen Funktionen. Man kann Ableitungen bilden, Hoch- und Tiefpunkte berechnen, Asymptoten bestimmen usw. Die Ergebnisse enthalten jedoch immer den Parameter $t$, sofern dieser sich nicht herauskürzt.

*Rechenbeispiel 1:*

Bestimmen Sie die Ableitung der folgenden beiden Funktionsscharen:
$f_t(x) = tx^2$ und $g_n(x) = \sin(nx)$.

*Lösung:*

Betrachten Sie die Parameter $t$ bzw. $n$ als festen Zahlenwert und leiten Sie nach den üblichen Regeln ab. Sie erhalten $f'_t(x) = 2tx$ und $g'_n(x) = n\cos(nx)$.

*Rechenbeispiel 2:*

Bestimmen Sie alle Extrempunkte der Funktionenschar $f_t(x) = (x + t)^3 + 2t$.

*Lösung:*

Es gilt $f'_t(x) = 3(x + t)^2$, $f''_t(x) = 6(x + t)$ und $f'''_t(x) = 6$. Mit $f'_t(x) = 0$ folgt $3(x + t)^2 = 0$ also $x = -t$. Eingesetzt in $f''_t(x)$ erhalten wir $f''_t(-t) = 0$. Hier haben wir den Fall, dass für $x = -t$ sowohl $f'_t(x)$ als auch $f''_t(x)$ Null sind. Da außerdem $f'''_t(-t) = 6 \neq 0$, erkennen wir, dass es sich hier um einen Sattelpunkt handeln muss. Es gibt also keine Hoch- und Tiefpunkte, dafür aber einen Sattelpunkt an der Stelle $S_t(-t|2t)$. Die $y$-Koordinate des Sattelpunkts erhalten Sie, indem Sie wie üblich $x = -t$ in $f_t(x)$ einsetzen.

*Rechenbeispiel 3:*

Bestimmen Sie alle Extrempunkte der Funktionenschar $f_k(x) = ke^{-kx}; k > 0$.

*Lösung:*

Es gilt $f'_k(x) = -k^2 e^{-kx}$. Mit $f'_k(x) = 0$ folgt $-k^2 e^{-kx} = 0$, aber dies ist unmöglich, da die e-Funktion nicht Null wird und wir außerdem $k > 0$ vorausgesetzt hatten. Die Funktionenschar $f_k(x)$ besitzt also für kein $k$ Extrempunkte.

Im Zusammenhang mit Funktionenscharen ergeben sich besondere Fragestellungen. Beispielsweise könnte man für spezielle Werte von $t$ die Tiefpunkte der Funktion berechnen. Wenn Sie für verschiedene Werte von $t$ nun das jeweils zugehörige Schaubild in ein Koordinatensystem zusammen mit den Tiefpunkten einzeichnen, siehe nebenstehende Abbildung, so lassen sich diese miteinander verbinden. Je mehr Kurven und zugehörige Tiefpunkte Sie einzeichnen, desto mehr kristallisiert sich die zugehörige Kurve der Tiefpunkte heraus. Eine solche Kurve nennt man Ortskurve. Wie findet man nun die Funktionsgleichung für die Ortskurve der Tiefpunkte? Wie lautet die Funktionsgleichung für die Ortskurve der Hochpunkte und der Wendepunkte? Wir erklären das Vorgehen anhand des nächsten Rechenbeispiels.

**Rechenbeispiel 4:**

In Rechenbeispiel 2 hatten wir für die Funktionenschar $f_t(x) = (x + t)^3 + 2t$ die Sattelpunkte $S_t(-t|2t)$ bestimmt. Nun soll die Ortskurve dieser Sattelpunkte berechnet werden.

**Lösung:**

An der $y$-Koordinate in $S_t$ sehen Sie, dass diese vom Parameter $t$ abhängt. Damit wir daraus eine Funktionsgleichung für die Ortskurve bekommen, müssen wir erreichen, dass die $y$-Koordinate nur noch von $x$ abhängt. Dazu verwenden Sie einfach die $x$-Koordinate, lösen $x = -t$ nach dem Parameter $t$ auf und erhalten $t = -x$. Dies wird nun in die $y$-Koordinate eingesetzt, so dass wir $y = 2 \cdot (-x) = -2x$ erhalten. Damit ist $g(x) = -2x$ die gesuchte Ortskurve der Sattelpunkte.

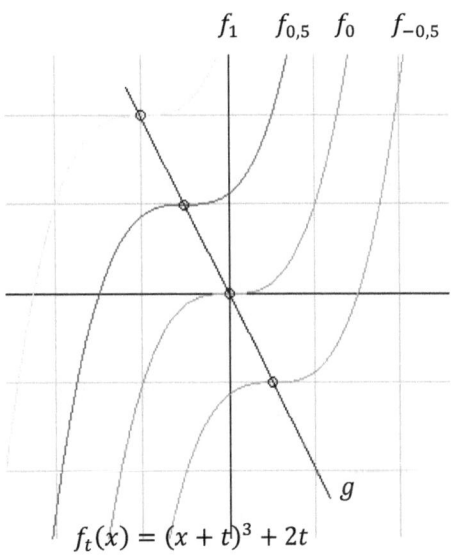

Anhand der Vorgehensweise in der Lösung lässt sich nun ein allgemeines Verfahren ableiten, mit dem sich Ortskurven bestimmen lassen.

### Bestimmung der Ortskurve eines Extrempunkts $E_t$

- Löse die $x$-Koordinate nach $t$ auf.
- Setze den gefundenen Ausdruck für $t$ in die $y$-Koordinate ein und vereinfache.
- Der so gefundene Ausdruck hängt nur noch von $x$ ab und stellt die Ortskurve von $E_t$ dar.

*Rechenbeispiel 5:*

Es sei $f_n(x) = 10(x - n)e^{-x}$, $n \in \mathbb{N}_0$. Gesucht ist der Funktionsterm derjenigen Kurve auf der alle Hochpunkte von $f_n$ liegen.

*Lösung:*

Die ersten beiden Ableitungen erhalten Sie unter Beachtung von Produkt- und Kettenregel mit $f_n{}'(x) = 10e^{-x}(1 + n - x)$ und $f_n{}''(x) = -10e^{-x}(2 + n - x)$. Mit $f_n{}'(x) = 0$ folgt $(1 + n - x) = 0$, da die $e$-Funktion bekanntlich nicht Null wird. Somit ist $x = 1 + n$ der einzige Kandidat für eine Extremstelle. Eingesetzt in $f_n{}''(x)$ erhält man $f_n{}''(1 + n) = -10e^{-(1+n)}(2 + n - (1 + n)) = -10e^{-(1+n)} \cdot 1 < 0$ da $e^{-(1+n)} > 0$. Das bedeutet, dass für alle $x = 1 + n$ Hochpunkte vorliegen. Eingesetzt in $f_n(x)$ folgt $f_n(1 + n) = 10(1 + n - n)e^{-(1+n)} = 10e^{-1-n}$ und damit $H_n(1 + n | 10e^{-1-n})$. Dies sind zunächst die Hochpunkte. Wegen $x = 1 + n$ folgt $n = x - 1$. Damit wird der Parameter $n$ in der $y$-Koordinate ersetzt und es folgt $y = 10e^{-1-(x-1)} = 10e^x$. Somit ist $g(x) = 10e^x$ die gesuchte Ortskurve der Hochpunkte.

*Aufgabe:*

Es sei $f_k(x) = k \sin\left(x - \frac{k\pi}{2}\right)$; $0 \leq x \leq \pi$, $1 \leq k \leq 2$. Bestimme alle Hochpunkte von $f_k$ und die zugehörige Ortskurve.

*Lösung:*

Wir geben hier nur die Endresultate ohne
Rechenweg an:

$$f'_k(x) = k\cos\left(x - \frac{k\pi}{2}\right)$$
$$f''_k(x) = -k\sin\left(x - \frac{k\pi}{2}\right)$$
$$HP_k\left((k+1)\frac{\pi}{2}\Big|k\right)$$

Ortskurve: $g(x) = \frac{2}{\pi}x - 1$

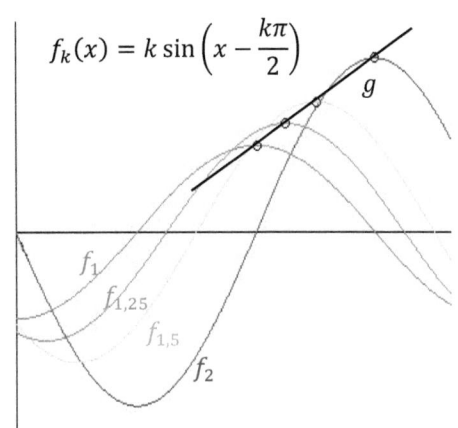

$$f_k(x) = k\sin\left(x - \frac{k\pi}{2}\right)$$

# 1.5 Wachstumsprozesse

Es gibt verschiedene Arten von Wachstum bzw. Zerfall:

1.  Natürliches Wachstum bzw. exponentielles Wachstum
2.  Größenbeschränktes Wachstum
3.  Logistisches Wachstum

Wir beschäftigen uns hier nur mit den ersten beiden Wachstumsformen, da das
logistische Wachstum in den Abituraufgaben bisher nicht vorkam.

## 1.5.1 Natürliches bzw. exponentielles Wachstum

Exponentielles Wachstum bzw. Zerfall kann in der Form $f(t) = c \cdot a^t$ ausgedrückt
werden. Dabei ist

| | |
|---|---|
| $t$ | der Zeitpunkt der Messung bzw. der Beobachtung |
| $f(t)$ | der gemessene Wert bzw. Bestand |
| $c$ | der Anfangsbestand zum Zeitpunkt $t = 0$ |
| $a$ | der Wachstumsfaktor bzw. die Zerfallsrate |

Die Funktion $f(t)$ wird in diesem Zusammenhang auch Wachstumsfunktion genannt. In der Regel verwendet man aber nicht die allgemeine Wachstumsfunktion mit der Basis $a$ sondern eine mit Basis $e$. Man möchte also statt $a$ die $e$-Funktion verwenden, weil sich damit einfacher rechnen lässt. Ein großer Vorteil bei der $e$-Funktion besteht ja z.B. darin, dass sie beim Ableiten erhalten bleibt. Mit dem Ansatz $a^t = e^{kt}$ kann man die Formel tatsächlich in eine $e$-Funktion umwandeln, wobei sich herausstellt, dass für $k$ dann $k = ln(a)$ gilt (Beweis durch nachrechnen). Wir haben also die

### Wachstumsformel für exponentielles Wachstum

$$f(t) = c \cdot e^{kt} \text{ mit } k = ln(a)$$

Dies ist dann die Formel, mit der man üblicherweise arbeitet. In diesem Zusammenhang nennt man $k$ die Wachstumskonstante, falls $k > 0$ ist bzw. Zerfallskonstante, falls $k < 0$ ist.

Eine der wichtigsten Aufgaben ist es, zu einer vorgegebenen Messreihe das zugehörige Wachstumsgesetzt zu finden.

1. Nach welcher Gesetzmäßigkeit entlädt sich ein Kondensator? Man misst die Ladung des Kondensators in gleichbleibenden Zeitabständen und erhält eine Messreihe. Gesucht ist dann ein Gesetz, das die Abnahme der Ladung möglichst realistisch wiedergibt.
2. Wachstum von Bakterienkulturen. Man misst die Menge der Bakterien in gleichbleibenden Zeitabschnitten und erhält wieder eine Messreihe. Aus dieser soll ein Gesetz abgeleitet werden, welches das Wachstum der Bakterienkultur möglichst realistisch wiedergibt. Man möchte damit vorhersagen können, zu welchen Zeitpunkten wie viele Bakterien vorhanden sind.

Dies sind nur zwei Beispiele von vielen. Allgemein haben wir eine Messreihe wie folgt

| $t$ | 0 | 1 | 2 | 3 | ... |
|---|---|---|---|---|---|
| Messwert | $a_0$ | $a_1$ | $a_2$ | $a_3$ | ... |

Ist in dieser Messreihe der Quotient aufeinanderfolgender Messwerte annähernd konstant, dann kann von exponentiellem Wachstum ausgegangen werden. Warum? Weil sich dann jeder neue Messwert durch Multiplikation mit einem Faktor aus dem vorhergehenden ergibt und sich dadurch die Faktoren potenzieren. Teste also in der vorgelegten Messreihe, ob der Quotient $a = \frac{a_{i+1}}{a_i}$ für alle $i$ annähernd konstant ist. Wenn das der Fall ist, dann ist die Wachstumskonstante gegeben durch $k = ln(a)$

und der Anfangsbestand zum Zeitpunkt $t = 0$ ist $a_0$. Das führt zum Wachstumsgesetzt für diese Messreihe:

$$f(t) = a_0 e^{kt} \text{ mit } k = ln(a).$$

Charakteristische Größen für Wachstums- bzw. Zerfallsprozesse sind die Verdopplungszeit $t_V$ bzw. Halbwertszeit $t_H$. Die Formeln kennen Sie aus der Schule.

**Verdopplungszeit:**   $t_V = \dfrac{ln(2)}{k}$

**Halbwertszeit:**   $t_H = -\dfrac{ln(2)}{k}$

Wie man sieht, hat sich hier lediglich das Vorzeichen geändert. Für Ihr Abitur ist es nicht wichtig, die Herleitung dieser Formeln zu kennen, Sie müssen sie lediglich anwenden können.

*Rechenbeispiel 1:*

Wir betrachten einen Gegenstand, dessen Temperatur fällt und messen die Temperatur nach jeder Minute. Dabei ergibt sich die folgende Messreihe:

| t in Minuten | 0 | 1 | 2 | 3 | 4 |
|---|---|---|---|---|---|
| Temperatur in °C | 10 | 7,2 | 5,18 | 3,72 | 2,68 |

Nach welcher Gesetzmäßigkeit fällt die Temperatur und wie lange dauert es, bis die Temperatur erstmals unter 0,5°C fällt?

*Lösung:*

Um diese Frage zu beantworten untersuchen wir zunächst die Quotienten aufeinanderfolgender Messwerte. $\frac{7,2}{10} = 0,72$; $\frac{5,18}{7,2} \approx 0,719$; $\frac{3,72}{5,18} \approx 0,718$ und $\frac{2,68}{3,72} \approx 0,72$. Man sieht, dass diese Quotienten annähernd konstant sind. Wir können demnach von natürlichem Zerfall (wegen der Abnahme der Messwerte) nach der Formel $f(t) = c \cdot e^{kt}$ ausgehen. Als Zerfallsrate wählen wir z.B. $a = 0,72$ (noch besser wäre es, wenn wir einen Mittelwert aller Quotienten bilden würden). Wegen $k = ln(a) = ln(0,72) \approx -0,3285$ und $c = f(0) = 10$ (=Anfangstemperatur) erhalten wir: $f(t) = 10e^{-0,3285t}$.

Wie lange dauert es nun, bis die Temperatur erstmals unter 0,5°C fällt? Wann also wird $f(t) < 0,5$? Umstellung nach $t$ ergibt:

$$10e^{-0,3285t} < 0,5 \qquad |:10$$
$$e^{-0,3285t} \quad < 0,05 \qquad |\ln$$
$$-0,3285t \quad < \ln(0,05) \qquad |:-0,3285$$
$$t > \frac{\ln(0,05)}{-0,3285} \approx 9,12$$

Nach etwa 9,12 Minuten kühlt sich der Gegenstand auf 0,5°C ab.

Bei exponentiellem Wachstum wird häufig nur die prozentuale Zu- bzw. Abnahme pro Zeitschritt angegeben. Das wichtigste Beispiel ist hier die Kapitalverzinsung. Ein Kapital $K_0$ wächst in einem Zeitschritt (z.B. in einem Jahr) um $p$ Prozent an. Nach diesem Zeitschritt hat man folglich $K_1 = K_0 + \frac{p}{100}K_0 = \left(1 + \frac{p}{100}\right)K_0$. Damit sieht man sofort, wie sich der eigentliche Wachstumsfaktor aus dem Prozentsatz ergibt. Es gilt $a = 1 + \frac{p}{100}$ bei Wachstum und $a = 1 - \frac{p}{100}$ bei Zerfall bzw. Abnahme.
Wegen $k = \ln(a)$ folgt dann

$$k = \ln\left(1 + \frac{p}{100}\right) \qquad \textbf{bei Wachstum}$$

$$k = \ln\left(1 - \frac{p}{100}\right) \qquad \textbf{bei Zerfall}$$

**Rechenbeispiel 2:**

Nach einem Jahr sind etwa 2,3% des chemischen Elements Cäsium zerfallen.

1.  Bestimme die Wachstumskonstante $k$ und die Halbwertszeit $t_H$.
2.  Nach welcher Zeit sind mindestens 90% zerfallen?

*Lösung:*

1.  In der Aufgabenstellung ist der Zerfall durch eine Prozentzahl angegeben. Daraus errechnet sich $a = 1 - \frac{2,3}{100} = 0,977$, woraus sich die Wachstumskonstante zu $k = ln(0,977) \approx -0,0233$ ergibt. Die Halbwertszeit ist dann $t_H = \frac{-ln(2)}{-0,0233} \approx$ 29,78 (Jahre).

2.  In der Aufgabenstellung gibt es im Wesentlichen zwei Hürden zu überwinden. Erstens fehlt scheinbar die Angabe des Anfangsbestandes. Dieser wird sich, wie wir nachher sehen werden, herauskürzen, spielt also tatsächlich keine Rolle. Zweitens rechnet das Zerfallsgesetz mit tatsächlichen Beständen und nicht mit bereits zerfallenen Mengen! Wir kennen zwar nicht den konkreten Wert des Anfangsbestandes, wissen aber, dass dieser durch $f(0)$ gegeben ist. Das Zerfallsgesetz lautet daher $f(t) = f(0) \cdot e^{-0,0233t}$. Wenn 90% des Materials zerfallen sein sollen, dann bleiben noch 10% nicht zerfallenes Cäsium übrig (wie gesagt: wir rechnen mit Beständen, nicht mit dem zerfallenen Material!). Es gilt also $0,1f(0) = f(0) \cdot e^{-0,0233t}$. Wie man sieht kürzt sich der Anfangsbestand $f(0)$ heraus. Wir stellen nach $t$ um und erhalten $t \approx 98,82$ (Jahre). Nach etwa 99 Jahren sind also mindestens 90% des Cäsiums zerfallen.

# 1.5.2 Beschränktes Wachstum

Obwohl „natürliches Wachstum" genannt, gibt dieser Begriff in der Regel nicht die natürlichen Verhältnisse wieder. Natürliches Wachstum ist nämlich unbeschränkt, was in der Natur nicht vorkommt.

*   Bäume wachsen nicht beliebig hoch.
*   Bakterienkulturen wachsen nicht unermesslich.
*   Kaninchen vermehren sich nicht beliebig.
*   Kondensatoren entladen sich nicht vollständig.

In der Natur vorkommende Wachstumsprozesse werden beschränkt durch begrenzt vorhandene Ressourcen bzw. durch Umweltbedingungen. Daher werden solche Wachstumsprozesse sehr viel genauer durch „beschränktes Wachstum" beschrieben. Ausnahmsweise werden wir die Formel für beschränktes Wachstum aus derjenigen des natürlichen Wachstums in einer Bildersequenz herleiten und üben dabei gleich noch einmal den Umgang mit Funktionen.

**1.**

Natürliches
Wachstum
$f(t) = ce^{kt}$

⟶
Spiegelung an y-Achse:
$f(t)$ wird zu $f(-t)$

**2.**

$f(t) = ce^{-kt}$

Spiegelung an x-Achse:
$f(-t)$ wird zu $-f(-t)$

**3.**

$f(t) = -ce^{-kt}$

⟶
Verschiebung in
y-Richtung:
$-f(-t)$ zu $S - f(-t)$

**4.**

Beschränktes
Wachstum     $f(t) = S - ce^{-kt}$

Um die Formel für den <u>beschränkten Zerfall</u> herzuleiten, beginnen wir in der Bildersequenz wieder bei Bild 1., wechseln zu Bild 2., lassen Bild 3. aus und verschieben $f$ stattdessen gleich um die Schranke $S$ nach oben. Dadurch erhalten wir die in Bild 5 notierte Formel.

**5.**

Beschränkter
Zerfall
$f(t) = S + ce^{-kt}$

Nach dieser bildlichen Herleitung haben wir nun diese beiden Formeln:

$$f(t) = S - ce^{-kt} \qquad \textbf{für beschränktes Wachstum}$$

$$f(t) = S + ce^{-kt} \qquad \textbf{für beschränkten Zerfall}$$

Hierbei ist $S$ eine zahlenmäßig gegebene Schranke. Die Bedeutung der restlichen Variablen ist dieselbe wie beim natürlichen Wachstum.

**Rechenbeispiel 1:**

Ein größenbeschränkter Wachstumsprozess sei gegeben durch $f(t) = 10 - 2e^{-0,02t}$. Der Zeitschritt t wird dabei in Minuten gemessen.

1. Berechne den Anfangsbestand und den Bestand nach einer Stunde.
2. Welche Schranke $S$ beschränkt das Wachstum? Ist dies eine obere oder untere Schranke?
3. Wann hat der Bestand 90% von $S$ erreicht?

**Lösung:**

1. Setze $t = 0$ in die Wachstumsformel ein. Man erhält $f(0) = 10 - 2e^{-0,02 \cdot 0} = 10 - 2 = 8$. Der Zeitschritt wird in Minuten gemessen, also setzen wir $t = 60$ ein, um den Bestand nach einer Stunde zu berechnen. Wir erhalten $f(60) = 10 - 2e^{-0,02 \cdot 60} \approx 9{,}398$.

2. Die Formel hat die Gestalt $f(t) = S - ce^{-kt}$, wodurch beschränktes Wachstum beschrieben wird. Wir können die obere Schranke $S = 10$ direkt ablesen. Natürlich kann $S$ auch rechnerisch ermittelt werden: Für $t \to \infty$ strebt $f(t)$ der oberen Schranke zu und es gilt $\lim\limits_{t\to\infty} f(t) = 10$, da $e^{-0,02t}$ für $t \to \infty$ eine Nullfolge ist.

3. Wenn $S = 10$ ist, dann sind 90% davon 9. Um festzustellen, zu welchem Zeitpunkt $t$ der Bestand $f(t) = 9$ erreicht wird, muss die Gleichung $9 = 10 - 2e^{-0,02t}$ nach $t$ aufgelöst werden. Wir erhalten:

$$9 \quad = 10 - 2e^{-0,02 \cdot t} \qquad | -10, : (-1)$$
$$1 \quad = 2e^{-0,02 \cdot t} \qquad | : 2, \ln$$
$$\ln(0,5) = -0,02 \cdot t \qquad | : -0,02$$
$$t = \frac{\ln(0,5)}{-0,02} \approx 34,68$$

Nach etwa 34,7 Minuten werden 90% des Endbestandes erreicht.

# 1.5.3 Beschreibung durch Differenzialgleichungen

Wir können Wachstumsprozesse nicht nur durch explizite Formeln beschreiben, sondern auch vermittels so genannter Differenzialgleichungen (DGL). Eine Gleichung nennt man DGL (erster Ordnung), wenn neben der Funktion $f(x)$ auch deren erste Ableitung $f'(x)$ vorkommt. Beim natürlichen Wachstum ist die Vermehrungsrate bzw. die Zerfallsrate proportional zum aktuellen Bestand. Es gilt demnach die DGL:

$$f'(t) = k \cdot f(t) \qquad \textbf{DGL für natürliches Wachstum}$$

Auch bei beschränktem Wachstum gibt es einen Zusammenhang zwischen momentaner Änderungsrate und aktuellem Bestand. Hier wird zusätzlich die Schranke $S$ berücksichtigt. Es gilt die folgende DGL:

$$f'(t) = k \cdot \big( S - f(t) \big) \qquad \textbf{DGL für beschränktes Wachstum}$$

Es ist nicht wichtig, die Herleitung dieser Formeln zu kennen. Sie müssen aber in der Lage sein, anhand einer vorgegebenen Wachstumsformel zu bestimmen, welche Art von Wachstum vorliegt. Genügt die Formel der ersten DGL, so handelt es sich um natürliches Wachstum, genügt sie der zweiten DGL, so haben wir beschränktes Wachstum. In manchen Abitur-Aufgaben ist das Wachstumsgesetz nicht explizit vorgegeben. Dann enthält der Aufgabentext aber in der Regel spezielle Hinweise. Bei Formulierungen wie „Der aktuelle Bestand ist proportional zur momentanen Änderungsrate" muss sofort klar sein, dass es sich um natürliches Wachstum handelt, siehe oben. Als Wachstumsgesetz können wir folglich nur eines der Form $f(t) = c \cdot e^{kt}$ verwenden. Bei der DGL für beschränktes Wachstum wird der Ausdruck in der

Klammer $\big(S - f(t)\big)$ Sättigungsmanko genannt. Entsprechend weißt eine Formulierung wie „Der aktuelle Bestand ist proportional zum Sättigungsmanko" auf beschränktes Wachstum hin.

### Rechenbeispiel 1:

Beweise, dass es sich bei folgendem Wachstumsgesetz um natürliches Wachstum handelt: $f(t) = 2e^{0,1t}$

### Lösung:

Mit $f(t) = 2e^{0,1t} \Rightarrow f'(t) = 0,2e^{0,1t}$. Wir setzen nun $f$ und $f'$ in die DGL für natürliches Wachstum ein und testen, ob die DGL erfüllt wird:

$$f'(t) = k \cdot f(t): \qquad 0,2e^{0,1t} = 0,1 \cdot 2 \cdot e^{0,1t} = 0,2e^{0,1t}$$

Da es hier zu keinem Widerspruch kam ist die DGL offenbar erfüllt und $f(t)$ beschreibt demnach tatsächlich natürliches Wachstum.

### Rechenbeispiel 2:

Eine Bakterienkultur hat zu Beginn der Beobachtung einen Bestand von 3.000 Bakterien. Eine erneute Zählung nach 20 Stunden hat einen Wert von 50.000 Bakterien ergeben. Bei dieser Bakterienkultur ist die Vermehrungsrate proportional zum momentanen Bestand.

1. Welche Art von Wachstumsprozess liegt vor?
2. Wie lautet das Wachstumsgesetz?
3. Nach welcher Zeit ist die Bakterienkultur auf 18.000 Bakterien angewachsen?
4. Bestimme die Verdopplungszeit.

### Lösung:

1. Wenn die Vermehrungsrate proportional zum momentanen Bestand ist, dann liegt natürliches Wachstum vor. Das Wachstumsgesetz hat also die Form $f(t) = c \cdot e^{kt}$.

2. Der Anfangsbestand ist $c = 3000$. Wir müssen nur noch $k$ bestimmen. Es gilt $f(20) = 50000 = 3000e^{k \cdot 20}$. Auflösen nach $k$ führt zu $k \approx 0,1407$. Das Wachstumsgesetz lautet folglich $f(t) = 3000e^{0,1407t}$.

3.  Wir lösen $18000 = 3000e^{0,1407t}$ nach $t$ auf und erhalten $t \approx 12,73$ (Stunden).

4.  Die Verdopplungszeit berechnen wir nach der bekannten Formel $t_V = \frac{ln(2)}{k}$, setzen $k = 0,1407$ ein und erhalten $t_V \approx 4,927$(Stunden). Die Bakterienkultur verdoppelt sich also etwa alle 5 Stunden.

Weitere Abi-Aufgaben, die sich mit dem Thema Wachstum beschäftigen:

- 2009 Analysis I 3 ⇨ Fieberkurve
- 2006 Analysis I 3 ⇨ Konzentration eines Medikaments
- 2005 Analysis I 3 ⇨ Fischbestand

Im Wahlteil 2008 Analysis I 3.1 (Behälter mit Zu- und Abfluss) finden Sie in Teilaufgabe b) eine Frage im Zusammenhang mit einer dort gegebenen DGL.

Rechnen Sie diese Abi-Aufgaben nun der Reihe nach durch, damit Sie ein Gefühl für die Aufgabenstellung und für die Rechenwege bekommen. Es hilft immer, wenn man eine gewisse Routine entwickelt.

# 2 Integralrechnung

Im Schulunterricht wird das Integral auf verschiedene Arten eingeführt. Beispielsweise kann man die Integralrechnung als Umkehrung der Differenzialrechnung auffassen. Man hat eine Funktion $f(x)$ und sucht dazu eine Funktion $F(x)$, welche abgeleitet gerade $f(x)$ ergibt. Dadurch wird sofort der Zusammenhang zwischen Differenzial- und Integralrechnung hergestellt, weil das eine aus dem anderen konstruiert wird. Ein anderer möglicher Zugang ist die Frage nach der Fläche zwischen dem Graphen einer Funktion $f(x)$ und der $x$-Achse. Dieser Zugang führt zur Einführung der Stammfunktion $F(x)$ und es ist später umso überraschender, wenn sich herausstellt, dass $F'(x) = f(x)$ gilt. Ich skizziere Ihnen den zuletzt angesprochenen Weg noch einmal in gestraffter Form.

## 2.1 Grundlagen

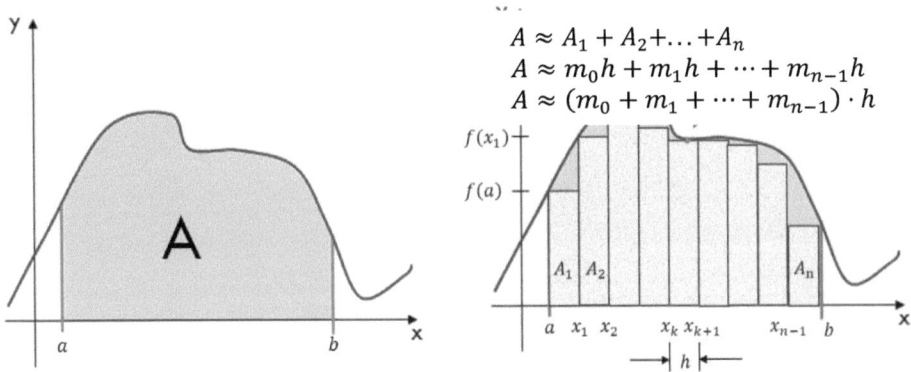

$$A \approx A_1 + A_2 + \ldots + A_n$$
$$A \approx m_0 h + m_1 h + \cdots + m_{n-1} h$$
$$A \approx (m_0 + m_1 + \cdots + m_{n-1}) \cdot h$$

Genau wie bei der Differenzialrechnung wird die Integralrechnung motiviert durch eine geometrische Problemstellung. Gegeben ist die Kurve einer beliebigen Funktion $f(x)$. Gesucht ist die Fläche zwischen $f$ und der $x$-Achse in den Grenzen $a$ bis $b$ (d.h. wenn man durch die $x$-Koordinaten $a$ und $b$ Parallelen zur $y$-Achse zieht).

Die Idee besteht nun darin, die Fläche $A$ mit Rechtecken auszulegen. $A$ ergibt sich dann näherungsweise als Summe der Rechteckflächen, so wie es die obige Abbildung zeigt. Je mehr Rechteckchen man zum Auslegen verwendet umso dünner werden diese und umso genauer wird der Flächeninhalt angenähert. Im Grenzfall bildet man die Summe von unendlich vielen Rechteckchen und erhält unter bestimmten Bedingungen den genauen Wert der Fläche.

Nun ist es natürlich nicht ganz so einfach, wie es hier dargestellt wird. Die Umsetzung dieser Idee wird in der Schule nicht bzw. nicht mehr ausreichend gelehrt. Für Sie reicht es daher zu wissen, dass der Flächeninhalt sich als Grenzwert einer unendlichen Summe ergibt, falls dieser Grenzwert überhaupt existiert. In der Schule untersuchen Sie nur solche Funktionen, bei denen es keine Schwierigkeiten gibt, soll heißen, dass die entsprechenden Grenzwerte existieren und Sie tatsächlich Flächen berechnen können. Statt nun den Grenzwert einer unendlichen Summe zu notieren, führt man ein neues Symbol ein, das Integral. Man schreibt:

$$A = \int\limits_a^b f(x)dx$$

Die Grenzen des ursprünglichen Intervalls $[a, b]$ schreibt man dabei unten und oben an das Integral. Das $dx$ steht für eine unendlich kleine Größe, für die Breite der Rechtecken, die mit größer werdender Anzahl immer kleiner wird. Das lang gezogene S steht für die unendliche Summe selbst. Ein schöner Trick, um sich künftig eine Menge Schreibarbeit zu ersparen. Als Schüler mag es ausreichen, wenn Sie sich merken, dass das Integral der Grenzwert einer unendlichen Summe ist.

## 2.1.1 Der Hauptsatz

In der Schule wird nun ein Zusammenhang zwischen Differenzial- und Integralrechnung hergeleitet, der im sogenannten Hauptsatz der Differenzial- und Integralrechnung wie folgt formuliert wird:

$$\int\limits_a^b f(x)dx = [F(x)]_a^b = F(b) - F(a)$$

Dabei nennt man $F(x)$ eine Stammfunktion zu $f(x)$, und es gilt $F'(x) = f(x)$. Der Zusammenhang zwischen der Stammfunktion $F(x)$ und der Funktion $f(x)$ unter dem Integralzeichen ist also der, dass die Stammfunktion abgeleitet, gerade $f(x)$ ergibt. Um nun mit dem Integral eine Fläche konkret berechnen zu können, müssen wir also zunächst eine Stammfunktion finden, dann die $x$-Werte $b$ und $a$ einsetzen und die Ergebnisse voneinander abziehen, so wie es der Hauptsatz besagt. Wir bringen später ein paar Rechenbeispiele dazu aber vorher beschäftigen wir uns noch mit einigen grundlegenden Rechenregeln und den Stammfunktionen für elementare Funktionen.

## 2.1.2 Stammfunktionen und Rechenregeln

Wie eben gesehen, besteht die Hauptaufgabe im Wesentlichen darin, zu gegebenem $f(x)$ eine Stammfunktion $F(x)$ zu finden. Da wir bereits wissen, dass die Stammfunktion abgeleitet immer $f(x)$ ergeben muss, können wir für gewisse elementare Funktionen solche Stammfunktionen noch relativ einfach finden. Bei zusammengesetzten Funktionen benötigt man spezielle Integrationsmethoden. Es gibt sogar Integrale zu denen man keine Stammfunktion finden kann, aber solche werden in der Schule nicht behandelt. In der nachfolgenden Tabelle, auch Integraltafel genannt, geben wir die Stammfunktionen einiger elementarer Funktionen an:

| f(x)=F'(x) | F(x) |
|:---:|:---:|
| $c$ | $cx + C$ |
| $x^n$ | $\dfrac{1}{n+1}x^{n+1} + C, n \neq -1$ |
| $\sin(x)$ | $-\cos(x) + C$ |
| $\cos(x)$ | $\sin(x) + C$ |
| $e^x$ | $e^x + C$ |
| $\dfrac{1}{x}$ | $\ln(|x|) + C$ |

Wir haben bei der Stammfunktion immer noch eine additive Konstante $C$ hinzugefügt, denn diese wird beim Ableiten 0. Das bedeutet, dass z.B. für $f(x) = x^2$ eine Stammfunktion durch $F(x) = \frac{1}{3}x^3$ gegeben ist, aber auch durch $F(x) = \frac{1}{3}x^3 + 5$ oder $F(x) = \frac{1}{3}x^3 - \sqrt{3}$, denn alle diese Funktionen ergeben abgeleitet $f(x)$. Man sieht also, dass die Stammfunktion nicht eindeutig bestimmt ist, sondern lediglich bis auf eine additive Konstante.

Will man zu gegebenem $f(x)$ eine Stammfunktion finden, so schreibt man diese Aufgabe in der Form $\int f(x)dx$, d.h. man lässt die untere und obere Grenze am Integralzeichen einfach weg. Diese Form nennt man auch das unbestimmte Integral. Es gilt z.B. $\int \sin(x)\,dx = -\cos(x) + C$. Hier nun ein paar wichtige Rechenregeln im Umgang mit Integralen:

| Bezeichnung | Rechenregel | |
|---|---|---|
| Summenregel | $$\int \big(f(x) + g(x)\big)\,dx \\ = \int f(x)dx + \int g(x)dx$$ | |
| Konstanter Faktor | $$\int c \cdot f(x)dx = c \cdot \int f(x)dx,\, c \in \mathbb{R}$$ | |
| Lineare Substitution Kettenregel „rückwärts" | $$\int f(g(x))dx = \frac{F(g(x))}{g'(x)}$$ | Nur wenn g(x) linear, d.h. g(x)=mx+b |
| Intervallregel | $$\int_a^b f(x)dx = \int_a^c f(x)dx + \int_c^b f(x)dx,\, c \in \mathbb{R}$$ | |

Es gibt eine Reihe weiterer Integralregeln, beispielsweise die partielle Integration, die logarithmische Integration und Regeln, die man anwenden kann, wenn der Integrand spezielle Formen annimmt. Zu meiner Schulzeit wurde die partielle Integration noch in den Mathematik Grundkursen unterrichtet, heute offenbar nicht mehr. Eine weitere wichtige Formel fehlt in der obigen Aufzählung noch. Wie Sie oben gesehen haben, kann man die Integralrechnung in gewisser Weise als Umkehrung der Differenzialrechnung auffassen. Daraus leiten sich die folgenden beiden Beziehungen her: $(\int f(x)dx)' = f(x)$ und $\int f'(x)dx = f(x) + C$ mit $C \in \mathbb{R}$. Zu beachten ist, dass in der zweiten Beziehung die Konstante $C$ wieder auftaucht, da ja die Stammfunktion erst im zweiten Berechnungsschritt ermittelt wird und diese, sofern keine weiteren Bedingungen vorliegen, eben nur bis auf die Konstante eindeutig bestimmt ist.

Versuchen Sie sich die obigen Integrationsregeln gut einzuprägen. Am besten suchen Sie sich zu jeder Regel einen Satz von Aufgaben und lösen diesen. Mit der Methode

„Learning by doing" prägen sich die Regeln erfahrungsgemäß sehr gut ein. Hier noch einige Erläuterungen zu den Rechenregeln:

Die Vertauschregel besagt, dass die Richtung der Integration Einfluss auf das Vorzeichen hat. Integriert man von $b$ nach $a$ statt von $a$ nach $b$ so dreht sich das Vorzeichen um.

Die Intervallregel besagt, dass es keine Rolle spielt, wenn Sie in das Integrationsintervall $[a; b]$ noch einen weiteren Punkt $c$ einfügen. Zusammen mit der Vertauschregel wird die Intervallregel häufig verwendet, wenn es darum geht, Ausdrücke mit mehreren Integralen zu vereinfachen.

# 2.2 Flächenberechnung mit dem Integral

## 2.2.1 Fläche zwischen Kurve und $x$-Achse

Wir haben in den vorangehenden Abschnitten erfahren, dass wir die Fläche zwischen einer Kurve und der x-Achse mit Hilfe des Hauptsatzes gemäß der Formel $A = \int_a^b f(x)dx = F(b) - F(a)$ bestimmen können, wobei $F(x)$ eine Stamm-funktion von $f(x)$ darstellt. Die Sache hat allerdings noch einen Haken. Wir beschäftigen uns nun mit einigen Rechenbeispielen und im letzten werden Sie sehen, wo das Problem liegt.

*Rechenbeispiel 1:*

Es sei $f(x) = x$, also die erste Winkelhalbierende. Gesucht ist die Fläche die $f(x)$ im Intervall $[0; 2]$ mit der $x$-Achse einschließt.

*Lösung:*
Eine Stammfunktion zu $f(x) = x$ ist $F(x) = \frac{1}{2}x^2$ (da $F'(x) = f(x)$). Für die Be-rechnung der Fläche verwenden wir den Hauptsatz: $A = F(2) - F(0) = 2 - 0 = 2$. Wenn wir als Längeneinheit cm festlegen ist die gesuchte Fläche $A = 2\text{cm}^2$ .

*Rechenbeispiel 2:*

Es sei $f(x) = 2x^2$. Gesucht ist die Fläche die $f(x)$ im Intervall $[-2; 2]$ mit der $x$-Achse einschließt.

*Lösung:*

$F(x) = \int 2x^2 dx = 2 \int x^2 dx = \frac{2}{3}x^3 + C$ mit $C \in R$. Die Fläche A ergibt sich dann zu
$A = F(2) - F(-2) = \frac{16}{3} - \left(-\frac{16}{3}\right) = \frac{32}{3} = 10\frac{2}{3}$ LE². (LE bedeutet Längen-
einheiten).

### *Rechenbeispiel 3:*

Es sei $f(x) = \sin(x)$. Gesucht ist die Fläche die $f(x)$ im Intervall $[\pi; 2\pi]$ mit der $x$-Achse einschließt.

*Lösung:*

Eine Stammfunktion ist hier schnell gefunden: $F(x) = \int \sin(x)\,dx = -\cos(x) + C$ mit einer beliebigen Konstanten $C \in \mathbb{R}$, denn $F'(x) = -(-\sin(x)) = \sin(x)$. Damit hat man eine Fläche von

$$A = F(2\pi) - F(\pi) = -\cos(2\pi) - (-\cos(\pi)) = -1 - 1 = -2\text{LE}^2.$$

Offenbar bekommen wir einen negativen Wert und wir stellen fest:

### **Das Integral ist vorzeichenbehaftet!**

Da es aber keine negativen Flächen gibt, müssen wir diesen Umstand irgendwie in unserer Theorie berücksichtigen.

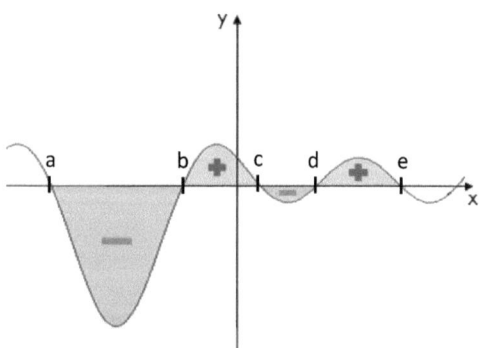

Die nebenstehende Abbildung verdeutlicht die Situation. Für die dargestellte Funktion hat das Integral in den Intervallen $[a;b]$ und $[c;d]$ einen negativen Wert, in den Intervallen $[b;c]$ und $[d;e]$ jedoch einen positiven Wert. Wenn wir jetzt, um die Gesamtfläche zu ermitteln, über das gesamte Intervall integrieren, also $\int_a^e f(x)dx$ bilden, so würden sich die Flächenstücke zum Teil gegenseitig auslöschen. Das Integral liefert hier nicht den tatsächlichen Wert der Gesamtfläche. Um diesen zu erhalten, müssen Sie die Flächenstückchen jeweils einzeln berechnen, den Absolutbetrag nehmen, um eventuelle negative Vorzeichen zu unterbinden und schließlich die Einzelwerte addieren. Im dargestellten Fall gilt:

$$A = \left|\int_a^b f(x)dx\right| + \left|\int_b^c f(x)dx\right| + \left|\int_c^d f(x)dx\right| + \left|\int_d^e f(x)dx\right|$$

Wenn wir allgemein mit dem Integral Flächen berechnen wollen, so müssen wir zunächst die Nullstellen von $f(x)$ finden und dann sozusagen von Nullstelle zu Nullstelle integrieren. Das allgemeine Verfahren zur Berechnung von Flächen mit dem Integral funktioniert dann so:

1. Zu gegebenem $f(x)$ finde eine Stammfunktion $F(x)$.

2. Wenn innerhalb des Intervalls $[a; b]$ die Fläche zwischen der Kurve und der $x$-Achse berechnet werden soll, so bestimme alle Nullstellen von $f(x)$ innerhalb dieses Intervalls und erhalte z.B. die Nullstellen $x_1, x_2, \ldots, x_n$ mit $n \in \mathbb{N}$.

3. Integriere nun abschnittsweise, bilde die Summe der Beträge und erhalte so die Fläche:

$$A = \left|\int_a^{x_1} f(x)dx\right| + \left|\int_{x_1}^{x_2} f(x)dx\right| + \cdots + \left|\int_{x_n}^b f(x)dx\right|$$

$$= |F(x_1) - F(a)| + |F(x_2) - F(x_1)| + \cdots + |F(b) - F(x_n)|$$

*Rechenbeispiel 4:*

Gegeben sei $f(x) = x^3 + 1{,}5x^2 - 1{,}5x - 1$. Bestimme die Fläche zwischen der Kurve von $f(x)$ und der x-Achse im Intervall $[-2; 1]$.

*Lösung:*

Unter Verwendung der Summenregel erhalten wir eine Stammfunktion
$$F(x) = \int(x^3 + 1,5x^2 - 1,5x - 1)dx = \frac{1}{4}x^4 + \frac{1}{2}x^3 - \frac{3}{4}x^2 - x + C.$$

Jetzt brauchen wir noch die Nullstellen von $f(x)$, damit wir nachher abschnittsweise integrieren können. Diese finden Sie mit dem GTR. Lassen Sie sich den Graphen der Funktion zunächst zeichnen und geben Sie {2ND CALC zero} ein. Suchen Sie die Nullstelle z.B. im Intervall $[-1; 0]$ und Sie erhalten $x_1 = -0,5$. Damit erhält man die gesuchte Fläche wie folgt:

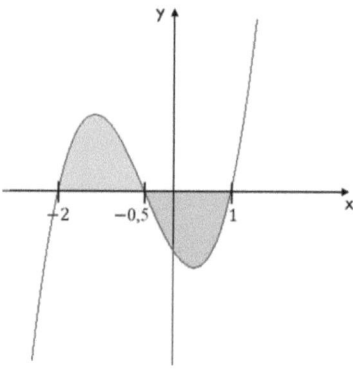

$$A = \left|\int_{-2}^{-0,5} f(x)dx\right| + \left|\int_{-0,5}^{1} f(x)dx\right|$$
$$= |F(-0,5) - F(-2)| + |F(1) - F(-0,5)|$$
$$\approx 1,265 + 1,265 = 2,53$$

Folglich ist $A \approx 2,5LE^2$.

Mit dem GTR können Sie sich die Fläche auch direkt berechnen lassen, also ohne den Umweg über den Grafik-Modus. Im Berechnungsmodus geben Sie dazu {abs(fnInt(Y₁,X,-2,-0.5)) + abs(fnInt(Y₁,X,-0.5,1)) ENTER} ein. {fnInt} finden Sie über die Taste {MATH} und {abs} finden Sie über {MATH} im Menü {NUM}.

Im folgenden Rechenbeispiel zeigen wir nochmal, den Unterschied zwischen dem Wert eines Integrals und der Fläche unterhalb einer Kurve.

*Rechenbeispiel 5:*

Zu $f(x) = \sin(x)$, berechne

1)   $\int \sin(x)\,dx$ und

2)   die Fläche, die $\sin(x)$ im Intervall $[0; 2\pi]$ mit der x-Achse einschließt.

*Lösung:*

1) $\int_0^{2\pi} \sin(x)\,dx = [-\cos x]_0^{2\pi} = -\cos 2\pi - (-\cos 0) = -1 - (-1) = 0.$     Sie sehen, dass dies natürlich nicht der Flächeninhalt unterhalb der Kurve sein kann! Das Ergebnis lässt sich auch ohne große Rechnerei sofort erkennen. Im Intervall $[0;\pi]$ hat der Flächeninhalt irgendeinen Wert $A$. Aus Symmetriegründen hat der Flächeninhalt im Intervall $[\pi;2\pi]$ dann den Wert $-A$, was sich gegenseitig aufhebt.

2) Zur Bestimmung von A brauchen wir die Nullstellen von sin(x). Im Intervall $[0;2\pi]$ gibt es außer bei den Intervallgrenzen nur noch eine Nullstelle, nämlich bei $x = \pi$. Es folgt: $A = \left|\int_0^\pi \sin(x)\,dx\right| + \left|\int_\pi^{2\pi} \sin(x)\,dx\right| = |[-\cos x]_0^\pi| + |[-\cos x]_\pi^{2\pi}| = |1 + 1| + |-1 - 1| = 4$

Wenn Sie die Symmetrie erkennen, können Sie Teilaufgabe 2) noch etwas abkürzen, indem Sie lediglich den Flächeninhalt der oberen Halbwelle berechnen und diesen dann verdoppeln. Dies ist ein kleiner Trick, der bei komplexeren Aufgaben eine Menge Rechenarbeit ersparen hilft; immer vorausgesetzt, die betrachtete Kurve hat solche Symmetrien.

## 2.2.2 Fläche zwischen Kurve und $x$-Achse

Die nächste Aufgabe, die man sich in der Schule für gewöhnlich stellt, ist die Fläche zwischen zwei Kurven zu berechnen, auch für den Fall dass sie sich überschneiden.

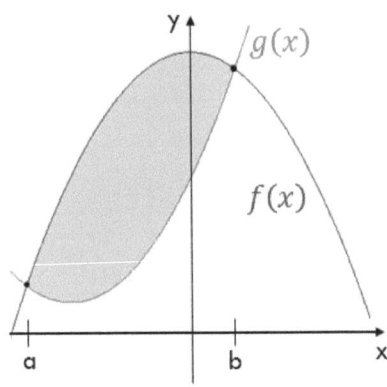

Wir gehen zunächst von dem einfachen Fall aus, dass im betrachteten Intervall $[a;b]$ die Kurve von $f(x)$ komplett oberhalb der Kurve von $g(x)$ liegt. Die Fläche dazwischen berechnet man, indem man zuerst die Fläche, die $f$ mit der $x$-Achse einschließt, bestimmt und von dieser dann die Fläche abzieht, die $g$ mit der $x$-Achse einschließt. So kommt man zu der Formel: $A = \int_a^b (f(x) - g(x))dx$. Liegt $g(x)$ im Intervall $[a;b]$ über $f(x)$, so bekommt man: $A = \int_a^b (g(x) - f(x))dx$.

Wenn Sie nicht jedes Mal darauf achten wollen, welche Funktion oberhalb und welche unterhalb verläuft, nehmen Sie folglich wieder den Betrag. Sie erhalten:

$$A = \left| \int_a^b (f(x) - g(x))dx \right|$$

**Rechenbeispiel 1:**

Bestimme die in der Abbildung dargestellte Fläche zwischen den beiden Kurven der Funktionen $f(x) = \frac{1}{2}x^2 + 2x - 1$ und $g(x) = \frac{1}{4}x^3 - 4x - 1$ „von Hand".

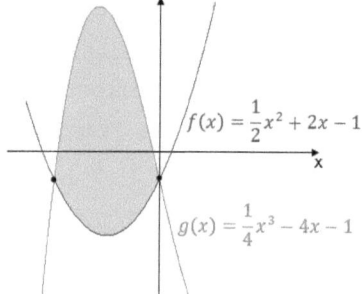

**Lösung von Hand:**

Zuerst werden die beiden Schnittpunkte aus der Gleichung $f(x) = g(x)$ bzw. $f(x) - g(x) = 0$ bestimmt:

$\frac{1}{4}x^3 - \frac{1}{2}x^2 - 6x = 0 \mid \cdot 4 \Rightarrow x^3 - 2x^2 - 24x = 0 \Rightarrow x(x^2 - 2x - 24) = 0 \Rightarrow x_1 = 0; x_2 = -4; x_3 = 6$ wobei die Nullstellen in der Klammer mit der p-q-Formel berechnet wurden.

Im nächsten Schritt wird nun die Fläche zwischen den beiden Kurven im Intervall $[-4; 0]$ berechnet. In diesem Intervall ist $g(x)$ die obere und $f(x)$ die untere Kurve, daher bilden wir unter dem Integral den Term $g(x) - f(x)$. Somit gilt:

$$A = \int_{-4}^0 \left(-\frac{1}{4}x^3 + \frac{1}{2}x^2 + 6x\right) dx = \left[\frac{-1}{16}x^4 + \frac{1}{6}x^3 + 3x^2\right]_{-4}^0$$

$$= 0 - \left(-16 - \frac{64}{6} + 24\right) = 2\frac{2}{3} \text{ LE}^2$$

*Rechenbeispiel 2:*

Bestimme die Fläche zwischen den beiden Kurven von $f(x)$ und $g(x)$ im Intervall $[x_1; x_3]$ mit dem GTR.

*Lösung mit dem GTR:*

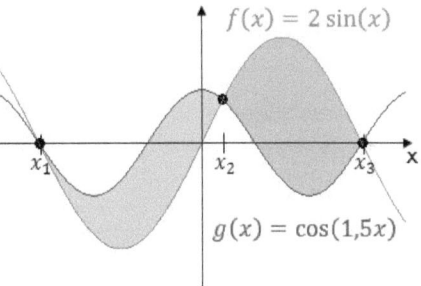

Geben Sie im Y-Editor die Terme der beiden Funktionen ein: {Y₁=2sin(x)} und {Y₂=cos(1.5x)}. Lassen Sie sich mit {GRAPH} die Kurven zeichnen und berechnen Sie mit {2nd CALC intersect} die Schnittpunkte. Sie erhalten $x_1 = -\pi$; $x_2 = 0{,}426$ und $x_3 = \pi$. Die Fläche zwischen den Kurven ist dann gegeben durch:

$$A = \left| \int_{-\pi}^{0,426} (f(x) - g(x))\, dx \right| + \left| \int_{0,426}^{\pi} (f(x) - g(x))\, dx \right|$$

Diesen Ausdruck gibt man im GTR so ein:

{abs(fnInt(Y₁-Y₂,X,-π,0.426)) + abs(fnInt(Y₁-Y₂,X,0.426,π))}

Hierbei erhält man {fnInt} über {MATH} und die Funktion {abs} über {MATH} im Menü {NUM}. Der GTR liefert dann die Fläche mit $A = 8{,}435$ LE².

# 2.2.3 Integration durch lineare Substitution

Sie haben in den vergangenen Abschnitten eine ganze Reihe an Grundintegralen und Rechenregeln kennengelernt. Bei komplizierteren Integralen verwenden Sie diese Rechenregeln, um sie auf Grundintegrale zurückzuführen, von denen Sie eine Stammfunktion kennen. Bestimmte Integraltypen lassen sich aber dennoch nicht so ohne Weiteres auf Grundintegrale zurückführen. Hierfür greifen eine Reihe spezieller Integrationstechniken. In früheren Jahren hat man die Partielle Integration noch gelehrt, die Integration nach Partialbruchzerlegung und das allgemeine Substitutionsverfahren. Heute lernen Sie an der Schule nur noch die lineare Substitution. Dies ist, vereinfacht ausgedrückt, die „Kettenregel rückwärts". Hier eine kleine Beispielaufgabe zur Erklärung:

Gesucht ist eine Stammfunktion zu $f(x) = e^{2x}$. Mit den bisherigen Mitteln lässt sich das nicht so einfach lösen, eher mit Ausprobieren. Welche Funktion $F(x)$ ergibt abgeleitet gerade $e^{2x}$? Ein wenig Nachdenken führt zu $F(x) = \frac{1}{2} e^{2x} + C$. Beim Ableiten von $F(x)$ wird die Kettenregel verwendet und dabei kürzt sich der Faktor $\frac{1}{2}$ gerade wieder heraus. Es gilt demnach $\int e^{2x} dx = \frac{1}{2} e^{2x} + C$.

Jetzt etwas allgemeiner: Gesucht ist eine Stammfunktion zu $f(x) = e^{ax+b}$ mit $a, b \in \mathbb{R}$. Die Aufgabe ist so ähnlich wie die vorhergehende und es zeigt sich, dass $F(x) = \frac{1}{a} e^{ax+b} + C$ eine Stammfunktion ist. Auch hier kürzt sich beim Ableiten von $F(x)$ der Faktor $\frac{1}{a}$ wieder heraus. Das Gemeinsame an beiden Beispielen ist, dass in beiden Fällen der Integrand eine zusammengesetzte Funktion der Form $f(g(x))$ ist. Um jetzt eine Stammfunktion zu finden, bilden Sie zunächst $F(g(x))$, d.h. Sie bilden die Stammfunktion der äußeren Funktion. Anschließend teilen Sie durch die Ableitung der inneren Funktion, also durch $g'(x)$.

### Rechenbeispiel 1:

Bestimme $\int \frac{1}{3x+2} \, dx$.

### Lösung:

Die äußere Funktion ist $f(x) = \frac{1}{x}$ was zur Stammfunktion $F(x) = \ln(|x|)$ führt. Die innere Funktion ist $g(x) = 3x + 2$ mit der Ableitung $g'(x) = 3$. Dann ist $F(g(x))/g'(x) + C$ eine gesuchte Stammfunktion. Es folgt $\int \frac{1}{3x+2} \, dx = \frac{1}{3} \ln(|3x + 2|) + C$ mit $C \in \mathbb{R}$.

### Rechenbeispiel 2:

Bestimme $\int \cos(2x + 5) \, dx$.

### Lösung:

Die äußere Funktion ist $f(x) = \cos(x)$ mit der Stammfunktion $F(x) = \sin(x)$. Die innere Funktion ist $g(x) = 2x + 5$ mit der Ableitung $g'(x) = 2$. Dann ist $F(g(x))/g'(x) + C$ eine gesuchte Stammfunktion. Es folgt $\int \cos(2x + 5) \, dx = \frac{1}{2} \sin(2x + 5) + C$ mit $C \in \mathbb{R}$.

Diese Beispiele sollen verdeutlichen, warum wir die Integration durch Substitution auch die „Kettenregel rückwärts" nennen. Bei der Kettenregel bilden Sie die äußere Ableitung und nehmen mit der inneren Ableitung mal. Bei der linearen Substitution nehmen Sie die äußere „Aufleitung" und teilen durch die innere Ableitung.

# 2.3 Mittelwerte

Wenn Sie aus einer Menge von $n$ Werten den Mittelwert bilden wollen, dann zählen Sie für gewöhnlich alle Werte zusammen und teilen das Ergebnis durch $n$. Diese Art von Mittelwert nennt man das arithmetische Mittel und soll nun Gegenstand unserer Betrachtung sein. Der Mittelwert der Zahlen 4, 8 und 9 ist beispielsweise $m = \frac{4+8+9}{3} = \frac{21}{3} = 7$. Wie aber bestimmen Sie den Mittelwert, wenn Ihre Zahlenmenge unendlich groß ist, wenn Sie also unendlich viele Werte aufaddieren müssen? Durch was wollen Sie teilen?

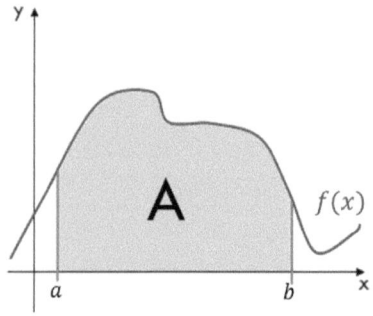

Wenn es darum geht, unendliche Summen zu bilden, hat man schnell den Bezug zum Integral, denn dieses geht ja ursprünglich aus einer Summe unendlich vieler Rechteckchen hervor (vergleiche Abschnitt Grundlagen). Wenn wir mit dem Integral arbeiten wollen, muss es sich bei der unendlichen Zahlenmenge auf jeden Fall um Funktionswerte handeln. Wir müssen unsere Frage also umformulieren: Wie bestimmt man den mittleren Funktionswert einer Funktion $f$ innerhalb eines Intervalls $[a; b]$?

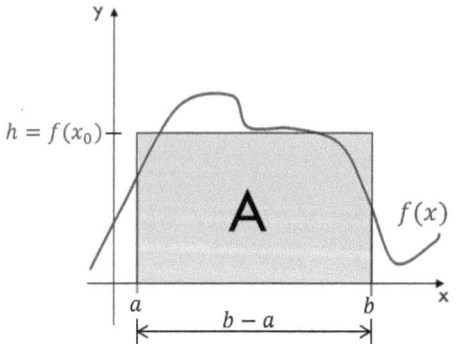

Wir wissen bereits, dass man mit Hilfe des Integrals Flächen berechnen kann. Wenn wir die Fläche im Intervall $[a; b]$ bestimmen und diese als Rechteck ansehen, so müssen wir nur durch die Seitenlänge $b - a$ teilen damit wir die Höhe des Rechtecks bekommen und es sollte anschaulich klar sein, dass dies der gesuchte Mittelwert unserer Funktionswerte ist.

Der Mittelwert $m$ einer Funktion $f(x)$ im Intervall $[a; b]$ ist gegeben durch:

$$m = \frac{1}{b-a} \int_a^b f(x)\,dx$$

*Rechenbeispiel 1:*

Berechnen Sie den Mittlerwert der Funktion $f(x) = x$ im Intervall $[0; 2]$.

*Lösung:*

Es sollte anschaulich klar sein, dass nur 1 der Mittelwert sein kann. Formal:

$$m = \frac{1}{2-0} \int_{0}^{2} x \, dx = \frac{1}{2}\left[\frac{1}{2}x^2\right]_{0}^{2} = \frac{1}{2}(2-0) = 1$$

*Rechenbeispiel 2:*

Berechnen Sie den Mittlerwert der Funktion $f(x) = \sin(x)$ im Intervall $[0; 2\pi]$.

*Lösung:*

Auch hier sollte anschaulich klar sein, dass der Mittelwert 0 sein muss. Formal:

$$m = \frac{1}{2\pi-0} \int_{0}^{2\pi} \sin(x) \, dx = \frac{1}{2\pi}[-\cos(x)]_{0}^{2\pi} = \frac{1}{2}(-1-(-1)) = 0$$

Wenn Sie die beiden Formeln für Mittelwerte gegenüberstellen, sieht man sehr schön, dass die Integralformel als kontinuierliche Verallgemeinerung des diskreten (= endlichen) Falles betrachtet werden kann:

$$m = \frac{1}{n}(x_1 + x_2 + \cdots + x_n)$$

**diskreter/endlicher Fall**

$$m = \frac{1}{b-a} \int_{a}^{b} f(x)dx$$

**kontinuierlicher Fall**

In der Praxis tritt nun häufig der Fall auf, dass man nicht unendlich viele Funktionswerte mitteln soll, aber doch so viele, dass es unpraktisch ist, die Werte alle einzeln einzutippen. Daher stellt sich die Frage, ob man die Integralformel auch im diskreten Fall anwenden kann, also wenn man nur über endlich viele Werte mitteln soll? Die Antwort lautet: Ja, man kann! Allerdings muss man in Kauf nehmen, dass der so berechnete Mittelwert nur einen Näherungswert darstellt. Man muss also gewisse Ungenauigkeiten in Kauf nehmen. Wenn man sehr viele Werte hat, aber keinen Computer oder GTR, um die Werte aufzuaddieren, dann nimmt man diesen Nachteil meistens gerne hin.

Überlegen Sie sich, wie lange Sie ohne Computer brauchen würden, um beispielsweise aus 100 Werten den Mittelwert zu bilden. Alle Werte aufzusummieren wäre eine Menge Arbeit. Ein Integral zu berechnen, kann da deutlich schneller sein, vorausgesetzt der Integrand ist nicht allzu kompliziert. Wenn man in einer Abitur-Aufgabe den Mittelwert berechnen soll, dann sind zumeist beide Varianten erlaubt, es sei denn im Text steht, dass der Mittelwert „genau" bestimmt werden soll. Wenn Sie die Integralformel für den diskreten Fall verwenden, schreiben Sie in Ihren Lösungen immer dazu, dass Ihr Ergebnis ein Näherungswert ist.

### *Rechenbeispiel 3:*

Ein Messfühler misst jede Stunde die Temperatur eines Kühlraums. Zu Beginn der Messung hat der Kühlraum noch 24°C Umgebungstemperatur. Die Messung beginnt mit dem Einschalten des Kühlraums und dem Schließen der Tür. Der Temperaturverlauf wird innerhalb der ersten 20 Stunden durch die Funktion $f(x) = 24 - 0{,}2x^2$ ($x$ in Stunden) dargestellt. Wie hoch ist die Durch-schnittstemperatur innerhalb dieser Zeitspanne im Kühlraum?

### *Lösung:*

Bevor Sie 20 Werte einzeln ausrechnen, aufsummieren und durch 20 teilen, nehmen Sie lieber die Integralformel:

$$m = \frac{1}{20-0} \int_0^{20} (24 - 0{,}2x^2)\, dx = \frac{1}{20}[24x - 0{,}0667x^3]_0^{20} = \frac{1}{20}(-53{,}33) = -2{,}66$$

Die Durchschnittstemperatur im Kühlraum beträgt näherungsweise(!) $-2{,}66°C$ .

Der genaue Wert ist $-3{,}5°C$. Gegenüber dem genauen Wert haben wir also eine Abweichung von knapp 1°C, wodurch Sie eine Vorstellung bekommen, mit welchen Größenordnungen Sie bei den Abweichungen rechnen müssen.

Den genauen Wert können Sie mit dem GTR ermitteln, indem Sie im Y-Editor bei $Y_1$ den Funktionsterm von $f(x)$ eingeben. Schalten Sie mit {2nd QUIT} wieder um in den Anzeigemodus und geben dort {sum(seq($Y_1$,X,0,20))/20} gefolgt von {ENTER} ein. Die

Funktion {sum(} erreichen Sie über {2nd LIST MATH} und die Operation {seq(}
bekommen Sie mit{2nd LIST OPS}. Die Bedienung des GTR wird im Kapitel
„Mathematische Techniken und Verfahren" beschrieben.

# 2.4 Rotationsvolumen

Die Idee, die uns zum Berechnen von Flächen mit Hilfe von Integralen geführt hat,
lässt sich noch auf verschiedene Arten erweitern. Man kann Formeln finden zur
Berechnung der Länge einer Kurve innerhalb eines bestimmten Intervalls, man kann
Schwerpunkte von begrenzten Flächen bestimmen, das Volumen von speziellen
Körpern berechnen usw. In diesem Abschnitt geht es darum, die Kurve einer Funktion
um eine der Achsen rotieren zu lassen, z.B. um die $x$-Achse. Dadurch entsteht ein
Rotationskörper, dessen Volumen berechnet werden soll.

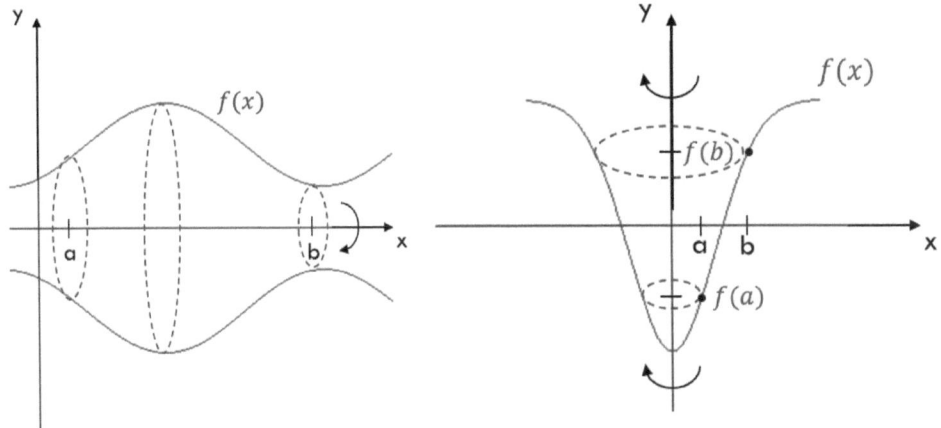

Hier rotiert die Kurve um die $x$-Achse
und es soll das Volumen des
Rotationskörpers in einem beliebigen
Intervall $[a; b]$ berechnet werden.

Diese Abbildung zeigt eine Kurve, die
um die $y$-Achse rotiert. Hier entsteht
ebenfalls ein Rotationskörper,
dessen Volumen innerhalb des
Abschnitts $[f(a); f(b)]$ auf der $y$-
Achse berechnet werden soll.

Die Idee, mit der wir das Rotationsvolumen bestimmen können, ist ihrem Wesen nach dieselbe, wie die Idee, die zur Flächenberechnung geführt hat. Bei der Flächenberechnung hatten wir die Fläche unterhalb der Kurve mit vielen kleinen Rechteckchen ausgelegt und so einen Näherungswert für den tatsächlichen Flächeninhalt erhalten. Je mehr Rechteckchen wir verwendet haben, desto genauer wurde der Näherungswert, bis wir im Grenzfall mit unendlich vielen Rechteckchen den Wert exakt bekamen. Freilich mussten dabei einige Bedingungen erfüllt sein, damit das überhaupt funktionierte.

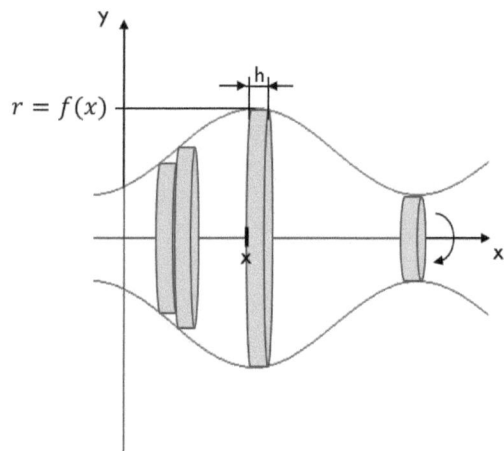

Jetzt gehen wir ganz genauso vor, nur dass wir keine Rechtecke mehr verwenden sondern kleiner Zylinderscheibchen. Wir legen also den Rotationskörper mit $n$ kleinen Scheibchen gleicher Dicke $h$ aus. Jedes Scheibchen berührt die Kurve in irgendeinem Punkt. Wenn die $x$-Koordinate dieses Punktes $x_i$ ist, dann entspricht der Radius des Scheibchens dem Funktionswert $f(x_i)$. Das Volumen eines Scheibchens ist das Volumen eines Zylinders $V_Z = \pi r^2 h$. Wegen $r = f(x_i)$ folgt $V_Z = \pi f^2(x_i)h$. Wie bei der Flächenberechnung zählen wir jetzt die Volumina der $n$ Scheibchen zusammen und erhalten einen Näherungswert für das Rotationsvolumen. Der Näherungswert wird umso genauer, je mehr Scheibchen wir nehmen. Im Grenzfall haben wir wieder eine unendliche Summe mit Scheibchen von unendlich kleiner Dicke. Für einen solchen Fall hatten wir bei der Flächenberechnung die Integralschreibweise verwendet, die auch hier zum Einsatz kommt.

Das Rotationsvolumen um die x-Achse ist gegeben durch:

$$V_x = \pi \int_a^b [f(x)]^2 \, dx$$

Bei einer Rotation um die $y$-Achse, sagen wir im Intervall $[y_1; y_2]$, sind die Verhältnisse ganz ähnlich. Sie vertauschen dabei einfach die Rollen der $x$- und der $y$-

Achse! Mathematisch gesehen bedeutet das, dass Sie zu $f(x)$ die Umkehrfunktion $f^{-1}(y)$ bilden. Aus der Integrationsvariablen $dx$ wird dann $dy$.

Das Rotationsvolumen um die y-Achse ist gegeben durch:

$$V_y = \pi \int_{y_1}^{y_2} [f^{-1}(y)]^2 \, dy$$

**Rechenbeispiel 1:**

Gegeben sei die Parabel $f(x) = x^2$. Die Parabel rotiert zuerst um die $x$-Achse und dann um die $y$-Achse. Berechne die Rotationsvolumina $V_x$ im Intervall $[0; 2]$ und $V_y$ im Intervall $[0; 4]$.

**Lösung:**

Für $V_x$ verwende einfach obige Formel:

$$V_x = \pi \int_0^2 (x^2)^2 \, dx = \pi \left[ \frac{1}{5} x^5 \right]_0^2 = \frac{32}{5} \pi$$

Zur Bestimmung von $V_y$ müssen wir zunächst die Umkehrfunktion finden. Sie erinnern sich wie man zu gegebenem $f(x)$ die Umkehrfunktion bestimmt? Löse einfach die Gleichung $y = f(x)$ nach $x$ auf! Mit $y = x^2$ erhält man $x = \sqrt{y} = f^{-1}(y)$. Dies ist die Umkehrfunktion zu $f(x)$, die Sie nun in die Volumenformel für $V_y$ einsetzen. Es folgt

$$V_y = \pi \int_0^4 \left( \sqrt{y} \right)^2 \, dy = \pi \left[ \frac{1}{2} y^2 \right]_0^4 = 8\pi$$

**Rechenbeispiel 2:**

Gegeben sei die Funktion $f(x) = \sqrt{x^2 + 2}$. Berechne die Rotationsvolumina $V_x$ im Intervall $[0; 2]$ und $V_y$ im Intervall $[\sqrt{2}; 3]$.

*Lösung:*

$$V_x = \pi \int_0^2 \left(\sqrt{x^2+2}\right)^2 dx = \pi \int_0^2 (x^2+2)\, dx$$

$$= \pi \left[\frac{1}{3}x^3 + 2x\right]_0^2 = \pi \left[\frac{8}{3} + 4\right] = \frac{20}{3}\pi$$

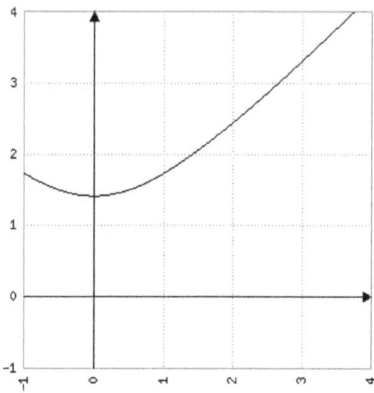

Für $V_y$ bestimmen wir zunächst die Umkehrfunktion von $f$:

$$y = \sqrt{x^2+2} \Rightarrow y^2 = x^2 + 2 \Rightarrow x = \sqrt{y^2-2} = f^{-1}(y)$$

Wie vorher setzen wir dies wieder in die Volumenformel für $V_y$ ein:

$$V_y = \pi \int_{\sqrt{2}}^3 \left(\sqrt{y^2-2}\right)^2 dy = \pi \int_{\sqrt{2}}^3 (y^2-2)\, dy = \pi \left[\frac{1}{3}y^3 - 2y\right]_{\sqrt{2}}^3$$

$$= \pi \left[(9-6) - \left(\frac{2\sqrt{2}}{3} - 2\sqrt{2}\right)\right] \approx 4{,}885\pi$$

Für den Fall, dass Sie noch ein wenig Übung beim Bestimmen von Umkehrfunktionen brauchen, hier noch ein paar Übungsaufgaben.

### Übungen zum Thema Umkehrfunktionen:

Finde zu folgenden Funktionen die jeweilige Umkehrfunktion:

1) $f(x) = 2x + 3$
2) $f(x) = e^{x/2}$
3) $f(x) = x^2 + 4x + 4$

### Lösungen:

1) $x = \frac{y-3}{2} \Rightarrow f^{-1}(x) = \frac{x-3}{2}$
2) $x = 2\ln(y) \Rightarrow f^{-1}(x) = 2\ln(x)$
3) $x = \sqrt{y} - 2 \Rightarrow f^{-1}(x) = \sqrt{x} - 2$

Zuweilen kommt es vor, dass die Kurve nicht um die $x$-Achse sondern um eine Parallele der $x$-Achse rotieren soll. Hier wenden Sie denselben Trick an, den Sie schon bei der Bestimmung von Symmetrien kennengelernt haben. Angenommen die Parallele der $x$-Achse sei gegeben durch die Geradengleichung $y = a$ mit $a \in \mathbb{R}$. Sie verschieben nun einfach die Kurve um $-a$ und können dann wieder das Rotationsvolumen um die $x$-Achse nach der gewohnten Formel berechnen. Sie bilden also $g(x) = f(x) - a$ und berechnen $V_x$ von $g(x)$.

Wenn die Kurve um eine Parallele der $y$-Achse rotieren soll, so verschieben Sie die Kurve (nach links oder rechts) so, dass Sie nunmehr das Rotationsvolumen um die $y$-Achse bestimmen können. Falls $x = h$ mit $h \in \mathbb{R}$ die Gleichung der Parallelen zur $y$-Achse ist, so bilden Sie $g(x) = f(x + h)$, falls Sie $f$ nach links verschieben müssen bzw. $g(x) = f(x - h)$, falls Sie $f$ nach rechts verschieben müssen und bestimmen dann $V_y$ von $g(x)$ mit der gewohnten Formel. Auf ein Rechenbeispiel wird hier verzichtet.

# 3 Analytische Geometrie

## 3.1 Grundlagen

### 3.1.1 Vektoren und Rechenregeln

Im Allgemeinen beschreibt man Punkte der Ebene oder des Raumes durch ihre Koordinaten, z.B. $P(1|2)$ oder $Q(-1|2|3)$. Man kann einen Punkt der Ebene aber auch dadurch kennzeichnen, dass man einen Pfeil zeichnet, der am Ursprung des Koordinatensystems beginnt und mit der Pfeilspitze auf den betreffenden Punkt zeigt. Die Pfeile werden Vektoren genannt und mit kleinen Buchstaben mit einem darüber liegenden Pfeil gekennzeichnet, z.B. $\vec{p}$ oder $\vec{q}$.

Die beiden Abbildungen links zeigen solche Vektoren. In der Schule werden Vektoren als Spalte in runden Klammern geschrieben, z.B. $\vec{p} = \begin{pmatrix} 1 \\ 2 \end{pmatrix}$.

Die Einträge in einem Vektor nennt man wie bei einem Punkt seine Koordinaten. In der Schule werden zwei- und dreidimensionale Vektoren untersucht, also solche in der Ebene oder im Raum. Prinzipiell kann ein Vektor aber auch mehr Einträge (Koordinaten) haben. Die Untersuchung von $n$-dimensionalen Vektoren in $n$-dimensionalen Räumen bleibt aber den Universitäten vorenthalten.

Im Beispiel ist 1 die $x$-Koordinate und 2 die $y$-Koordinate des Vektors $\vec{p}$. Sie werden sich vielleicht fragen, warum man eine so merkwürdige Schreibweise einführt, wie ein Bruch nur ohne Bruchstrich und dazu noch runde Klammern. Ziel ist es, bestimmte Sachverhalte oder Fragestellungen einfacher ausdrücken zu können. Vor allem erhofft man sich die üblichen geometrischen Gesetzmäßigkeiten in der neuen „Sprache" besser formulieren zu können und Rechnungen durch die vereinfachte Schreibweise abkürzen oder doch wenigstens übersichtlicher notieren zu können.

Wenn wir mit Vektoren rechnen können wollen, brauchen wir zuerst ein paar einfache Rechenregeln:

### Vektoraddition:

$$\vec{a} + \vec{b} = \begin{pmatrix} a_1 \\ a_2 \end{pmatrix} + \begin{pmatrix} b_1 \\ b_2 \end{pmatrix} = \begin{pmatrix} a_1 + b_1 \\ a_2 + b_2 \end{pmatrix}$$

### S-Multiplikation:

$$c \cdot \vec{a} = c \cdot \begin{pmatrix} a_1 \\ a_2 \end{pmatrix} = \begin{pmatrix} c \cdot a_1 \\ c \cdot a_2 \end{pmatrix} \text{ mit } c \in \mathbb{R}$$

Man addiert also zwei Vektoren, indem man deren Koordinaten addiert. Geometrisch bedeutet das, dass man die zwei Pfeile, welche durch die Vektoren dargestellt werden, einfach hintereinander hängt, also den einen an die Spitze des anderen, so wie es die nebenstehende Abbildung zeigt. Man schreibt $\vec{u} + \vec{v} = \vec{w}$ und nennt dies eine Vektorgleichung. Die Veranschaulichung der Vektoraddition durch das Verschieben von Pfeilen kennen Sie vielleicht auch aus dem Physikunterricht, dort unter der Bezeichnung Parallelogrammregel.

Das zweite Gesetz mag vielleicht intuitiv klar sein, aber wenn man genauer darüber nachdenkt, findet man doch etwas Merkwürdiges. Wir multiplizieren nämlich zwei völlig verschiedene Objekte! Das eine ist eine reelle Zahl $c$, das andere ist ein Vektor. Was soll dabei herauskommen? Wieder eine reelle Zahl oder doch besser ein Vektor? Nun, Sie dürfen nicht vergessen, dass Vektoren ursprünglich einen geometrischen Hintergrund haben, d.h. dass wir sie als gerichtete Pfeile ansehen dürfen. Soll nun ein Pfeil, sagen wir um den Faktor 2 verlängert werden, dann muss jede Komponente des Vektors mit 2 multipliziert werden. Sie können das ganz einfach mit einem beliebigen Vektor in einem Koordinatensystem nachvollziehen. Eine Besonderheit besteht in der Multiplikation mit negativen Werten. Multipliziert man einen Vektor $\vec{v}$ mit $-1$ so bleibt der Vektor noch genauso lang wie vorher, allerdings zeigt jetzt der Pfeil in die entgegengesetzte Richtung. Wenn reelle Zahlen in Verbindung mit Vektoren auftreten, nennt man erstere auch Skalare. Damit werden die beiden

Objekte Skalar und Vektor auch begrifflich voneinander unterschieden. Die Multiplikation eines Skalars mit einem Vektor nennt man S-Multiplikation, nicht zu verwechseln mit dem Skalarprodukt und dem Vektorprodukt.

Wir definieren nun das eben angesprochene Skalarprodukt, bei dem zwei Vektoren multipliziert werden und als Ergebnis ein Skalar, also eine reelle Zahl entsteht. Symbolisch schreibt man $\vec{a} \cdot \vec{b}$ oder $\langle \vec{a}, \vec{b} \rangle$. Beide Schreibweisen sind geläufig, wir verwenden aber nachfolgend die „Punktnotation". Das Skalarprodukt ist wie folgt definiert:

**Skalarprodukt für zweidimensionale Vektoren:**

$$\vec{a} \cdot \vec{b} = \begin{pmatrix} a_1 \\ a_2 \end{pmatrix} \cdot \begin{pmatrix} b_1 \\ b_2 \end{pmatrix} = a_1 b_1 + a_2 b_2$$

**Skalarprodukt für dreidimensionale Vektoren:**

$$\vec{a} \cdot \vec{b} = \begin{pmatrix} a_1 \\ a_2 \\ a_3 \end{pmatrix} \cdot \begin{pmatrix} b_1 \\ b_2 \\ b_3 \end{pmatrix} = a_1 b_1 + a_2 b_2 + a_3 b_3$$

Wie Sie bereits aus dem Schulunterricht wissen, wird das Skalarprodukt bei Winkelberechnungen verwendet, insbesondere aber kann man damit sehr bequem feststellen, ob zwei Vektoren senkrecht zueinander stehen. Damit werden wir uns später noch genauer befassen.

## 3.1.2 Linearkombinationen und lineare Unabhängigkeit

Mit den beiden Rechenregeln aus dem vorangehenden Abschnitt können Sie Vektoren miteinander kombinieren und erhalten so wieder neue Vektoren. Beispielsweise können Sie mit den beiden Vektoren $\vec{u} = \begin{pmatrix} 3 \\ 1 \end{pmatrix}$ und $\vec{v} = \begin{pmatrix} 9 \\ 3 \end{pmatrix}$ den Nullvektor (geschrieben als $\vec{0}$) bilden, denn $3\vec{u} - 1\vec{v} = \begin{pmatrix} 9 \\ 3 \end{pmatrix} - \begin{pmatrix} 9 \\ 3 \end{pmatrix} = \begin{pmatrix} 0 \\ 0 \end{pmatrix}$. Ganz allgemein nennt man Ausdrücke der Form $s_1 \vec{v_1} + s_2 \vec{v_2} + \cdots + s_n \vec{v_n}$ mit $s_1, s_2, \ldots, s_n \in \mathbb{R}$ eine Linearkombination der Vektoren $\vec{v_1}$ bis $\vec{v_n}$. Das Konzept der

Linearkombination ist so allgemein gehalten, dass es noch nicht einmal eine Rolle spielt, ob es sich um Vektoren der Ebene oder um Vektoren des Raumes handelt.

Ein weiteres wichtiges Konzept ist das der linearen Abhängigkeit bzw. der linearen Unabhängigkeit. Man nennt die $n$ Vektoren $\vec{v_1}$ bis $\vec{v_n}$ genau dann linear unabhängig wenn die Gleichung $s_1\vec{v_1} + s_2\vec{v_2} + \cdots + s_n\vec{v_n} = \vec{0}$ nur(!) für $s_1 = s_2 = \cdots = s_n = 0$ gelöst wird, andernfalls nennt man die Vektoren linear abhängig.

Falls Sie lediglich zwei Vektoren auf lineare Abhängigkeit testen wollen, reicht es zu prüfen, ob diese Vielfache voneinander sind. Ist dies der Fall so sind die beiden Vektoren linear abhängig, andernfalls sind sie linear unabhängig. Wenn Sie aber mehr als zwei Vektoren auf lineare Abhängigkeit prüfen müssen, werden Sie um die Verwendung obiger Gleichung wahrscheinlich nicht herum kommen. Die nächsten Rechenbeispiele verdeutlichen das Vorgehen beim Testen auf lineare Abhängigkeit.

**Rechenbeispiel 1:**

Prüfe die Vektoren $\vec{u} = \begin{pmatrix} -1 \\ 2 \end{pmatrix}$ und $\vec{v} = \begin{pmatrix} 2 \\ -4 \end{pmatrix}$ auf lineare Abhängigkeit.

**Lösung:**

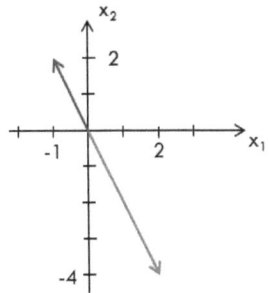

Die beiden Vektoren sind Vielfache voneinander, daher sind sie linear abhängig!

Nun lösen wir die Aufgabe noch einmal mithilfe der Gleichung aus der Definition. Wir setzen $s\vec{u} + t\vec{v} = \vec{0}$, bestimmen die Parameter $s$ und $t$ und erhalten:

$$s\begin{pmatrix} -1 \\ 2 \end{pmatrix} + t\begin{pmatrix} 2 \\ -4 \end{pmatrix} = \begin{pmatrix} 0 \\ 0 \end{pmatrix} \Leftrightarrow \begin{array}{l} I.\; -s + 2t = 0 \\ II.\; 2s - 4t = 0 \end{array}$$

Durch Verdoppeln der ersten Gleichung und Addition der zweiten sehen Sie, dass nun die zweite Gleichung wegfällt und es verbleibt $I.\; -s + 2t = 0$. In dieser Situation kann ein Parameter, z.B. $t$, frei gewählt werden. Insbesondere kann $t \neq 0$ gewählt werden. Somit ist $s = t = 0$ nicht die einzige(!) Lösung des Gleichungssystems, folglich sind $\vec{u}$ und $\vec{v}$ linear abhängig. Geometrisch bedeutet dies, dass $\vec{u}$ und $\vec{v}$ entweder in dieselbe Richtung zeigen oder entgegengesetzt orientiert sind wie in der Abbildung.

*Rechenbeispiel 2:*

Stellen Sie fest, ob die Vektoren $\vec{a} = \begin{pmatrix} 1 \\ 0 \end{pmatrix}$ und $\vec{b} = \begin{pmatrix} 0 \\ 1 \end{pmatrix}$ linear unabhängig sind.

*Lösung:*

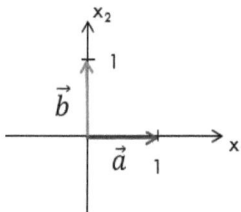

Die beiden Vektoren sind nicht Vielfache voneinander, daher sind sie linear unabhängig!

Nun lösen wir die Aufgabe noch einmal mithilfe der Gleichung aus der Definition.
Dazu setzen wir $s\vec{a} + t\vec{b} = \vec{0}$ und bestimmen die Parameter $s$ und $t$. Man erhält:

$$s \begin{pmatrix} 1 \\ 0 \end{pmatrix} + t \begin{pmatrix} 0 \\ 1 \end{pmatrix} = \begin{pmatrix} 0 \\ 0 \end{pmatrix} \Leftrightarrow \begin{matrix} \text{I.} & s + 0 = 0 \\ \text{II.} & 0 + t = 0 \end{matrix}$$

Aus diesen beiden Gleichungen liest man $s = t = 0$ als einzige(!) Lösung ab, folglich sind $\vec{a}$ und $\vec{b}$ linear unabhängig. Geometrisch bedeutet dies, dass $\vec{a}$ und $\vec{b}$ weder in dieselbe Richtung zeigen, noch entgegengesetzt orientiert sind.

*Rechenbeispiel 3:*

Prüfe die Vektoren $\vec{a} = \begin{pmatrix} 1 \\ -2 \\ 3 \end{pmatrix}$, $\vec{b} = \begin{pmatrix} 2 \\ -2 \\ 4 \end{pmatrix}$ und $\vec{c} = \begin{pmatrix} -4 \\ 6 \\ -10 \end{pmatrix}$ auf lineare Abhängigkeit.

*Lösung:*

Setze $s\vec{a} + t\vec{b} + u\vec{b} = \vec{0}$ und löse das entstehende lineare Gleichungssystem:

Aus $s \begin{pmatrix} 1 \\ -2 \\ 3 \end{pmatrix} + t \begin{pmatrix} 2 \\ -2 \\ 4 \end{pmatrix} + u \begin{pmatrix} -4 \\ 6 \\ -10 \end{pmatrix} = \begin{pmatrix} 0 \\ 0 \\ 0 \end{pmatrix}$ erhält man

$$\begin{array}{rrrl} s + 2t - & 4u = 0 & \\ -2s - 2t + & 6u = 0 & \\ 3s + 4t - & 10u = 0 & \end{array} \qquad \Rightarrow \qquad \begin{array}{rrrl} s + 2t - & 4u = 0 \\ 2t - & 2u = 0 \\ 2t - & 2u = 0 \end{array}$$

In dieser Situation fällt die dritte Gleichung weg. Damit kann einer der Parameter, z.B. $u$ frei gewählt werden. Insbesondere kann dieser Parameter ungleich 0 gewählt werden. Es gibt somit eine von $s = t = u = 0$ verschiedene Lösung, d.h. die Vektoren sind linear abhängig.

In den Rechenbeispielen haben Sie nun gesehen, dass es immer wieder darauf hinausläuft, ein lineares Gleichungssystem zu lösen. Daraus lässt sich ein einfaches Kochrezept formulieren.

**Test auf lineare Unabhängigkeit:**

1. Zu gegebenen Vektoren $\vec{v_1}, \vec{v_2}, ..., \vec{v_n}$ setze
   $$s_1\vec{v_1} + s_2\vec{v_2} + \cdots + s_n\vec{v_n} = \vec{0}.$$

2. Bestimme aus dem obigen linearen Gleichungssystem die Unbekannten $s_1$ bis $s_n$.

3. Wenn Sie als einzige(!) Lösung $s_1 = s_2 = \cdots = s_n = 0$ erhalten, so sind die Vektoren $\vec{v_1}, \vec{v_2}, ..., \vec{v_n}$ linear unabhängig. Gibt es außer der „Null-Lösung" (auch triviale Lösung genannt) noch andere Lösungen, so sind die Vektoren linear abhängig.

**Spezialfall:**

Sind zwei Vektoren Vielfache voneinander, so sind sie linear abhängig, andernfalls sind sie linear unabhängig.

Wozu benötigt man dies?
Die Begriffe linear abhängig oder unabhängig helfen bei der Beurteilung der Lage von Geraden oder Ebenen zueinander. Man kann beispielsweise prüfen, ob Geraden parallel zueinander verlaufen oder ob eine Gerade senkrecht zu einer Ebene steht. Wir werden uns später noch genauer damit beschäftigen.

# 3.1.3 Längen, Winkel und Abstände

In der Geometrie geht man u.a. mit Längen, Abständen und Winkeln um. In der Schule wird man nun Schritt für Schritt die entsprechenden Größen in der neuen (vektoriellen) Schreibweise ausdrücken. Wir verzichten hier auf lange Herleitungen und stellen gleich die Endergebnisse dar, die Sie aus der Schule bereits kennen.

Der Ausdruck $|\vec{x}|$ (gelesen: „Betrag von $\vec{x}$" oder „Länge von $\vec{x}$") bezeichnet die Länge eines Vektors. Sie ist leicht mit dem Satz von Pythagoras zu bestimmen.

**Länge für zweidimensionale Vektoren:**

$$|\vec{x}| = \left|\begin{pmatrix} x_1 \\ x_2 \end{pmatrix}\right| = \sqrt{x_1^2 + x_2^2}$$

**Länge für dreidimensionale Vektoren:**

$$|\vec{x}| = \left|\begin{pmatrix} x_1 \\ x_2 \\ x_3 \end{pmatrix}\right| = \sqrt{x_1^2 + x_2^2 + x_3^2}$$

Winkel zwischen zwei Vektoren

Der Winkel zwischen zwei Vektoren $\vec{u}$ und $\vec{v}$ ist gegeben durch

$$\cos(\alpha) = \frac{\vec{u} \cdot \vec{v}}{|\vec{u}| \cdot |\vec{v}|}$$

Aus obiger Winkeldefinition lässt sich sofort ableiten, wann zwei Vektoren zueinander senkrecht stehen. Für $\alpha = 90°$ ist nämlich $\cos(\alpha) = 0$. Der Ausdruck auf der rechten Seite in der Winkelformel wird aber nur dann Null, wenn der Zähler Null wird. Wir haben also folgendes Kriterium:

**Kriterium für senkrecht aufeinander stehende Vektoren:**

Zwei Vektoren $\vec{u}$ und $\vec{v}$ stehen senkrecht aufeinander genau dann wenn $\vec{u} \cdot \vec{v} = 0$ ist, d.h. wenn das Skalarprodukt Null ist.

*Rechenbeispiel 1:*

Bestimme die Länge des Vektors $\vec{a} = \begin{pmatrix} 0 \\ -3 \\ 4 \end{pmatrix}$.

*Lösung:*

$$| \vec{a} | = \sqrt{0^2 + (-3)^2 + 4^2} = \sqrt{25} = 5$$

*Rechenbeispiel 2:*

Bestimme die Länge des Vektors $\vec{b} = \begin{pmatrix} 1 \\ 2 \\ 3 \end{pmatrix}$.

*Lösung:*

$$| \vec{b} | = \sqrt{1^2 + 2^2 + 3^2} = \sqrt{14}$$

*Rechenbeispiel 3:*

Bestimme den Winkel zwischen den Vektoren $\vec{a} = \begin{pmatrix} 0 \\ -3 \\ 4 \end{pmatrix}$ und $\vec{b} = \begin{pmatrix} 1 \\ 2 \\ 3 \end{pmatrix}$.

*Lösung:*

Aus den Rechenbeispielen 1 und 2 wissen wir bereits, dass $|\vec{a}| = 5$ und $|\vec{b}| = \sqrt{14}$ gilt. Wir bestimmen noch das Skalarprodukt der beiden Vektoren und erhalten $\vec{a} \cdot \vec{b} = 0 \cdot 1 + (-3) \cdot 2 + 4 \cdot 3 = -6 + 12 = 6$. Diese Teilergebnisse setzen wir in die Winkelformel ein und erhalten: $\cos(\alpha) = \frac{\vec{a} \cdot \vec{b}}{|\vec{a}| \cdot |\vec{b}|} = \frac{6}{5\sqrt{14}} \approx 0{,}3207$. Daraus ergibt sich mit dem GTR über {2ND cos} der Winkel zwischen $\vec{a}$ und $\vec{b}$ mit $\alpha \approx 71{,}3°$.

In der elementaren Geometrie kann der Abstand zwischen zwei Punkten $P$ und $Q$ in einem Koordinatensystem mit dem Satz des Pythagoras bestimmt werden. Die betreffende Formel können wir nun ebenfalls in die vektorielle Schreibweise

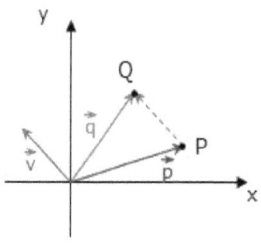

übersetzen, sie lässt sich aber auch direkt aus dem bisherigen Wissen über Vektoren gewinnen. Es seien $\vec{p} = \begin{pmatrix} p_1 \\ p_2 \end{pmatrix}$ und $\vec{q} = \begin{pmatrix} q_1 \\ q_2 \end{pmatrix}$ die Ortsvektoren der Punkte $P$ und $Q$. Aus der nebenstehenden Abbildung wird ersichtlich, dass $\vec{p} + \vec{v} = \vec{q}$ gilt, woraus $\vec{v} = \vec{q} - \vec{p}$ folgt. Die Länge des Vektors $\vec{v}$ ist aber genau der Abstand zwischen den beiden Punkten. Somit gilt $|\vec{v}| = |\overrightarrow{PQ}| = |\vec{q} - \vec{p}|$ also $d =$ $\left| \begin{pmatrix} q_1 \\ q_2 \end{pmatrix} - \begin{pmatrix} p_1 \\ p_2 \end{pmatrix} \right| = \sqrt{(q_1 - p_1)^2 + (q_2 - p_2)^2}$. Dies lässt sich auch problemlos auf Vektoren im Raum erweitern. Wir erhalten folgende Formeln:

**Abstand zwischen zwei Punkten $P$ und $Q$ in der Ebene:**

$$d = |\overrightarrow{PQ}| = \sqrt{(q_1 - p_1)^2 + (q_2 - p_2)^2}$$

**Abstand zwischen zwei Punkten $P$ und $Q$ im Raum:**

$$d = |\overrightarrow{PQ}| = \sqrt{(q_1 - p_1)^2 + (q_2 - p_2)^2 + (q_3 - p_3)^2}$$

Vereinbarungsgemäß wird nur die positive Lösung der Wurzel genommen.

*Rechenbeispiel 4:*

Bestimme den Abstand zwischen den Vektoren $\vec{a} = \begin{pmatrix} 0 \\ -3 \\ 4 \end{pmatrix}$ und $\vec{b} = \begin{pmatrix} 1 \\ 2 \\ 3 \end{pmatrix}$.

*Lösung:*

$$d = |\vec{b} - \vec{a}| = \sqrt{(1 - 0)^2 + (2 - (-3))^2 + (3 - 4)^2} = \sqrt{27} \approx 5{,}2$$

Später werden wir die Abstände zwischen zwei Geraden, einer Geraden und einer Ebene sowie zwischen zwei Ebenen bestimmen. Sie werden dabei sehen, dass wir dabei immer wieder auf den Abstand zwischen zwei Punkten und somit auf die obigen Formeln zurückgeführt werden.

# 3.2 Darstellungsformen von Geraden und Ebenen

In diesem Abschnitt beginnen wir geometrische Objekte, insbesondere Geraden und Ebenen, mit der neuen vektoriellen Schreibweise darzustellen. Wir kennen verschiedene Darstellungsformen, um Geraden und Ebene zu beschreiben. Nachfolgend mochte ich Sie zunächst zur so genannten Parameterform hinführen. Anschließend folgt eine Tabelle mit einer Liste verschiedener Darstellungsformen, die in der Schule behandelt werden. Ein Spezialfall, die Hesse'sche Normalform ist hier nicht zu finden. Wir beschäftigen uns an späterer Stelle damit.

## 3.2.1 Parameterform einer Geraden

Vektorielle Darstellung einer Geraden

Wir beginnen damit, eine Gerade in der Ebene vektoriell zu beschreiben. Betrachten Sie dazu die nebenstehende Abbildung. Wir suchen uns irgendeinen Punkt $P$ auf der Geraden und haben somit schon den zugehörigen Ortsvektor $\vec{p}$. Einen zweiten Punkt $X$ bekommen wir, indem wir einen Vektor $\vec{u}$ hinzuaddieren, der entlang der Geraden verläuft. Wenn wir nun beliebige Vielfache von $\vec{u}$ addieren, können wir jeden beliebigen Punkt $X$ auf der Geraden erreichen. Diesen Gedanken notieren wir:

**Parameterform:**    $g: \vec{x} = \vec{p} + t\vec{u}, \ t \in \mathbb{R}$

Das bedeutet: Um einen bestimmten Vektor auf der Geraden zu bekommen, starten wir mit dem Vektor $\vec{p}$ und addieren ein bestimmtes Vielfaches des Vektors $\vec{u}$. Aus dieser Redeweise erklären sich auch die Bezeichnungen der Vektoren. $\vec{p}$ nennt man den Stützvektor und $\vec{u}$ den Richtungsvektor der Geraden. Die Abbildung zeigt zwar eine Gerade in der Ebene aber die obige Darstellung gilt auch für Geraden im Raum. Die Vektoren haben dann eben drei Koordinaten statt zwei. Da wir einen frei variierbaren Parameter $t$ haben, heißt diese Darstellungsform auch Parameterform.

## 3.2.2 Parameterform einer Ebene

Jetzt ist es nur noch ein kleiner Schritt, um auch Ebenen vektoriell beschreiben zu können. Sie sehen in der Abbildung, dass Sie genau wie bei einer Geraden einen Stützvektor $\vec{p}$ haben. Im Unterschied zur Geraden haben Sie aber nicht nur einen sondern zwei (linear unabhängige) Richtungsvektoren $\vec{u}$ und $\vec{v}$. Addieren Sie beliebige Vielfache dieser Richtungsvektoren, so können Sie jeden beliebigen Punkt $X$ auf der Ebene erreichen. Entsprechend lautet eine vektorielle Darstellung der Ebene:

**Parameterform:**   $E\colon \vec{x} = \vec{p} + s\vec{u} + t\vec{v} \quad s, t \in \mathbb{R}$

## 3.2.3 Normalenform einer Ebene

Eine Ebene kann besonders einfach mit Hilfe eines Normalenvektors dargestellt werden. Jeder Vektor, egal wie lang, der senkrecht zu der Ebene steht, ist ein Normalenvektor und wird in der Regel mit $\vec{n}$ bezeichnet. Wir betrachten jetzt den Stützvektor $\vec{p}$ der Ebene und den Ortsvektor $\vec{x}$, der zum Punkt $X$ auf der Ebene führt. Dann ist $\vec{u} = \vec{x} - \vec{p}$ ein Vektor innerhalb der Ebene. Da $\vec{n}$ senkrecht auf der Ebene steht, steht $\vec{n}$ auch senkrecht auf $\vec{u}$ und somit ist das Skalarprodukt $\vec{u} \cdot \vec{n} = 0$. Aus dieser Überlegung ergibt sich die folgende Darstellung.

**Normalenform:**   $E\colon (\vec{x} - \vec{p}) \cdot \vec{n} = 0$

Da der Ortsvektor $\vec{x}$ zu einem beliebigen Punkt der Ebene führt, wird damit die gesamte Ebene erfasst. Wie man sieht kommt die Normalenform der Ebene komplett ohne Parameter aus.

## 3.2.4 Koordinatenform einer Ebene

Viele Berechnungen vereinfachen sich, wenn die Ebene in der so genannten Koordinatenform vorliegt. Die Koordinatenform erhält man durch einfaches Ausmultiplizieren der Normalenform. Wenn wir in $E: (\vec{x} - \vec{p}) \cdot \vec{n} = 0$ die Vektoren koordinatenweise notieren erhalten wir

$$\left( \begin{pmatrix} x_1 \\ x_2 \\ x_3 \end{pmatrix} - \begin{pmatrix} p_1 \\ p_2 \\ p_3 \end{pmatrix} \right) \begin{pmatrix} n_1 \\ n_2 \\ n_3 \end{pmatrix} = 0 \text{ was gleichbedeuten ist mit } \begin{pmatrix} x_1 - p_1 \\ x_2 - p_2 \\ x_3 - p_3 \end{pmatrix} \begin{pmatrix} n_1 \\ n_2 \\ n_3 \end{pmatrix} = 0.$$

Nun multiplizieren wir das Skalarprodukt aus:

$$(x_1 - p_1)n_1 + (x_2 - p_2)n_2 + (x_3 - p_3)n_3 = 0$$

Jetzt werden noch die Klammern ausmultipliziert und danach jeder Term mit $x$ auf die linke Seite und jeder Term ohne $x$ auf die rechte Seite gebracht. Es folgt:

$$n_1 x_1 + n_2 x_2 + n_3 x_3 = p_1 n_1 + p_2 n_2 + p_3 n_3$$

Zur Vereinfachung der Schreibweise bezeichnen wir das Ergebnis auf der rechten Seite mit $d$ und die Koordinaten $n_1$, $n_2$ und $n_3$ des Normalenvektors mit $a$, $b$ und $c$. Damit ergibt sich die Koordinatenform der Ebene in der üblichen Schreibweise.

**Koordinatenform:**     $E: ax_1 + bx_2 + cx_3 = d$

Sie müssen nicht unbedingt verstanden haben, wie die Koordinatenform zustande kam, aber Sie sollten sich unbedingt merken, dass die Variablen $a$, $b$ und $c$ nichts anderes sind, als die Koordinaten eines Normalenvektors der Ebene. Wenn Sie eine Ebene in Koordinatenform vorliegen haben, so bekommen Sie also einen Normalenvektor quasi gratis mitgeliefert!

*Rechenbeispiel 1:*

Ermitteln Sie eine Parameterform der Ebene, die durch die Punkte $A(2|6|-4)$, $B(-2|3|2)$ und $C(-4|3|4)$ geht.

*Lösung:*

Bei drei vorgegebenen Punkten wählt man einen beliebigen als Stützvektor, beispielsweise $\vec{p} = \begin{pmatrix} 2 \\ 6 \\ -4 \end{pmatrix}$, dann ergeben sich die beiden Richtungsvektoren mit

$\vec{u} = \overrightarrow{AB} = \vec{b} - \vec{a} = \begin{pmatrix} -4 \\ -3 \\ 6 \end{pmatrix}$ und $\vec{v} = \overrightarrow{AC} = \vec{c} - \vec{a} = \begin{pmatrix} -6 \\ -3 \\ 8 \end{pmatrix}$. Wir haben somit:

$$E: \vec{x} = \begin{pmatrix} 2 \\ 6 \\ -4 \end{pmatrix} + s\begin{pmatrix} -4 \\ -3 \\ 6 \end{pmatrix} + t\begin{pmatrix} -6 \\ -3 \\ 8 \end{pmatrix} \quad s, t \in \mathbb{R}$$

Dies ist die gesuchte Parameterform der Ebene $E$.

*Rechenbeispiel 2:*

Gegeben sei die Ebene $E$ durch $E: \left( \vec{x} - \begin{pmatrix} 1 \\ 2 \\ 3 \end{pmatrix} \right) \cdot \begin{pmatrix} 2 \\ 1 \\ 2 \end{pmatrix} = 0$

a) Ermitteln Sie eine Koordinatengleichung von $E$.
b) Liegt der Punkt $P(7|0|-3)$ auf $E$?

*Lösung:*

a) In der obigen Darstellung für $E$ ist $\vec{n} = \begin{pmatrix} 2 \\ 1 \\ 2 \end{pmatrix}$ ein Normalenvektor. Dessen Einträge können wir direkt in die Koordinatenform übernehmen:

$$E: 2x_1 + 1x_2 + 2x_3 = d$$

Um einen konkreten Wert für $d$ zu bekommen, müssen wir einen Punkt der Ebene für die Koordinaten $x_1$, $x_2$ und $x_3$ einsetzen. Hierzu nehmen wir einfach den Stützvektor aus der Normalenform:

$$E\colon\ 2 \cdot 1 + 1 \cdot 2 + 2 \cdot 3 = 10 = d$$

Nun ist die Koordinatenform vollständig:

$$E\colon\ 2x_1 + 1x_2 + 2x_3 = 10$$

b)  Um festzustellen, ob $P \in E$ setzen wir einfach P in die Koordinatengleichung ein und prüfen, ob diese erfüllt ist. Es folgt $E\colon 2 \cdot 7 + 1 \cdot 0 + 2 \cdot (-3) = 8 \neq 10$, somit ist die Ebenengleichung nicht erfüllt und $P$ liegt nicht in $E$.

# 3.2.5 Hesse'sche Normalenform

Bevor wir uns die Hesse'sche Normalenform einer Ebene anschauen, müssen wir noch zwei Begriffe wiederholen, nämlich die Begriffe Einheitsvektor und Einheitsnormalenvektor.

Wenn man einen beliebigen Vektor durch seine Länge teilt, erhält man einen neuen Vektor der Länge 1. Solche Vektoren nennt man Einheitsvektoren und kennzeichnet sie in der Regel durch den Index 0. War der ursprüngliche Vektor ein Normalenvektor so nennt man den entstehenden Vektor einen Einheits-normalenvektor.

*Rechenbeispiel 1:*

Bilde zu $\vec{v} = \begin{pmatrix} 3 \\ 4 \end{pmatrix}$ einen Einheitsvektor.

*Lösung:*

Die Länge von $\vec{v}$ ist $|\vec{v}| = \sqrt{3^2 + 4^2} = 5$, folglich ist $\vec{v_0} = \dfrac{\vec{v}}{|\vec{v}|} = \dfrac{1}{5}\begin{pmatrix} 3 \\ 4 \end{pmatrix} = \begin{pmatrix} 0{,}6 \\ 0{,}8 \end{pmatrix}$ ein Einheitsvektor. Außerdem ist auch $\vec{v_0} = -\dfrac{\vec{v}}{|\vec{v}|} = -\dfrac{1}{5}\begin{pmatrix} 3 \\ 4 \end{pmatrix} = \begin{pmatrix} -0{,}6 \\ -0{,}8 \end{pmatrix}$ ein Einheitsvektor, denn auch dieser hat die Länge 1.

Wenn man in der Normalenform der Ebenendarstellung einen Einheitsnormalenvektor verwendet, bekommt man die Hesse'sche Normalenform (HNF)

### Hesse'sche Normalenform (HNF):

$$E: (\vec{x} - \vec{p}) \cdot \vec{n_0} = 0$$

Dabei ist $\vec{n_0} = \frac{\vec{n}}{|\vec{n}|}$ ein Einheitsnormalenvektor.

Wofür braucht man dies? Unter Verwendung der HNF kann später der Abstand eines Punktes zu einer Ebene sehr bequem berechnet werden!

Otto Hesse
* 22.4.1811
† 4.8.1874
(Quelle: Wikipedia)

***Rechenbeispiel 2:***

Gegeben sei die Ebene $E$ in Normalenform $E: \left( \vec{x} - \begin{pmatrix} 3 \\ 1 \\ 0 \end{pmatrix} \right) \cdot \begin{pmatrix} 1 \\ 2 \\ -1 \end{pmatrix} = 0$. Bestimmen Sie hieraus die Hesse'sche Normalenform.

***Lösung:***

Wir teilen den Normalenvektor $\vec{n} = \begin{pmatrix} 1 \\ 2 \\ -1 \end{pmatrix}$ durch seine Länge $|\vec{n}| = \sqrt{1^2 + 2^2 + (-1)^2} = \sqrt{6}$ und erhalten dadurch einen Einheitsnormalenvektor mit $\vec{n_0} = \frac{1}{\sqrt{6}} \begin{pmatrix} 1 \\ 2 \\ -1 \end{pmatrix}$. Nun ersetzen wir einfach $\vec{n}$ durch $\vec{n_0}$ und bekommen die

$$HNF \ \ E: \left( \vec{x} - \begin{pmatrix} 3 \\ 1 \\ 0 \end{pmatrix} \right) \cdot \frac{1}{\sqrt{6}} \begin{pmatrix} 1 \\ 2 \\ -1 \end{pmatrix} = 0$$

Die HNF einer Ebene muss nicht unbedingt vektoriell notiert werden. Es gibt auch eine Schreibweise mit Koordinaten, die so genannte Koordinatenform der HNF. Diese wird bevorzugt dann verwendet, wenn die Ebene in Koordinatenform vorliegt und man sich die Übersetzung in die vektorielle Schreibweise sparen will.

In der Koordinatenform $E: ax_1 + bx_2 + cx_3 = d$ sind die Variablen $a$, $b$ und $c$ bekanntlich die Einträge des Normalenvektors. Dessen Länge ist dann gegeben mit $|\vec{n}| = \sqrt{a^2 + b^2 + c^2}$. Wenn wir nun in der obigen Koordinatenform auf beiden Seiten $d$ abziehen und durch die Länge des Normalenvektors teilen, bekommen wir die HNF der Ebene in Koordinatenschreibweise:

**HNF in Koordinatenschreibweise:**

$$E: \frac{ax_1 + bx_2 + cx_3 - d}{\sqrt{a^2 + b^2 + c^2}} = 0$$

*Übersicht der verschiedenen Darstellungsformen*

| Typ | Bezeichnung | Darstellungsform |
|---|---|---|
| Ebene | Parameterform: | $\vec{x} = \vec{p} + s\vec{u} + t\vec{v}$ |
| Ebene | Koordinatenform: | $ax_1 + bx_2 + cx_3 = d$ |
| Ebene | Normalenform: | $(\vec{x} - \vec{p}) \cdot \vec{n} = 0$ |
| Ebene | Hesse'sche Normalenform (HNF): Vektorielle Schreibweise | $(\vec{x} - \vec{p}) \cdot \vec{n_0} = 0$ mit $\vec{n_0} = \frac{\vec{n}}{|\vec{n}|}$ |
| Ebene | Hesse'sche Normalenform (HNF): Koordinatenschreibweise | $\dfrac{ax_1 + bx_2 + cx_3 - d}{\sqrt{a^2 + b^2 + c^2}} = 0$ |
| Gerade | Parameterform: | $\vec{x} = \vec{p} + t\vec{u}$ |

Fürs Abitur müssen Sie in der Lage sein, aus der Aufgabenstellung heraus die Gleichung einer Geraden oder Ebene zu entwickeln.

# 3.3 Umwandlungen von Darstellungsformen für Ebenen

Wir zeigen jetzt, wie die verschiedenen Formen ineinander umgewandelt werden können. Diese Fertigkeit ist in den Abituraufgaben immer wieder gefragt. Es wird zwar nicht direkt verlangt, eine Darstellungsform in eine andere umzuwandeln, aber viele Aufgaben lassen sich am einfachsten lösen, wenn man eine passende Darstellung wählt. Wir zeigen die verschiedenen Umwandlungen jeweils mit Ebenen. Die Umwandlungen bei den Geraden verlaufen analog.

## 3.3.1 Das Vektorprodukt

Wir definieren erneut eine Multiplikation zwischen zwei Vektoren, das Vektorprodukt, auch Kreuzprodukt genannt, nicht zu verwechseln mit dem Skalarprodukt. Das Vektorprodukt ist häufig hilfreich, wenn man die Darstellungsform einer Ebene in eine andere umwandeln muss. Es wird vor allem dazu benutzt, aus zwei gegebenen Richtungsvektoren einen Normalenvektor zu ermitteln.

Zu den gegebenen Vektoren $\vec{a} = \begin{pmatrix} a_1 \\ a_2 \\ a_3 \end{pmatrix}$ und $\vec{b} = \begin{pmatrix} b_1 \\ b_2 \\ b_3 \end{pmatrix}$ berechnen Sie das Vektorprodukt nach folgendem Schema:

- Schreiben Sie die Vektoren zweimal untereinander und streichen Sie die obere und untere Zeile.
- Bilden Sie Produkte entlang der schwarzen und grauen Linien und berechnen Sie „schwarze" Produkte minus „graue" Produkte.

$$
\begin{array}{cc}
\cancel{a_1} & \cancel{b_1} \\
a_2 & b_2 \\
a_3 & b_3 \\
a_1 & b_1 \\
a_2 & b_2 \\
\cancel{a_3} & \cancel{b_3}
\end{array}
=
\begin{pmatrix} a_2 b_3 \\ a_3 b_1 \\ a_1 b_2 \end{pmatrix}
-
\begin{pmatrix} a_3 b_2 \\ a_1 b_3 \\ a_2 b_1 \end{pmatrix}
$$

Formal wird das Vektorprodukt in der Form $\vec{a} \times \vec{b}$ notiert.

Wie Sie im obigen Schema erkennen, ist das Ergebnis des Vektorprodukts wiederum ein Vektor, im Unterschied zum Skalarprodukt.

Die besondere Eigenschaft des Vektorprodukts ist die, dass der Ergebnisvektor senkrecht auf den beiden ursprünglichen Vektoren steht!

**Rechenbeispiel 1:**

Zu $\vec{a} = \begin{pmatrix} 1 \\ 2 \\ 1 \end{pmatrix}, \vec{b} = \begin{pmatrix} 4 \\ -1 \\ 0 \end{pmatrix}$ bestimme das Vektorprodukt.

**Lösung:**

$$\begin{matrix} 1 & 4 \\ 2 & -1 \\ 1 & 0 \\ 1 & 4 \\ 2 & -1 \\ 1 & 0 \end{matrix} = \begin{pmatrix} 2 \cdot 0 \\ 1 \cdot 4 \\ 1 \cdot (-1) \end{pmatrix} - \begin{pmatrix} 1 \cdot (-1) \\ 1 \cdot 0 \\ 2 \cdot 4 \end{pmatrix} = \begin{pmatrix} 1 \\ 4 \\ -9 \end{pmatrix}$$

Somit ist $\vec{c} = \vec{a} \times \vec{b} = \begin{pmatrix} 1 \\ 2 \\ 1 \end{pmatrix} \times \begin{pmatrix} 4 \\ -1 \\ 0 \end{pmatrix} = \begin{pmatrix} 1 \\ 4 \\ -9 \end{pmatrix}$.

**Rechenbeispiel 2:**

Gegeben ist eine Ebene mit $E: \vec{x} = \begin{pmatrix} 0 \\ 3 \\ 0 \end{pmatrix} + r \begin{pmatrix} 0 \\ -3 \\ 4 \end{pmatrix} + s \begin{pmatrix} 5 \\ 0 \\ 0 \end{pmatrix}$. Bestimme einen Normalenvektor zu $E$.

**Lösung:**

Bilde das Vektorprodukt der beiden Richtungsvektoren:

$$\vec{n} = \vec{u} \times \vec{v} = \begin{pmatrix} -3 \cdot 0 \\ 4 \cdot 5 \\ 0 \cdot 0 \end{pmatrix} - \begin{pmatrix} 4 \cdot 0 \\ 0 \cdot 0 \\ -3 \cdot 5 \end{pmatrix} = \begin{pmatrix} 0 \\ 20 \\ 15 \end{pmatrix}$$

## 3.3.2 Parameterform in Normalenform

Gegeben sei $E$ in Parameterform $E: \vec{x} = \vec{p} + s\vec{u} + t\vec{v}$

- Bestimme mit dem Vektorprodukt aus den beiden Richtungsvektoren $\vec{u}$ und $\vec{v}$ einen Normalenvektor $\vec{n}$.
- Verwende den Stützvektor $\vec{p}$ der Parameterform als Stützvektor für die Normalenform.

**Rechenbeispiel:**

Wandle um in Normalenform! $E: \vec{x} = \begin{pmatrix} 2 \\ 2 \\ 1 \end{pmatrix} + r \begin{pmatrix} 1 \\ -2 \\ 3 \end{pmatrix} + s \begin{pmatrix} 2 \\ 5 \\ 7 \end{pmatrix}$

**Lösung:**

Berechne zuerst aus den beiden Richtungsvektoren einen Normalenvektor mit dem Vektorprodukt.

$$\vec{n} = \vec{u} \times \vec{v} = \begin{pmatrix} -2 \cdot 7 \\ 3 \cdot 2 \\ 1 \cdot 5 \end{pmatrix} - \begin{pmatrix} 3 \cdot 5 \\ 1 \cdot 7 \\ -2 \cdot 2 \end{pmatrix} = \begin{pmatrix} -29 \\ -1 \\ 9 \end{pmatrix}$$

Wir setzen nun den Stützvektor $\vec{p} = \begin{pmatrix} 2 \\ 2 \\ 1 \end{pmatrix}$ und den soeben berechneten Normalenvektor in die Normalenform ein und erhalten.

$$E: \left( \vec{x} - \begin{pmatrix} 2 \\ 2 \\ 1 \end{pmatrix} \right) \cdot \begin{pmatrix} -29 \\ -1 \\ 9 \end{pmatrix} = 0$$

### 3.3.3 Normalenform in Koordinatenform

Gegeben sei E in Normalenform: $(\vec{x} - \vec{p}) \cdot \vec{n} = 0$

- In $E: ax_1 + bx_2 + cx_3 = d$ ersetze $a$, $b$ und $c$ durch die Einträge $n_1$, $n_2$, $n_3$ des Normalenvektors $\vec{n}$.
- Setze die Koordinaten des Stützvektors für $x_1$, $x_2$, $x_3$ ein und erhalte $d$.

*Rechenbeispiel:*

Wandle um in Koordinatenform! $E: \left( \vec{x} - \begin{pmatrix} 2 \\ 2 \\ 1 \end{pmatrix} \right) \cdot \begin{pmatrix} -29 \\ -1 \\ 9 \end{pmatrix} = 0$

*Lösung:*

Normalenvektor für $a$, $b$ und $c$ einsetzen:

$$E: \ -29x_1 - 1x_2 + 9x_3 = d$$

Stützvektor für $x_1$, $x_2$ und $x_3$ einsetzen:

$$-29 \cdot 2 - 1 \cdot 2 + 9 \cdot 1 = -51 = \mathrm{d}$$

Nun noch den gefundenen Wert für $d$ einsetzen:

$$E: \ -29x_1 - 1x_2 + 9x_3 = -51$$

Etwas schöner sieht es aus, wenn wir noch durch $-1$ dividieren;

$$E: 29x_1 + x_2 - 9x_3 = 51$$

### 3.3.4 Parameterform in Koordinatenform

Gegeben sei $E$ in Parameterform $E\colon \vec{x} = \vec{p} + s\vec{u} + t\vec{v}$
- Bestimme mit dem Vektorprodukt aus den beiden Richtungsvektoren $\vec{u}$ und $\vec{v}$ einen Normalenvektor. Dieser habe die Koordinaten $n_1, n_2$ und $n_3$.
- In $E\colon ax_1 + bx_2 + cx_3 = d$ ersetze $a$, $b$ und $c$ durch $n_1, n_2$ und $n_3$.
- Setze nun die Koordinaten des Stützvektors für $x_1, x_2$ und $x_3$ ein und erhalte $d$.

### 3.3.5 Koordinatenform in Parameterform

Gegeben sei $E$ in Koordinatenform $E\colon ax_1 + bx_2 + cx_3 = d$.

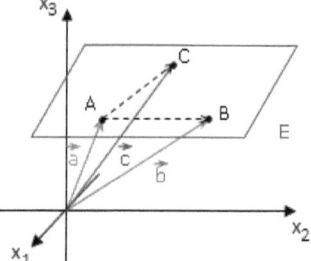

- Finde drei Punkte $A, B, C$, die alle in der Ebene aber nicht auf einer Geraden liegen. Wenn möglich verwende hierfür die Spurpunkte von $E$. Die Ortsvektoren der Punkte $A, B, C$ seien $\vec{a}, \vec{b}$ und $\vec{c}$.

- In der Parameterdarstellung $\vec{x} = \vec{p} + s\vec{u} + t\vec{v}$ ist dann $\vec{p} = \vec{a}, \vec{u} = \overrightarrow{AB} = \vec{b} - \vec{a}$ und $\vec{v} = \overrightarrow{AC} = \vec{c} - \vec{a}$.

*Anmerkung 1:*

Vielleicht fragen Sie sich, wie Sie bei einer Ebene in Koordinatenform einen Punkt bestimmen können, der auf der Ebene liegt. Es ist ganz einfach: Wählen Sie zwei beliebige Werte für zwei beliebige Koordinaten (z.B. für $x_1$ und $x_2$) und berechnen Sie damit die dritte Koordinate. Wenn Sie auf diese Art drei verschiedene Punkte bestimmen kann es aber vorkommen, dass diese auf einer Geraden liegen, was beim angegebenen Verfahren ja ausgeschlossen sein soll.
Um dies zu vermeiden wählen Sie einfach je zwei Koordinaten gleich Null und berechnen dann die dritte Koordinate. Auf diese Weise erhalten Sie die so genannten Spurpunkte, nämlich die Schnittpunkte der Ebene mit den Koordinatenachsen. Sofern nicht irgendein Sonderfall vorliegt (z.B. wenn die Ebene parallel zu einer Achse verläuft) bekommen Sie drei Punkte, die nicht auf einer Geraden liegen. Das nächste Rechenbeispiel verdeutlicht den Vorgang.

*Rechenbeispiel:*

Wandle $E\colon 2x_1 + 8x_2 + 4x_3 = 16$ um in Parameterform.

**Lösung:**

Die Spurpunkte von $E$ sind $A(8|0|0)$, $B(0|2|0)$ und $C(0|0|4)$.

Damit ist: $\vec{p} = \begin{pmatrix} 8 \\ 0 \\ 0 \end{pmatrix}$, $\vec{u} = \overrightarrow{AB} = \begin{pmatrix} -8 \\ 2 \\ 0 \end{pmatrix}$ und $\vec{v} = \overrightarrow{AC} = \begin{pmatrix} -8 \\ 0 \\ 4 \end{pmatrix}$ also

$$E: \vec{x} = \begin{pmatrix} 8 \\ 0 \\ 0 \end{pmatrix} + r \begin{pmatrix} -8 \\ 2 \\ 0 \end{pmatrix} + s \begin{pmatrix} -8 \\ 0 \\ 4 \end{pmatrix}; \quad r, s \in \mathbb{R}$$

Dies ist eine gesuchte Parameterdarstellung der Ebene $E$.

**Anmerkung 2:**

Parameterdarstellungen einer Ebene sind niemals eindeutig. Hätten wir im obigen Rechenbeispiel andere Punkte als die Spurpunkte verwendet, so hätten wir auch andere Richtungsvektoren und einen anderen Stützvektor und somit eine andere Parameterdarstellung bekommen!

**Aufgaben:**

1. Zur Ebene E mit $E: \vec{x} = \begin{pmatrix} 1 \\ 2 \\ 0 \end{pmatrix} + s \begin{pmatrix} 1 \\ 0 \\ 1 \end{pmatrix} + t \begin{pmatrix} 1 \\ 2 \\ 3 \end{pmatrix}$ ist eine Koordinatenform gesucht.

2. Gegeben sind die Punkte $A(0|1|4)$, $B(3|-2|1)$, $C(8|2|0)$. Bestimme die Parameterform der Ebene, welche durch diese Punkte geht und daraus die Koordinatenform.

3. Ermitteln Sie eine Koordinatengleichung der Ebene, die durch die Punkte $A(8|0|-3)$, $B(2|2|0)$ und $C(1|-1|3)$ geht.
   Ermitteln Sie die Spurpunkte.
   Zusammen mit dem Ursprung bilden die Punkte $A$, $B$ und $C$ eine Pyramide. Bestimmen Sie deren Volumen.

# 3.4 Abstandsbestimmungen

Eine weitere Grundfertigkeit in den Abi-Aufgaben besteht darin, Abstände zwischen den verschiedenen geometrischen Objekten zu bestimmen, beispielsweise den Abstand zwischen zwei parallelen Ebenen oder den Abstand eines Punktes zu einer Ebene. Wie man den Abstand zwischen zwei Punkten in der Ebene oder im Raum bestimmt haben wir bereits im Abschnitt 3.1.3 „Längen, Winkel und Abstände" wiederholt. Dies ist die Grundlage unserer nächsten Betrachtungen.

# 3.4.1 Abstand Punkt - Gerade

- Der Trick besteht darin, sich eine Hilfsebene $E$ zu konstruieren, die senkrecht zur Geraden $g$ steht und den Punkt $P$ enthält. Bestimmen Sie eine Gleichung dieser Ebene (Abb.1 und 2.).
- Hierfür brauchen Sie den Richtungsvektor von $g$, den Sie als Normalenvektor für $E$ verwenden.

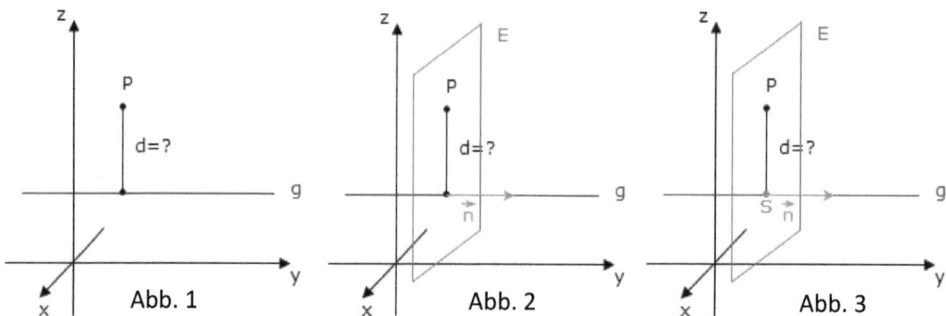

Abb. 1          Abb. 2          Abb. 3

- Mit dem Normalenvektor stellen Sie die Koordinatengleichung auf.
  $E: n_1 x_1 + n_2 x_2 + n_3 x_3 = d$
- Da $P$ auf $E$ liegt können Sie die Koordinaten von $P$ für $x_1$, $x_2$ und $x_3$ einsetzen und erhalten $d$.
- Berechnen Sie nun den Schnittpunkt $S$ von $E$ mit $g$ (Abb. 3). Wenn $g$ in Parameterform gegeben ist, setzen Sie die Koordinaten einfach in $E$ ein und lösen nach dem Parameter $t$ auf. Diesen Wert setzen Sie wieder in $g$ ein und erhalten einen konkreten Wert für den Schnittpunkt $S$.
- Der Ausdruck $d = |\overrightarrow{PS}| = |\vec{s} - \vec{p}|$ liefert dann den Abstand zwischen den Punkten $P$ und $S$.
- Dies ist dann der gesuchte Abstand von P zu g.

*Rechenbeispiel:*

Bestimme den Abstand von $P(\,4\,|\,3\,|-1\,)$ zu $g: \vec{x} = \begin{pmatrix} 1 \\ 0 \\ 2 \end{pmatrix} + t \begin{pmatrix} 1 \\ 1 \\ -4 \end{pmatrix}, t \in \mathbb{R}.$

*Lösung:*

Bestimmen Sie zunächst die Hilfsebene $E$, senkrecht zu $g$: Den Richtungsvektor von $g$ nehmen Sie als Normalenvektor von $E$. Das liefert: $E: x_1 + x_2 - 4x_3 = d$

Da $P$ auf $E$ liegen soll brauchen Sie nur noch die Koordinaten von $P$ einzusetzen, um einen konkreten Wert für $d$ zu erhalten: $4 + 3 - 4 \cdot (-1) = 11 = d$. Damit haben Sie die Gleichung der Hilfsebene mit $E: x_1 + x_2 - 4x_3 = 11$.

Ermitteln Sie nun den Schnittpunkt von $g$ und $E$ und verwenden Sie hierfür die Koordinatengleichungen von $g$: $x_1 = 1 + t, x_2 = t$ und $x_3 = 2 - 4t$. Diese setzen Sie in $E$ ein und bestimmen den Parameter $t$: $(1 + t) + t - 4(2 - 4t) = 11 \Leftrightarrow 18t - 7 = 11 \Leftrightarrow t = 1$. $t$ eingesetzt in $g$ liefert schließlich den Schnittpunkt:

$$\vec{x} = \begin{pmatrix} 1 \\ 0 \\ 2 \end{pmatrix} + 1 \begin{pmatrix} 1 \\ 1 \\ -4 \end{pmatrix} = \begin{pmatrix} 2 \\ 1 \\ -2 \end{pmatrix} \Rightarrow S(2 \mid 1 \mid -2)$$

Der Abstand zwischen $P$ und $S$ ist dann der gesuchte Abstand zwischen $P$ und der Geraden $g$:

$$d = \mid \overrightarrow{PS} \mid = \mid \vec{s} - \vec{p} \mid = \left| \begin{pmatrix} 2 \\ 1 \\ -2 \end{pmatrix} - \begin{pmatrix} 4 \\ 3 \\ -1 \end{pmatrix} \right| = \left| \begin{pmatrix} -2 \\ -2 \\ -1 \end{pmatrix} \right|$$

$$= \sqrt{(-2)^2 + (-2)^2 + (-1)^2} = \sqrt{9} = 3$$

Somit beträgt der Abstand zwischen $P$ und $g$ 3 LE.

# 3.4.2 Abstand paralleler Geraden

Wählen Sie einfach einen Punkt auf der einen Geraden (z.B. den Punkt der durch den Stützvektor beschrieben wird) und bestimmen dann den Abstand zur anderen Geraden mit dem unter 3.4.1 vorgestellten Verfahren.

*Rechenbeispiel:*

Bestimme den Abstand der beiden folgenden Geraden:

$$g_1: \vec{x} = \begin{pmatrix} 1 \\ 0 \\ 3 \end{pmatrix} + s \begin{pmatrix} 0 \\ 1 \\ 0 \end{pmatrix}, s \in \mathbb{R}, \quad g_2: \vec{x} = \begin{pmatrix} 0 \\ 1 \\ 4 \end{pmatrix} + t \begin{pmatrix} 0 \\ -1 \\ 0 \end{pmatrix}, t \in \mathbb{R}$$

*Lösung:*

Wählen Sie z.B. den Stützvektor von $g_1$ als ein Punkt $P$ auf $g_1$ und berechnen Sie dann den Abstand von $P$ zu $g_2$. Als nächstes stellen Sie die Gleichung der Hilfsebene $E$ auf, welche senkrecht zu $g_2$ steht und $P$ enthält. Der Richtungsvektor von $g_2$ dient dabei als Normalenvektor für $E$. Es folgt $E: 0x_1 - 1x_2 + 0x_3 = d$. $P$ liegt auf $E$, also ist $0 \cdot 1 - 1 \cdot 0 + 0 \cdot 3 = 0 = d$. Die Gleichung für E lautet daher: $E: -x_2 = 0$. Setzen Sie die Koordinaten von $g_2$ in $E$ ein. Es folgt $g_2: -(1 - t) = 0 \Rightarrow t = 1$.

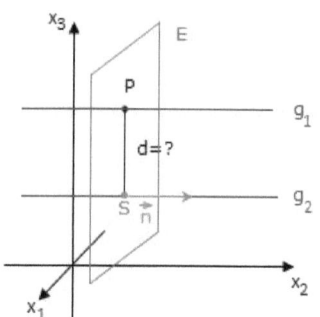

Der Schnittpunkt $S$ von $g_2$ mit $E$, ergibt sich durch Einsetzen des soeben gefundenen Parameters $t$ in $g_2$:

$$\vec{s} = \begin{pmatrix} 0 \\ 1 \\ 4 \end{pmatrix} + 1 \begin{pmatrix} 0 \\ -1 \\ 0 \end{pmatrix} = \begin{pmatrix} 0 \\ 0 \\ 4 \end{pmatrix} \Rightarrow S(0 \mid 0 \mid 4)$$

Der Abstand zwischen $P$ und $S$ ist dann der gesuchte Abstand zwischen den Geraden $g_1$ und $g_2$.

$$d = |\overrightarrow{PS}| = \left| \begin{pmatrix} 0 \\ 0 \\ 4 \end{pmatrix} - \begin{pmatrix} 1 \\ 0 \\ 3 \end{pmatrix} \right| = \left| \begin{pmatrix} -1 \\ 0 \\ 1 \end{pmatrix} \right| = \sqrt{(-1)^2 + 0^2 + 1^2} = \sqrt{2} \approx 1{,}41$$

Der Abstand zwischen $g_1$ und $g_2$ beträgt 1,41 LE.

# 3.4.3 Abstand Punkt – Ebene

Gesucht ist der Abstand des Punktes $R$ zur Ebene $E$.

*   Konstruiere eine Gerade $g$ senkrecht zu $E$, auf der $R$ liegt. Verwende hierfür den Normalenvektor von $E$ als Richtungsvektor für $g$ und den Ortsvektor von $R$ für den Stützvektor. Dies liefert die Geradengleichung für $g$.
*   Berechne nun den Schnittpunkt $S$ von $g$ mit $E$.
*   Die Länge der Strecke $\overline{RS}$ ist dann der gesuchte Abstand von $R$ zu $E$.

Die formale Umsetzung dieser Idee mündet in der Formel

## Abstand Punkt - Ebene

$$d = |\,(\vec{r} - \vec{p})\vec{n}_0\,|$$

Dabei ist $\vec{p}$ der Stützvektor von $E$ und $\vec{r}$ der Ortsvektor des Punktes $R$. Zur Erinnerung: Den Einheitsnormalenvektor $\vec{n}_0$ erhält man wie üblich, indem man den Normalenvektor durch seine Länge teilt $\vec{n}_0 = \frac{\vec{n}}{|\vec{n}|}$.

*Rechenbeispiel:*

Bestimme den Abstand zwischen der Ebene $E : \left(\vec{x} - \begin{pmatrix} 1 \\ -3 \\ 1 \end{pmatrix}\right)\begin{pmatrix} 1 \\ 2 \\ 2 \end{pmatrix} = 0$ und dem

Punkt $R(3|2|1)$.

*Lösung:*

Bilde zunächst $\vec{n}_0$ und setze $\vec{n}_0$ und den Ortsvektor von $R$ in die Abstandsformel ein.

$$\vec{n} = \begin{pmatrix} 1 \\ 2 \\ 2 \end{pmatrix} \Rightarrow \vec{n}_0 = \frac{\vec{n}}{|\vec{n}|} = \frac{1}{3}\begin{pmatrix} 1 \\ 2 \\ 2 \end{pmatrix}$$

Damit folgt:

$$d = \left|\left(\begin{pmatrix} 3 \\ 2 \\ 1 \end{pmatrix} - \begin{pmatrix} 1 \\ -3 \\ 1 \end{pmatrix}\right)\frac{1}{3}\begin{pmatrix} 1 \\ 2 \\ 2 \end{pmatrix}\right| = \left|2 \cdot \frac{1}{3} + 5 \cdot \frac{2}{3} + 0\right| = \frac{12}{3} = 4$$

Wenn die Ebene in Koordinatenform vorliegt $E : ax_1 + bx_2 + cx_3 = d$, so wird die Abstandsberechnung besonders einfach. Man wandelt zunächst die Koordinatenform in die Hesse'sche Normalenform um, indem man das $d$ auf die linke Seite bringt und nochmal durch die Länge des Normalenvektors teilt. Damit ergibt sich die HNF der Ebene in Koordinatenschreibweise:

$$\frac{ax_1 + bx_2 + cx_3 - d}{\sqrt{a^2 + b^2 + c^2}} = 0$$

Mit Hilfe der HNF kann nun der Abstand eines Punktes $R(r_1|r_2|r_3)$ von der Ebene $E$ einfach durch Einsetzen berechnet werden. Es gilt folgende Formel:

**Abstand Punkt – Ebene mit der HNF**

$$Abstand = \frac{|ar_1 + br_2 + cr_3 - d|}{\sqrt{a^2 + b^2 + c^2}}$$

Beachten Sie, dass hier im Zähler der Betrag gebildet wird, da Abstände bekanntlich nicht negativ sein können.

*Rechenbeispiel:*

Gegeben seien die Ebene $E: x_1 - 2x_2 + 4x_3 = 1$ und der Punkt $R(1|6|2)$. Bestimme den Abstand zwischen $E$ und $R$.

*Lösung:*

Wandle die Koordinatengleichung von $E$ zunächst um in die HNF. Mit $\vec{n} = \begin{pmatrix} 1 \\ -2 \\ 4 \end{pmatrix}$ und

$| \vec{n} | = \sqrt{21}$ folgt die HNF mit $E: \frac{x_1 - 2x_2 + 4x_3 - 1}{\sqrt{21}} = 0$. Für $x_1, x_2$ und $x_3$ wird jetzt einfach $R$ eingesetzt, im Zähler der Betrag gebildet und man erhält den Abstand:

$$Abstand = \frac{|1 - 2 \cdot 6 + 4 \cdot 2 - 1|}{\sqrt{21}} = \frac{4}{\sqrt{21}} \approx 0{,}87$$

## 3.4.4 Abstand paralleler Ebenen

Es seien $E$ und $F$ die zu untersuchenden Ebenen. Wähle einfach einen Punkt auf $F$ und bestimme mit der im vorigen Abschnitt beschriebenen Formel der Abstand dieses Punktes zu $E$. Als Punkt nimmt man am einfachsten den Stützvektor von $F$. Dadurch erhält erhält man diese Abstandsformel:

**Abstand paralleler Ebenen**

$$d = |\,(\vec{q} - \vec{p})\vec{n}_0\,|$$

Hierbei ist $\vec{p}$ der Stützvektor von $E$, $\vec{q}$ der Stützvektor von $F$ und $\vec{n}_0$ der Einheitsnormalenvektor, der senkrecht zu beiden Ebenen steht. Auf ein Rechenbeispiel verzichten wir diesmal.

## 3.4.5 Abstand windschiefer Geraden

Gesucht ist der Abstand zweier Geraden $g_1$ und $g_2$ im Raum, also zweier windschiefer Geraden.

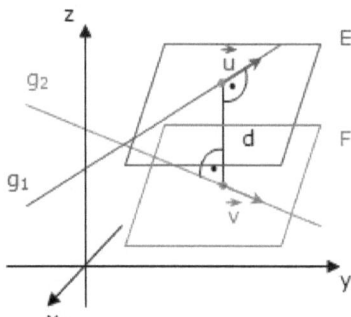

- Die beiden Geradengleichungen sollten hierfür in Parameterform vorliegen.
- Es seien $\vec{u}$ bzw. $\vec{v}$ die Richtungsvektoren und $\vec{p}$ bzw. $\vec{q}$ die Stützvektoren von $g_1$ bzw. $g_2$.
- Konstruiere zwei parallele Ebenen $E$ und $F$, so dass $g_1$ in $E$ und $g_2$ in $F$ liegt.
- Als Stützvektoren für $E$ und $F$ verwende diejenigen der jeweiligen Geraden.
- Ein Normalenvektor für beide Ebenen ergibt sich durch $\vec{n} = \vec{u} \times \vec{v}$.
- Nun kann man den Abstand paralleler Ebenen mit dem vorher beschriebenen Verfahren bestimmen.

Statt das Verfahren zu durchlaufen, kann man auch eine Formel verwenden:

### Abstand windschiefer Geraden

$$d =\mid (\vec{p} - \vec{q}) \cdot \vec{n}_0 \mid$$

Hierbei muss ein Einheitsnormalenvektor $\vec{n}_0$ bestimmt werden. Mit $\vec{n} = \vec{u} \times \vec{v}$ folgt $\vec{n}_0 = \frac{\vec{n}}{|\vec{n}|}$. $\vec{p}$ und $\vec{q}$ sind die Stützvektoren der Geraden $g_1$ bzw. $g_2$.

*Rechenbeispiel:*

Gegeben seien die beiden Geraden $g_1$ und $g_2$ wie folgt:

$$g_1 : \vec{x} = \begin{pmatrix} 4 \\ 1 \\ 0 \end{pmatrix} + s \begin{pmatrix} 4 \\ 3 \\ -2 \end{pmatrix}, s \in \mathbb{R}, \quad g_2 : \vec{x} = \begin{pmatrix} 2 \\ 3 \\ -1 \end{pmatrix} + t \begin{pmatrix} 0 \\ 1 \\ 2 \end{pmatrix}, t \in \mathbb{R}$$

Bestimme den Abstand der beiden Geraden.

*Lösung:*

Wir berechnen zunächst einen Normalenvektor $\vec{n}$ mit dem Vektorprodukt der beiden Richtungsvektoren:

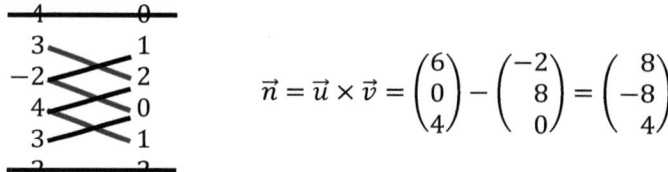

$$\vec{n} = \vec{u} \times \vec{v} = \begin{pmatrix} 6 \\ 0 \\ 4 \end{pmatrix} - \begin{pmatrix} -2 \\ 8 \\ 0 \end{pmatrix} = \begin{pmatrix} 8 \\ -8 \\ 4 \end{pmatrix}$$

Mit $|\vec{n}| = \sqrt{8^2 + (-8)^2 + 4^2} = 12$ ergibt sich $\vec{n}_0$ zu:

$$\vec{n}_0 = \frac{\vec{n}}{|\vec{n}|} = \frac{1}{12} \cdot \begin{pmatrix} 8 \\ -8 \\ 4 \end{pmatrix} = \frac{1}{3} \cdot \begin{pmatrix} 2 \\ -2 \\ 1 \end{pmatrix}$$

Folglich ist der Abstand der beiden Geraden gegeben mit

$$d = \left| \left( \begin{pmatrix} 4 \\ 1 \\ 0 \end{pmatrix} - \begin{pmatrix} 2 \\ 3 \\ -1 \end{pmatrix} \right) \cdot \frac{1}{3} \cdot \begin{pmatrix} 2 \\ -2 \\ 1 \end{pmatrix} \right| = \left| \begin{pmatrix} 2 \\ -2 \\ 1 \end{pmatrix} \cdot \frac{1}{3} \cdot \begin{pmatrix} 2 \\ -2 \\ 1 \end{pmatrix} \right| = \left| \frac{4}{3} + \frac{4}{3} + \frac{1}{3} \right| = \frac{9}{3} \approx 3$$

*Tipp:*

Beim praktischen Rechnen wird man häufig direkt mit den jeweiligen Formeln arbeiten, die man ggf. auch in der Formelsammlung nachschlagen kann. Dennoch ist es sinnvoll sich die verschiedenen Verfahren genau einzuprägen. Einerseits sind darin Ideen verarbeitet, die Ihnen helfen können, Lösungswege auch für unbekannte Aufgaben zu finden. Andererseits wird im Pflichtteil in Aufgabe 8 häufig verlangt, ein Verfahren zu beschreiben.

# 3.5 Lage, Schnitte und Schnittwinkel von Geraden und Ebenen

In vielen Fällen interessiert man sich dafür, ob zwei Geraden im Raum sich schneiden, ob zwei Ebenen parallel verlaufen, ob eine Gerade vollständig innerhalb einer Ebene liegt usw. Im Fall von Schnitten interessiert man sich für den oder die auftretenden Schnittwinkel, Schnittpunkte oder Schnittgeraden. Sie brauchen also Kriterien, mit denen Sie diese Sachverhalte feststellen können und Techniken, mit denen Sie ggf. Schnittpunkte oder Schnittwinkel berechnen können. Schnitte zu bestimmen ist von der Idee her recht einfach. Die beiden Objekte, von denen Sie testen wollen, ob und wie sie sich schneiden, müssen zunächst in irgendeiner Darstellungsform vorliegen, z.B. in der Parameterform. Geschickterweise sollten beide Objekte dieselbe Darstellungsform besitzen, das macht das Rechnen normalerweise einfacher. Sie setzen einfach beide Darstellungsformen gleich und lösen das so entstehende Lineare Gleichungssystem. Sie erhalten keine, eine oder unendlich viele Lösungen was sich wiederum geometrisch interpretieren lässt. Wir gehen die verschiedenen Fälle nun Schritt für Schritt durch und zeigen die Verhältnisse an einigen Rechenbeispielen.

## 3.5.1 Schnitt zweier Geraden

Abb. 1                            Abb. 2                            Abb. 3

Wir müssen unterscheiden, ob es um Geraden in der Ebene oder um solche im Raum geht. Im Raum haben wir einen Freiheitsgrad mehr. In der Ebene können sich zwei Geraden schneiden oder auch nicht. Wenn sie sich nicht schneiden, so verlaufen sie parallel. Wenn sie sich schneiden, dann entweder in genau einem Punkt (Abb. 1) oder beide Geraden liegen exakt aufeinander, sind also identisch. Im Raum hat man mehr

Möglichkeiten. Wenn sich hier zwei Geraden nicht schneiden, müssen sie noch lange nicht parallel sein. Sind sie es nicht, so nennt man sie windschief, d.h. sie laufen komplett aneinander vorbei (Abb. 3). Falls die Geraden sich doch schneiden, dann wie in der Ebene genau in einem Punkt (Abb. 2) oder sie sind identisch. Wenn Sie den Schnittwinkel zweier sich schneidender Geraden bestimmen wollen, ist es geschickt, wenn diese in Parameterform dargestellt sind. Sie können dann einfach die beiden Richtungsvektoren $\vec{u}$ und $\vec{v}$ nehmen und bestimmen den Winkel dazwischen mit der aus Abschnitt 3.1.3 bekannten Winkelformel.

Um den Schnitt zwischen zwei Geraden zu bestimmen geht man so vor:

- Je nachdem in welcher Form die Gleichungen vorliegen, setzt man gleich oder man setzt die Koordinaten ineinander ein
- Nun bestimmt man die Parameter.
- Zuletzt setzt man einen der Parameter in die zugehörige ursprüngliche Gleichung ein und bestimmt damit den Schnittpunkt.

Beim Lösen des linearen Gleichungssystems können verschiedene Fälle eintreten:

1) Falls beim Bestimmen der Parameter ein Widerspruch entsteht, so gibt es keinen Schnittpunkt.
2) Falls die Parameter eindeutig bestimmbar sind, so gibt es genau einen Schnittpunkt.
3) Falls ein Parameter frei wählbar ist (dies ist zumeist dann der Fall, wenn eine der Gleichungen wegfällt), so ergibt sich eine Schnittgerade, d.h. dass die beiden Geraden identisch sind.

**Rechenbeispiel 1:**

Berechnen Sie den Schnittpunkt der beiden folgenden Geraden und deren Schnittwinkel.

$$g_1 : \vec{x} = \begin{pmatrix} 1 \\ 1 \\ 0 \end{pmatrix} + s \begin{pmatrix} 1 \\ 0 \\ 3 \end{pmatrix} \text{ und } g_2 : \vec{x} = \begin{pmatrix} 2 \\ 2 \\ 3 \end{pmatrix} + t \begin{pmatrix} 1 \\ -1 \\ 3 \end{pmatrix}$$

**Lösung:**

Zuerst werden beide Darstellungen gleichgesetzt. Alle Vektoren mit Parametern werden auf die linke Seite gebracht, die Vektoren ohne Parameter kommen auf die rechte Seite

$$\begin{pmatrix} 1 \\ 1 \\ 0 \end{pmatrix} + s \begin{pmatrix} 1 \\ 0 \\ 3 \end{pmatrix} = \begin{pmatrix} 2 \\ 2 \\ 3 \end{pmatrix} + t \begin{pmatrix} 1 \\ -1 \\ 3 \end{pmatrix} \Rightarrow s \begin{pmatrix} 1 \\ 0 \\ 3 \end{pmatrix} - t \begin{pmatrix} 1 \\ -1 \\ 3 \end{pmatrix} = \begin{pmatrix} 1 \\ 1 \\ 3 \end{pmatrix}$$

Dies wird aufgeschlüsselt in die einzelnen Gleichungen, was folgendes LGS liefert:
I. $s - t = 1$,    II. $t = 1$ und    III. $3s - 3t = 3$. Daraus lesen Sie sofort $t = 1$ ab.
Gleichung I. liefert dann $s = 2$ und Gleichung III. ist mit diesen beiden Werten ebenfalls erfüllt(!). Überprüfen Sie das immer mit, denn wäre Gleichung III. nicht erfüllt, so hätten wir einen Widerspruch und es gäbe keinen Schnittpunkt. Mit dem einfacheren der beiden Werte bestimmen wir jetzt den Schnittpunkt. Setze $t = 1$ ein in $g_2$ und erhalte den Schnittpunkt $P(3|1|6)$.

Den Schnittwinkel bekommen Sie, indem Sie die beiden Richtungsvektoren in die Winkelformel einsetzen:

$$\cos(\alpha) = \frac{\vec{u} \cdot \vec{v}}{|\vec{u}| \cdot |\vec{v}|} = \frac{\begin{pmatrix} 1 \\ 0 \\ 3 \end{pmatrix} \cdot \begin{pmatrix} 1 \\ -1 \\ 3 \end{pmatrix}}{\left| \begin{pmatrix} 1 \\ 0 \\ 3 \end{pmatrix} \right| \cdot \left| \begin{pmatrix} 1 \\ -1 \\ 3 \end{pmatrix} \right|} = \frac{10}{\sqrt{10} \cdot \sqrt{11}} \approx 0{,}9535$$

Damit ist $\alpha = \arccos(0{,}9535) \approx 17{,}55°$ der Schnittwinkel zwischen $g_1$ und $g_2$.

### Rechenbeispiel 2:

Untersuchen Sie die beiden folgenden Geraden auf Schnittpunkte und interpretieren Sie Ihr Ergebnis.

$$g_1 : \vec{x} = \begin{pmatrix} 2 \\ 4 \\ 3 \end{pmatrix} + s \begin{pmatrix} 5 \\ 10 \\ -6 \end{pmatrix} \text{ und } g_2 : \vec{x} = \begin{pmatrix} 4 \\ 8 \\ 3 \end{pmatrix} + t \begin{pmatrix} -2{,}5 \\ -5 \\ 3 \end{pmatrix}$$

### Lösung:

Wenn Sie sich die Richtungsvektoren der beiden Geraden einmal genau ansehen, stellen Sie fest, dass sie linear abhängig sind! In der Ebene wie im Raum bedeutet dies, dass die beiden Geraden entweder parallel oder identisch sind. Wir brauchen also nur zu testen, ob ein beliebiger Punkt der einen Geraden auf der anderen liegt. Der Punkt $P(4|8|3)$ liegt auf $g_2$. Liegt er auch auf $g_1$? Setze den Punkt, genauer gesagt den zugehörigen Ortsvektor, ein in $g_1$:

$$\begin{pmatrix} 4 \\ 8 \\ 3 \end{pmatrix} = \begin{pmatrix} 2 \\ 4 \\ 3 \end{pmatrix} + s \begin{pmatrix} 5 \\ 10 \\ -6 \end{pmatrix} \Rightarrow \begin{pmatrix} 2 \\ 4 \\ 0 \end{pmatrix} = s \begin{pmatrix} 5 \\ 10 \\ -6 \end{pmatrix}$$

Daraus erhält man wie immer drei Koordinatengleichungen: I. $2 = 5s$, II. $4 = 10s$ und III. $0 = -6s$. Der letzten Gleichung entnehmen Sie $s = 0$ was aber den beiden anderen Gleichungen widerspricht. Das bedeutet, dass die Geraden nicht identisch sind. Sie sind also parallel!

## 3.5.2 Schnitt von Gerade und Ebene

Schneidet eine Gerade eine Ebene, so nennt man den Schnittpunkt auch den Durchstoßpunkt. Will man den Durchstoßpunkt bestimmen, setzt man ebenfalls die beiden Darstellungen gleich, löst das lineare Gleichungssystem und interpretiert die Lösung. Dabei gibt es wieder verschiedene Fälle. Entweder es gibt keinen, genau einen oder unendlich viele Schnittpunkte. Gibt es keinen Schnittpunkt ist $g$ parallel zu $E$. Gibt es aber unendlich viele Schnittpunkte, so liegt $g$ komplett in $E$.

Um den Schnittwinkel $\alpha$ zwischen der Geraden und der Ebene zu bestimmen, brauchen Sie wieder zwei Vektoren, die Sie in die bekannte Winkelformel einsetzen können. Nehmen Sie dazu einfach den Richtungsvektor $\vec{u}$ der Geraden und den Normalenvektor $\vec{n}$ der Ebene. Sie bekommen dann jedoch nicht den Winkel $\alpha$ selbst sondern den Winkel $\beta = 90° - \alpha$ wie die nebenstehende Abbildung zeigt. Es folgt $\cos(\beta) = \frac{\vec{n} \cdot \vec{u}}{|\vec{n}| \cdot |\vec{u}|}$. Wegen $\cos(90° - \alpha) = \sin(\alpha)$ folgt:

**Winkel zwischen Gerade und Ebene**

$$\sin(\alpha) = \frac{|\vec{n} \cdot \vec{u}|}{|\vec{n}| \cdot |\vec{u}|}$$

*Anmerkung:*

In der obigen Winkelformel sehen Sie erstmals den Zähler in Betragsstrichen. In der ursprünglichen „Kosinus"-Winkelformel waren die Betragsstriche noch nicht vorhanden. Warum also nehmen wir hier den Betrag? Nun, zwei Vektoren bilden immer zwei Winkel, einen inneren und einen äußeren. Der äußere Winkel ist der größere, der innere der kleinere. Verwendet man die Winkelformel nun ohne Betrag im Zähler, so kann es passieren, dass man den größeren der beiden Winkel, also nicht(!) den eingeschlossenen erhält. Im dem Fall müsste man $360° - \alpha$ rechnen, um auf den eingeschlossenen Winkel zu kommen. In der obigen Formel erspart man sich dies durch Betragsbildung im Zähler, so dass man sich sicher sein kann, dass man hierbei immer den kleineren der beiden Winkel erhält.

*Rechenbeispiel 1:*

Berechnen Sie den Schnittpunkt der Geraden mit der Ebene und den Schnittwinkel.

$$g: \vec{x} = \begin{pmatrix} 1 \\ 4 \\ 9 \end{pmatrix} + s \begin{pmatrix} 1 \\ 2 \\ 1 \end{pmatrix} \text{ und } E: x_1 + 2x_2 + x_3 = 6$$

*Lösung:*

Aus der Parameterform von $g$ entnehmen Sie die Koordinatengleichungen $x_1 = 1 + s$, $x_2 = 4 + 2s$ und $x_3 = 9 + s$ und setzen Sie in die Ebenengleichung ein. Sie erhalten:

$$(1 + s) + 2(4 + 2s) + (9 + s) = 6 \iff 6s = -12$$

Folglich ist $s = -2$. Jetzt setzen Sie $s$ in die Geradengleichung ein und bekommen so den Durchstoßpunkt:

$$\begin{pmatrix} 1 \\ 4 \\ 9 \end{pmatrix} - 2 \begin{pmatrix} 1 \\ 2 \\ 1 \end{pmatrix} = \begin{pmatrix} -1 \\ 0 \\ 7 \end{pmatrix} = \vec{p}$$

Damit ist $P(-1|0|7)$ der Durchstoßpunkt. Für den Schnittwinkel brauchen Sie einen Normalenvektor der Ebene. Bei einer Darstellung in Koordinatenform können Sie diesen einfach ablesen. Sie erinnern sich: In $ax_1 + bx_2 + cx_3 = d$ sind die Koeffizienten $a$, $b$ und $c$ die Koordinaten des Normalenvektors. Wir haben also $\vec{n} = \begin{pmatrix} 1 \\ 2 \\ 1 \end{pmatrix}$ was offenbar identisch ist mit dem Richtungsvektor $\vec{u}$ der Geraden. Das bedeutet, dass die Gerade senkrecht die Ebene durchstößt, der Schnittwinkel ist folglich $\alpha = 90°$. Beachten Sie, dass wir den Schnittwinkel ohne weitere Rechnung gefunden haben!

***Rechenbeispiel 2:***

Berechnen Sie den Schnittpunkt der Geraden mit der Ebene und den Schnittwinkel.

$$g: \vec{x} = \begin{pmatrix} 1 \\ 0 \\ 1 \end{pmatrix} + t \begin{pmatrix} 0 \\ 1 \\ 0 \end{pmatrix} \text{ und } E: \left( \vec{x} - \begin{pmatrix} 2 \\ 0 \\ 2 \end{pmatrix} \right) \cdot \begin{pmatrix} 7 \\ -1 \\ 5 \end{pmatrix} = 0$$

***Lösung:***

Die Besonderheit ist, dass diesmal die Ebene in ihrer Normalenform vorliegt. Umso besser für den Schnittwinkel! Der Richtungsvektor der Geraden ist $\vec{u} = \begin{pmatrix} 0 \\ 1 \\ 0 \end{pmatrix}$ mit Länge $|\vec{u}| = 1$, der Normalenvektor von $E$ ist $\vec{n} = \begin{pmatrix} 7 \\ -1 \\ 5 \end{pmatrix}$ mit Länge $|\vec{n}| = \sqrt{7^2 + (-1)^2 + 5^2} = \sqrt{75}$.

Das Skalarprodukt der beiden Vektoren ist $\vec{n} \cdot \vec{u} = \begin{pmatrix} 7 \\ -1 \\ 5 \end{pmatrix} \cdot \begin{pmatrix} 0 \\ 1 \\ 0 \end{pmatrix} = -1$. Eingesetzt in die Winkelformel für Gerade-Ebene erhalten Sie:

$$\sin(\alpha) = \frac{|-1|}{\sqrt{75} \cdot 1} \approx 0{,}1155$$

Das liefert $\alpha = \arcsin(0{,}1155) \approx 6{,}63°$, also einen sehr flachen Schnittwinkel. Für den Durchstoßpunkt setzen Sie, ähnlich wie im vorangehenden Beispiel $g$ in $E$ ein. Das geht so:

$$\vec{x} = \begin{pmatrix} x_1 \\ x_2 \\ x_3 \end{pmatrix} = \begin{pmatrix} 1 \\ 0 \\ 1 \end{pmatrix} + t \begin{pmatrix} 0 \\ 1 \\ 0 \end{pmatrix} = \begin{pmatrix} 1 \\ t \\ 1 \end{pmatrix}$$

Eingesetzt in die Ebene folgt:

$$\left( \begin{pmatrix} 1 \\ t \\ 1 \end{pmatrix} - \begin{pmatrix} 2 \\ 0 \\ 2 \end{pmatrix} \right) \cdot \begin{pmatrix} 7 \\ -1 \\ 5 \end{pmatrix} = 0 \Leftrightarrow \begin{pmatrix} -1 \\ t \\ -1 \end{pmatrix} \cdot \begin{pmatrix} 7 \\ -1 \\ 5 \end{pmatrix} = 0$$

Ausrechnen des Skalarprodukts liefert $-7 - t - 5 = 0$ also $t = -12$. Eingesetzt in die Gerade ergibt sich $P(1| -12|1)$ als Durchstoßpunkt.

### 3.5.3 Schnitt zweier Ebenen

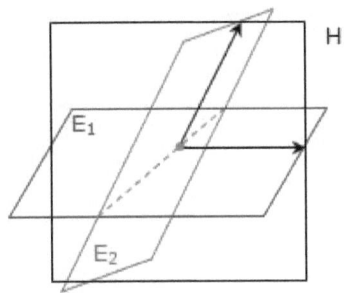

Man mag eine Weile darüber nachdenken, was der Schnittwinkel zweier Ebenen sein soll. Die Ebenen können ja in allen Raumrichtungen gegeneinander geneigt sein. Man führt eine Hilfsebene $H$ ein, die orthogonal zu den beiden anderen Ebenen steht. Die Schnittlinien von $H$ mit den Ebenen zeigen dann den Schnittwinkel an wie die Abbildung links verdeutlicht. Dabei zeigt sich dass der Schnittwinkel zweier Ebenen derselbe ist, den die beiden Normalenvektoren einschließen. Sie brauchen also lediglich die beiden Normalenvektoren in die Winkelformel einsetzen und bekommen dadurch den Cosinus des Winkels.

**Winkel zwischen zwei Ebenen**

$$\cos(\alpha) = \frac{\vec{n}_1 \cdot \vec{n}_2}{|\vec{n}_1| \cdot |\vec{n}_2|}$$

Mit dem GTR bestimmen Sie dann den Schnittwinkel über {2nd COS}. Beachten Sie, dass der GTR hierfür im Modus {DEGREE} eingestellt sein muss. Andernfalls bekommen Sie den Winkel im Bogenmaß (Radiant). Auf ein Rechenbeispiel verzichten wir ausnahmsweise.

### 3.5.4 Lage von Ebenen im Koordinatensystem

Für das Lösen der Abi-Aufgaben sollten Sie in der Lage sein, sich anhand einer Ebenengleichung vorzustellen, wie diese Ebene im Raum bzw. im Koordinatensystem liegt. Das ist sehr viel einfacher als es sich zunächst anhören mag! Die Ebenengleichung muss dazu allerdings in Koordinatenform $E: ax_1 + bx_2 + cx_3 = d$

vorliegen, d.h. Sie müssen die Darstellung ggf. umwandeln. Teilen Sie nun einfach durch $d$. Sie erhalten:

$$E: \frac{a}{d}x_1 + \frac{b}{d}x_2 + \frac{c}{d}x_3 = 1$$

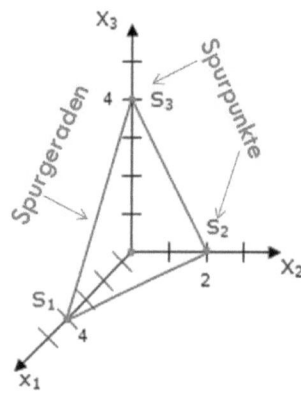

Aus den Kehrwerten der Koeffizienten erhalten Sie dann die Schnittpunkte mit den jeweiligen Koordinatenachsen, die so genannten Spurpunkte. $S_1\left(\frac{d}{a}|0|0\right)$ ist der Schnittpunkt mit der $x_1$-Achse, $S_2\left(0\left|\frac{d}{b}\right|0\right)$ der Schnittpunkt mit der $x_2$-Achse und $S_3\left(0|0|\frac{d}{c}\right)$ der Schnittpunkt mit der $x_3$-Achse. Warum ist das so? Nun, wenn Sie beispielsweise den Spurpunkt $S_1$ bestimmen wollen, dann müssen Sie in der Koordinatengleichung $ax_1 + bx_2 + cx_3 = d$ die Koordinaten $x_2$ und die $x_3$ gleich Null setzen und nach $x_1$ auflösen. Sie erhalten $ax_1 = d$ also $x_1 = \frac{d}{a}$. Wenn Sie alle Spurpunkte haben zeichnen Sie diese in ein Koordinatensystem ein und verbinden die Punkte miteinander. Dadurch erhalten Sie die Spurgeraden. Diese verdeutlichen die Lage der Ebene im Koordinatensystem.

### Rechenbeispiel 2:

Die Ebene $E$ sei gegeben durch $E: 2x_1 + 4x_2 + 2x_3 = 8$. Bestimmen Sie die Spurpunkte und stellen Sie die Ebene in einem Koordinatensystem dar.

### Lösung:

Forme zunächst die Ebenengleichung um:

$$2x_1 + 4x_2 + 2x_3 = 8 \Leftrightarrow \frac{1}{4}x_1 + \frac{1}{2}x_2 + \frac{1}{4}x_3 = 1$$

Die Kehrwerte der Koeffizienten sind 4, 2 und 4, was zu den Spurpunkten $S_1(4|0|0)$, $S_2(0|2|0)$ und $S_3(0|0|4)$ führt. Zeichnen Sie die Spurpunkte in das Koordinatensystem ein und verbinden Sie sie untereinander. Dadurch entstehen die Spurgerade (also die Schnittgeraden der Ebene mit den Koordinatenebenen). Die obige Abbildung zeigt dann die Lage der Ebene im Koordinatensystem.

Es gibt allerdings ein paar Sonderfälle, die es noch zu klären gilt. Wie sieht es beispielsweise aus, wenn in der Koordinatengleichung einer Ebene eine oder sogar zwei Koordinaten wegfallen? Wie kann man das deuten?

Es sieht vielleicht etwas seltsam aus, aber auch die Gleichung $x_2 = 2$ beschreibt eine Ebene im Raum. In diesem Fall fehlen die $x_1$ und die $x_3$-Koordinaten. Sie fehlen deshalb, weil in der vollständigen Koordinatengleichung $0x_1 + 1x_2 + 0x_3 = 2$ die entsprechenden Koeffizienten Null sind. Die $x_2$-Koordinate wird beim Wert 2 festgehalten, während $x_1$ und $x_3$ beliebige Werte annehmen können. Das ergibt eine Ebene senkrecht zur $x_2$-Achse. Wenn also in einer Ebenengleichung zwei Koordinaten wegfallen, dann ist die resultierende Ebene senkrecht zur verbleibenden Koordinatenachse!

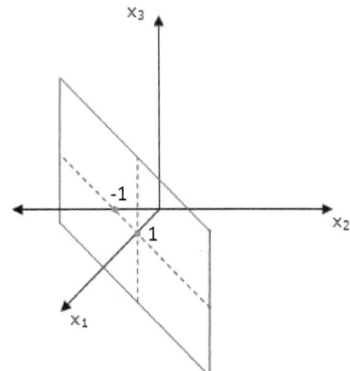

$E: x_2 = 2$                                       $E: x_1 - x_2 = 1$
$E$ ist parallel zur $x_1 x_3$-Ebene              $E$ ist parallel zu $x_3$-Achse.

Wie sieht es aus, wenn in einer Ebenengleichung nur eine Koordinate wegfällt, wie beispielsweise in $E: x_1 - x_2 = 1$? Nun, auch hier können Sie wie oben dargestellt, die Schnittpunkte $S_1$ und $S_2$ mit der $x_1$- bzw. mit der $x_2$-Achse bestimmen. Einen Schnittpunkt mit der $x_3$-Achse gibt es allerdings nicht. Das bedeutet, dass der Normalenvektor der Ebene senkrecht zur $x_3$-Achse steht. Wenn Sie also in einer Ebenengleichung nur zwei Koordinaten haben, dann steht der Normalenvektor der resultierenden Ebene senkrecht zur fehlenden Koordinatenachse.

# 4 Stochastik

## 4.1 Grundlagen und Begriffe

### 4.1.1 Ereignisse und Wahrscheinlichkeiten

Wir betrachten das Würfeln mit einem „fairen" Würfel und fragen uns nach der Wahrscheinlichkeit dafür, dass eine gerade Zahl geworfen wird. Das Würfeln an sich ist ein Vorgang mit ungewissem Ausgang, also ein **Zufallsexperiment**. Das, wonach wir fragen, nennen wir ein **Ereignis**. Ereignisse werden mit großen Buchstaben bezeichnet und als Menge oder in beschreibender Form notiert. In unserem Fall ist $E$ = „gerade Zahl" oder $E = \{2,4,6\}$. Die Wahrscheinlichkeit von $E$ wird dann als $P(E)$ angegeben ($P$ steht für Probability). Die grundlegende Formel zur Berechnung einer solchen Wahrscheinlichkeit lautet

$$P(E) = \frac{Anzahl \ „günstige"}{Anzahl \ „mögliche"}$$

Wie ist das zu verstehen? Die „günstigen" sind diejenigen Versuchsausgänge die das Ereignis $E$ beschreiben, also alle (positiven) Antworten auf die ursprüngliche Frage, etwas „mathematischer" ausgedrückt: Alle Elemente der Ereignismenge $E$. Die „möglichen" sind dann alle überhaupt denkbaren Versuchsausgänge. Da wir nach einer geraden Zahl fragen, haben wir drei „günstige" (nämlich die Versuchs-ausgänge 2, 4 oder 6) und sechs „mögliche", nämlich alle Zahlen, die man würfeln kann. Damit ist $P(E) = \frac{3}{6} = \frac{1}{2} = 50\%$. Die Chance bzw. Wahrscheinlichkeit, dass man bei einmaligem Würfeln mit einem fairen Würfel eine gerade Zahl würfelt ist also 50%. Die Menge aller möglichen Versuchsausgänge, hier die Zahlen 1 bis 6, nennt man auch die Grundmenge oder den **Stichprobenraum** und schreibt dies in der Form $S = \{1,2,3,4,5,6\}$. Statt $S$ wird häufig auch der griechische Buchstabe $\Omega$ (Omega) verwendet. In dem Zusammenhang stellen wir auch sofort fest, dass ein beliebiges Ereignis, nach dem wir fragen, immer eine Teilmenge von $S$ oder $S$ selbst ist. Das bedeutet, dass die Anzahl der „günstigen" immer kleiner oder gleich der Anzahl der „möglichen" ist und somit Wahrscheinlichkeiten immer zwischen 0 und 1 liegen. Die Wahrscheinlichkeit des gesamten Stichprobenraums (**das sichere Ereignis**) ist 1 und die Wahrscheinlichkeit der leeren Menge (**das unmögliche Ereignis**) ist 0.

Die Definition der Wahrscheinlichkeit wird häufig auch rein in Mengenschreibweise wiedergegeben, nämlich in der Form

$$P(E) = \frac{|E|}{|S|}$$

Mit $|E|$ ist dann die Anzahl der Elemente von $E$ gemeint und mit $|S|$ die Anzahl der Elemente des Stichprobenraums $S$.

**Aufgabe 1**

Wie groß ist die Wahrscheinlichkeit dafür, dass…

1) man bei einmaligem Ziehen aus einem Kartenspiel mit 32 Karten einen König zieht?

2) beim gleichzeitigen würfeln mit zwei fairen Würfeln die Differenz der Augenzahlen drei ist?

3) man bei einmaligem Ziehen aus einer Urne mit 5 roten, 4 blauen und einer gelben Kugel ausgerechnet die gelbe Kugel erwischt?

4) man bei gleichzeitigem Werfen dreier „fairer" Münzen, dreimal „Zahl" erhält?

**Lösungen:**

1) In einem Kartenspiel mit 32 Blatt gibt es 4 Könige. Man hat also 4 von 32 Möglichkeiten, einen König zu ziehen. Somit ist die Wahrscheinlichkeit $P(\text{„König"}) = \frac{4}{32} = \frac{1}{8} = 0{,}125 = 12{,}5\%$.

2) Wir beschreiben das Ereignis „Differenz der Augenzahlen ist drei" als Menge. Dann ist $E = \{(1{,}4), (4{,}1), (2{,}5), (5{,}2), (3{,}6), (6{,}3)\}$ und $E$ enthält 6 Elemente. Der gesamte Stichprobenraum $S$ besteht aus allen Paarungen, die man mit zwei Würfeln erzielen kann und enthält 36 Elemente. Damit ist $P(E) = \frac{6}{36} = \frac{1}{6} \approx 0{,}1667 = 16{,}67\%$.

3) In der Urne liegen insgesamt 10 Kugeln, eine davon ist gelb. Man hat also eine von zehn Möglichkeiten, eine gelbe Kugel zu ziehen und es gilt $P(\text{„gelb"}) = \frac{1}{10} = 0{,}1 = 10\%$.

4) Hier muss man sich zunächst überlegen, wie groß der Stichprobenraum ist. Jede Münze hat zwei Seiten. Da es drei Münzen gibt, hat man $2 \cdot 2 \cdot 2 = 8$ mögliche Kombinationen. Es gibt aber nur eine Kombination zzz „dreimal Zahl". Also ist $P(zzz) = \frac{1}{8} = 12,5\%$.

Wie Sie sehen, verwende ich hier eine „lockere" eher intuitive statt streng formale Schreibweise. Streng formal schreibt man Ereignisse immer als Menge, so dass man beispielsweise die Wahrscheinlichkeit aus Lösung 4) in der Form $P(\{(z,z,z)\})$ notieren müsste. Verwenden Sie immer die Schreibweise, die Sie in der Schule kennen gelernt haben!

# 4.1.2 Zusammengesetzte Ereignisse

Die Frage nach dem Ausgang eines Zufallsexperiments kann aus einzelnen Teilfragen zusammengesetzt sein, die mit *und* bzw. *oder"* verknüpft sind. Natürlich kann man auch nach der Wahrscheinlichkeit fragen, dass ein Ereignis nicht eintritt.

**Beispiele:**

1) Wie groß ist die Wahrscheinlichkeit bei einmaligem Ziehen, aus einer Urne mit zehn durchnummerierten Kugeln (die Nummern gehen von 1 bis 10) eine Kugel mit einer geraden Zahl oder mit einer Primzahl zu ziehen?

2) Wie groß ist die Wahrscheinlichkeit beim Lotto drei, vier oder fünf Richtige zu ziehen.

3) Von 22 Kindern einer Schulklasse mögen 18 Kinder Schokoladeneis und 17 Kinder Vanilleeis 2 Kinder mögen weder das eine noch das andere. Wie groß ist die Wahrscheinlichkeit bei zufälliger Auswahl, ein Kind zu wählen, das Schokoladeneis und Vanilleeis mag?

4) Wie groß ist die Wahrscheinlichkeit, bei gleichzeitigem Würfeln mit zwei Würfeln, keinen Pasch (zweimal dieselbe Zahl) zu bekommen?

In den ersten beiden Beispielen sind die Teilfragen mit *oder*, im dritten Beispiel mit *und* zusammengesetzt. Natürlich hätte man in Beispiel 3) auch „... *sowohl* Schokoladeneis *als auch* Vanilleeis ..." formulieren können. Im vierten Beispiel ist „nicht Pasch" gesucht. Bei den Formulierungen muss man immer ein wenig aufpassen. Das umgangssprachliche *oder* ist nicht immer dasselbe wie das mathematische *oder*. In der Umgangssprache wird *oder* häufig im ausschließenden Sinne also als *entweder...oder* verwendet. Das logische *oder* hingegen lässt immer beide Möglichkeiten zu. In Beispiel 1) ist die Augenzahl 2 sowohl gerade als auch eine Primzahl, die Teilfragen „gerade" und „Primzahl" schließen sich also nicht gegenseitig aus!

In der Schule haben Sie gelernt, wie die umgangssprachlichen Begriffe *und, oder* und *nicht* in mathematische Formeln zu übersetzen sind. Es seien nun $A$ und $B$ zwei Ereignisse. Fragen wir nach „*A und B*", so ist damit die Schnittmenge $A \cap B$ gemeint, da die Schnittmenge genau die Elemente enthält, die in beiden Mengen gleichzeitig vorkommen. Fragen wir nach „*A oder B*", so versteht man darunter die Vereinigung $A \cup B$, sofern das *oder* nicht als *entweder ... oder* gemeint ist. Fragen wir nach „*nicht A*" schreibt man dies formal als $\bar{A}$ und meint damit das **Gegenereignis** von $A$. Sie haben ebenfalls in der Schule gelernt, wie daraus die entsprechenden Wahrscheinlichkeiten zu berechnen sind. Hier die jeweiligen Formeln zur Erinnerung.

**Großer Additionssatz**
**Wahrscheinlichkeit von „*A oder B*"**
(wenn oder nicht als entweder oder zu verstehen ist):

$$P(A \cup B) = P(A) + P(B) - P(A \cap B)$$

**Spezialfall**, wenn es keine Schnittmenge gibt, also $A \cap B = \emptyset$ gilt:

$$P(A \cup B) = P(A) + P(B)$$

**Erläuterung:**

Im Beispiel 1) sei das Ereignis $A$ = „gerade Zahl" und das Ereignis $B$ = „Primzahl", d.h. $A =$ $\{2,4,6,8,10\}$ und $B = \{2,3,5,7\}$. Damit ist „*A oder B*" gegeben durch $A \cup B =$ $\{2,3,4,5,6,7,8,10\}$ und somit gilt $P(A \cup B) = \frac{|A \cup B|}{|S|} = \frac{8}{10} = 0,8 = 80\%$. Hätten wir hier einfach die Einzelwahrscheinlichkeiten addiert, so hätten wir die Zahl 2 doppelt in unsere Berechnung einfließen lassen. Damit wäre $P(A) = \frac{5}{10} = 0,5 = 50\%$ und $P(B) = \frac{4}{10} =$ $0,4 = 40\%$ also $P(A) + P(B) = 90\%$, was mit dem korrekten Wert 80% nicht übereinstimmt. Wir müssen also tatsächlich die gemeinsam vorkommenden Elemente, also die Schnittmenge wieder abziehen. Hier ist $P(A \cap B) = \frac{1}{10} = 0{,}1 = 10\%$ und wir haben

$P(A \cup B) = P(A) + P(B) - P(A \cap B) = 50\% + 40\% - 10\% = 80\%$.

**Wahrscheinlichkeit von „*A und B*",**
**sofern $A$ und $B$ unabhängig voneinander sind:**

$$P(A \cap B) = P(A) \cdot P(B)$$

**Erläuterung:**

In manchen Fällen ist es etwas aufwändiger, die Schnittmenge $A \cap B$ oder die Anzahl der Elemente in $A \cap B$ zu bestimmen. Wenn Sie festgestellt haben, dass die Ereignisse völlig unabhängig voneinander sind, d.h. dass sie sich nicht gegenseitig beeinflussen, dann können Sie die Wahrscheinlichkeit einfach mit obiger Formel bestimmen.

**Wahrscheinlichkeit von "*nicht A*":**

$$P(A) = 1 - P(\bar{A}) \text{ bzw. } P(\bar{A}) = 1 - P(A)$$

**Erläuterung:**

Häufig ist es sehr aufwändig, die Wahrscheinlichkeit eines Ereignisses $A$ direkt zu bestimmen. Wir werden insbesondere beim Thema Zufallsvariablen sehen, dass man bei einer direkten Berechnung u.U. sehr viele Einzelwahrscheinlichkeiten ausrechnen und addieren müsste. Hier geht man besser den Umweg über eine indirekte Berechnung mit Hilfe des Gegenereignisses und erspart sich damit viele kleine Rechenschritte.

Mit diesem Wissen können wir nun die Aufgabe aus den Beispielen 3) und 4) lösen.

**Lösung zu Beispiel 3)**

Hier besteht vor allem die Schwierigkeit, die Anzahl der Kinder in der Schnittmenge zu bestimmen. Am Einfachsten verdeutlicht man sich die Situation in einem Venn-Diagramm:

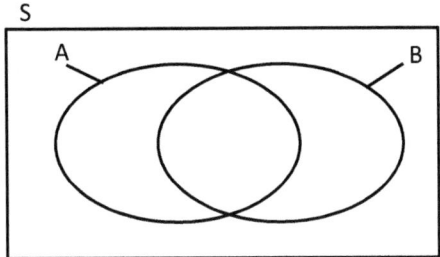

Hierbei stellt der Kasten die Grundgesamtheit (also den Stichprobenraum S) aller 22 Schüler dar. $A$ ist die Menge der Kinder, die Schokoladeneis mögen und $B$ die Menge der Kinder, die Vanilleeis mögen.
Jetzt müssen wir uns überlegen, wie wir die richtigen Anzahlen für die einzelnen Mengen ermitteln.

Schritt 1: Wir wissen, dass 2 Kinder weder Schokoladeneis noch Vanilleeis mögen, d.h. diese 2 Kinder liegen außerhalb von $A$ und $B$ (aber natürlich in $S$). Dies wird notiert!

Schritt 2: Es bleiben noch insgesamt 20 Kinder für beide Ovale, also für $A \cup B$, übrig. Da wir aber wissen, dass $A$ 18 Kinder enthält, bleiben für den Teil von $B$ außerhalb von $A$ noch 2 Kinder übrig. Wir notieren dies!

Schritt 3: Wir wissen, dass $B$ 17 Kinder enthält, aber 2 davon gehören nicht zu $A$ (siehe vorheriger Schritt). Also bleiben 15 Kinder für die Schnittmenge $A \cap B$. Auch dies notieren wir!

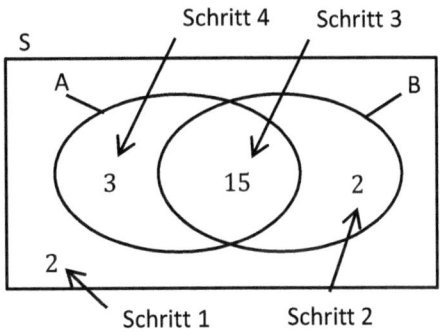

Schritt 4: Wir wissen, dass $A$ 18 Kinder enthält und dass die Schnittmenge 15 Kinder umfasst. Also bleiben für den „Rest" von $A$ noch 3 Kinder. Dies wird abschließend ebenfalls notiert.

Damit haben wir nun alle Angaben vervollständigt! Es folgt:

$$P(A \cap B) = \frac{|A \cap B|}{|S|} = \frac{15}{22} \approx 0{,}682 = 68{,}2\%$$

**Ergebnis:** Mit einer Wahrscheinlichkeit von 68,2% wählt man ein Kind, das sowohl Schokoladeneis als auch Vanilleeis mag.

**Lösung zu Beispiel 4)**

Es gibt 6 Möglichkeiten bei einem Wurf mit zwei Würfeln, einen Pasch (= zwei gleiche Zahlen) zu würfeln. Insgesamt gibt es 36 mögliche Kombinationen. Wenn wir das Ereignis „Pasch" mit $A$ bezeichnen, dann bedeutet $\bar{A}$ „kein Pasch" und es gilt $P(A) = \frac{6}{36} = \frac{1}{6}$ und somit $P(\bar{A}) = 1 - P(A) = 1 - \frac{1}{6} = \frac{5}{6} \approx 0{,}833 = 83{,}3\%$.

**Ergebnis:** Mit einer Wahrscheinlichkeit von etwa 83,3% würfelt man bei einem Wurf mit zwei Würfeln keinen Pasch.

## 4.1.3 Mehrstufige Zufallsexperimente und Baumdiagramme

Ein Zufallsexperiment kann aus mehreren Einzelexperimenten zusammengesetzt sein. Diese können sich gegenseitig beeinflussen oder auch nicht. In der Schule lernen Sie die Wahrscheinlichkeiten solcher mehrstufigen Zufallsexperimente unter verschiedenen Gesichtspunkten zu bestimmen. Das Baumdiagramm ist dabei das wichtigste Werkzeug. Dabei stellen die „Ebenen" der Reihenfolge nach die einzelnen Stufen des Zufallsexperiments dar und die „Äste" führen zu den jeweils möglichen Versuchsausgängen. Sofern bekannt, schreibt man an die Äste immer auch die jeweiligen Wahrscheinlichkeiten.

**Rechenbeispiel 1:**

Es soll zweimal gewürfelt werden. Wie groß ist die Wahrscheinlichkeit, im ersten Wurf eine ungerade Zahl und im zweiten Wurf eine Zahl größer als vier zu würfeln?

**Lösung mit Hilfe eines Baumdiagramms:**

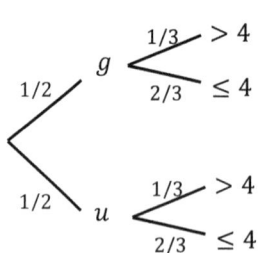

Im Baumdiagramm legt man zuerst die Äste für die Ausgänge der ersten Stufe des Zufallsexperiments an und notiert, sofern bekannt, die jeweiligen Wahrscheinlichkeiten an die Äste. Im Beispiel haben wir Äste für „gerade" $g$ und „ungerade" $u$ jeweils mit einer Wahrscheinlichkeit von $1/2$.

An den „Blättern" (den Endpunkten der Äste) hängt man nun die Äste für die Ausgänge der zweiten Stufe des Zufallsexperiments und notiert wieder die jeweiligen Wahrscheinlichkeiten. Dies führt man so lange fort, bis der Baum komplett ist. Nun kann man die Wahrscheinlichkeit beliebiger Ereignisse bequem berechnen, indem man die

Wahrscheinlichkeiten entlang eines Astes multipliziert. Dies besagt die Pfadregel, die Sie in der Schule kennen gelernt haben. Kommen mehrere Äste in Frage so werden die Wahrscheinlichkeiten der einzelnen Äste addiert. Die Ereignisse eines Zufallsexperiments über mehrere Stufen notieren wir in runden Klammern, wobei wir die Einzelereignisse jeweils durch Semikolon trennen. Im Beispiel ist also $E = (u; > 4)$ das gefragte Ereignis und die Wahrscheinlichkeit von $E$ ergibt sich gemäß der Pfadregel zu $P(E) = \frac{1}{2} \cdot \frac{1}{3} = \frac{1}{6}$.

**Hinweis:** Ich benutze häufig eine stark vereinfachte, dafür aber intuitive Notation. In der Schule haben Sie für mehrstufige Zufallsexperimente vielleicht andere Notationsformen kennen gelernt. Halten Sie sich am besten an das, was Sie gelernt haben!

**Rechenbeispiel 2:**

Markus und Stefan veranstalten ein kleines Kickerturnier. Markus gewinnt üblicherweise 60% seiner Spiele gegen Stefan. Das Turnier endet wenn einer der Spieler zwei Spiele gewonnen hat. Wie groß ist die Wahrscheinlichkeit, dass Markus gewinnt?

**Lösung:**

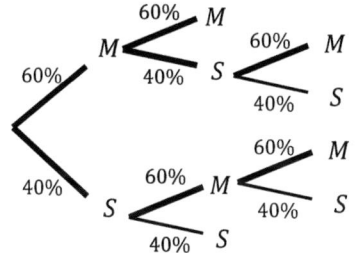

Wir notieren M für „Markus gewinnt" und S für „Stefan gewinnt". Das Baumdiagramm mit den jeweiligen Wahrscheinlichkeiten sehen Sie links. Die Äste bzw. Pfade auf denen Markus das Turnier gewinnt sind fett markiert.

Es sei nun E="Markus gewinnt das Turnier", dann ist E={(M;M), (M;S;M), (S;M;M)}

Unter Verwendung der Pfadregel („entlang eines Pfades multiplizieren", „Pfade addieren") erhält man:

$$P(E) = 0{,}6 \cdot 0{,}6 + 0{,}6 \cdot 0{,}4 \cdot 0{,}6 + 0{,}4 \cdot 0{,}6 \cdot 0{,}6 = 0{,}648 \approx 65\%$$

**Ergebnis:** Markus gewinnt das Kickerturnier mit einer Wahrscheinlichkeit von etwa 65%.

# 4.2 Bedingte Wahrscheinlichkeiten

**Thomas Bayes**
* um 1701 in London
† 7.4.1761
(Quelle: Wikipedia)

Wenn ein Zufallsexperiment durchgeführt wird, kann es vorkommen, dass wir zwar den Ausgang des Experiments nicht kennen, wir aber dennoch gewisse Teilinformationen haben. Wenn wir beispielsweise bei einem Würfelexperiment wissen, dass eine gerade Zahl geworfen wurde und wir nach der Wahrscheinlichkeit fragen, dass es sich um eine 4 handelt, so beträgt diese Wahrscheinlichkeit $\frac{1}{3} \approx 33{,}3\%$ und nicht etwa $\frac{1}{6}$. Dadurch, dass wir bereits wissen, dass es sich um eine gerade Zahl handelt, schränkt sich unser Stichprobenraum (die Grundmenge) von ursprünglich $S = \{1,2,3,4,5,6\}$ auf $S_{neu} = \{2,4,6\}$ ein. Wir haben in unserem neuen Stichprobenraum nur noch drei Elemente, wovon eines die 4 ist.

Wir wollen dies nun formal notieren. Es sei $A = \{4\}$ das Ereignis, dessen Wahrscheinlichkeit wir suchen und $B = \text{„}gerade\ Zahl\text{"} = \{2,4,6\}$ das Ereignis, von dem wir wissen, dass es bereits eingetreten ist. In dem Zusammenhang nennt man $B$ die **Bedingung** oder das „**bedingende Ereignis**" und die gesuchte Wahrscheinlichkeit nennt man eine **bedingte Wahrscheinlichkeit**. In der Literatur wie in der Schule sind zwei Notationsformen üblich. Man schreibt $P_B(A)$ oder $P(A|B)$ und liest „**P von A bedingt B**" oder „**P von A wenn B**". Wir verwenden hier die etwas gebräuchlichere Schreibweise $P(A|B)$.

In der Schule haben Sie vor allem zwei Formeln kennengelernt, mit denen Sie bedingte Wahrscheinlichkeiten ausrechnen können:

**Berechnung bedingter Wahrscheinlichkeiten**

$$P(A|B) = \frac{P(A \cap B)}{P(B)}$$

**Bayes'sche Regel**

$$P(B|A) = \frac{P(A|B) \cdot P(B)}{P(A)}$$

Die Wahrscheinlichkeit von $P(A|B)$ bestimmt man also dadurch, dass man die Wahrscheinlichkeit der Schnittmenge (also des gemeinsamen Eintretens von $A$ und $B$) durch die Wahrscheinlichkeit des bedingenden Ereignisses teilt.
Wenn wir die Wahrscheinlichkeit $P(A|B)$ bereits kennen, so ist es gemäß der Bayes'schen Regel auch kein Problem, die „umgekehrte" Wahrscheinlichkeit $P(B|A)$ zu bestimmen.

**Rechenbeispiel 1:**

Ein Fernsehsender möchte eine neue Serie in ihr Programm aufnehmen. Eine Pilotsendung wurde bereits ausgestrahlt und eine Meinungsumfrage ergab folgende Angaben: 60% der Zuschauer waren älter als 30 Jahre. 20% von diesen und 70% der übrigen fanden die Pilotsendung gut.

   a) Wie groß ist die Wahrscheinlichkeit, dass einem zufällig befragten Zuschauer die Pilotsendung gefallen hat?
   b) Ein Zuschauer dem die Pilotsendung gefallen hat, wird nun zufällig ausgewählt. Mit welcher Wahrscheinlichkeit ist dieser Zuschauer über 30 Jahre alt?
   c) Wie groß ist die Wahrscheinlichkeit, dass die Pilotsendung einem über Dreißigjährigen gefallen hat?

**Lösung:**

   a) Wenn 60% der Zuschauer älter als 30 Jahre sind, dann sind die restlichen 40% jünger oder genau 30 Jahre alt. 20% der über 30jährigen und 70% der höchstens Dreißigjährigen fanden die Pilotsendung gut, d.h.
   $P(gut) = P(> 30 \ und \ gut) + P(\leq 30 \ und \ gut) = 0{,}6 \cdot 0{,}2 + 0{,}4 \cdot 0{,}7 = 0{,}12 + 0{,}28 = 0{,}4$.

   **Ergebnis:** Die Wahrscheinlichkeit, dass ein zufällig ausgewählter Zuschauer die Pilotsendung gut fand, beträgt 40%.

   b) Wir wissen bereits, dass der Zuschauer die Pilotsendung gut fand. Folglich ist $P(> 30|gut)$ gesucht. Laut Definition gilt $P(> 30|gut) = P(> 30 \ und \ gut)/P(gut)$. Wegen $P(gut) = 0{,}4$ (siehe Teilaufgabe a)) und $P(> 30 \ und \ gut) = 0{,}6 \cdot 0{,}2 = 0{,}12$ folgt $P(> 30|gut) = \frac{0{,}12}{0{,}4} = 0{,}3$.

   **Ergebnis:** Ein zufällig ausgewählter Zuschauer, dem die Pilotsendung gefallen hat ist mit einer Wahrscheinlichkeit von 30% älter als 30 Jahre.

   c) Gesucht ist $P(gut| > 30)$. Mit den vorangehenden Ergebnissen reicht es die Bayes'sche Regel anzuwenden. $P(gut| > 30) = \frac{P(> 30|gut) \cdot P(gut)}{P(> 30)} = \frac{0{,}3 \cdot 0{,}4}{0{,}6} = 0{,}2$.

   **Ergebnis:** Die Wahrscheinlichkeit, dass die Pilotsendung einem über Dreißigjährigen gefallen hat beträgt 20%.

**Rechenbeispiel 2:**

Von den 400.000 Einwohnern einer Großstadt leiden 200 an einer speziellen Form von Krebs, ohne es zu wissen. Ein neues Diagnoseverfahren hat folgende Fehlerquote:
2% aller Personen, die erkrankt sind und dies nicht wissen, werden als gesund eingestuft. 3 % aller Personen, die gesund sind, werden als krank eingestuft.
Wie groß ist die Wahrscheinlichkeit, dass bei einer Untersuchung …

   a)   eine durch das Diagnoseverfahren als krank festgestellte Person die Krankheit nicht hat?
   b)   eine als gesund eingestufte Person die Krankheit doch hat?

**Lösung:**

Bei dieser Art von Aufgabenstellung ist es am Einfachsten, wenn man sich eine so genannte **Vierfeldertafel** aufstellt, so dass man nachher einzelne Werte bequem ablesen und in die jeweiligen Formeln einsetzen kann. In diesem Fall stellt man die Anzahlen der kranken und gesunden Personen sowie die Anzahlen der positiven und negativen Testergebnisse fest und überträgt diese zusammen mit den jeweiligen Summen wie folgt in eine Tabelle:

|  | krank | gesund | Summe |
|---|---|---|---|
| Diagnose positiv (d.h. Person ist erkrankt) | 196   ❺ (= 200 − 4) | 11.994   ❻ (= 399.800 · 0,03) | 12.190   ❼ |
| Diagnose negativ (d.h. Person ist nicht krank) | 4   ❹ (= 200 · 0,02) | 387.806   ❽ (= 399.800 − 11.994) | 387.810 ❾ |
| Summe | 200   ❷ | 399.800   ❸ | 400.000 ❶ |

Die schwarz hinterlegten Nummern zeigen die Reihenfolge der Berechnungen bzw. Eintragungen an.

Hiermit lösen wir nun die Aufgaben:

a)   $P(gesund\,|\,positiv) = \dfrac{P(gesund\ und\ positiv)}{P(positiv)} = \dfrac{11.994/400.000}{12.190/400.000} = \dfrac{11.994}{12.190} \approx 0,984.$

**Ergebnis:** Die Wahrscheinlichkeit, dass eine durch die Diagnose als krank eingestufte Person tatsächlich aber gesund ist beträgt etwa 98,4%.

b)  $P(krank|negativ) = \frac{P(krank\ und\ negativ)}{P(negativ)} = \frac{4/400.000}{387.810/400.000} = \frac{4}{387.810} \approx 0,00001 =$ 0,001%.

**Ergebnis:** Die Wahrscheinlichkeit, dass eine durch die Diagnose als gesund eingestufte Person doch erkrankt ist beträgt etwa 0,001%.

**Tipp:** In dieser Art von Aufgabenstellung liegt immer dieselbe Gesamtbevölkerungsgröße zugrunde, die sich bei der Berechnung der Wahrscheinlichkeiten aber sofort herauskürzt. Man hätte also in beiden Aufgabenteilen direkt die absoluten Häufigkeiten nehmen können und würde sich dadurch jeweils einen Rechenschritt ersparen. So hätte man z.B. in in Aufgabenteil a) direkt $\frac{P(gesund\ und\ positiv)}{P(positiv)} = \frac{11.994}{12.190}$ schreiben können.

### Rechenbeispiel 3:

Eine Urne enthält 40 Kugeln wobei 30 Kugeln aus Kunststoff und 10 Kugeln aus Metall sind. Von den 30 Kunststoffkugeln sind 10 schwarz und der Rest weiß. Unter den 10 Metallkugeln befinden sich 4 schwarze, der Rest ist ebenfalls weiß. Nun wird in einem Zufallsexperiment eine Kugel gezogen.

a)  Wie groß ist die Wahrscheinlichkeit dass eine schwarze Kugel aus Metall ist?
b)  Mit welcher Wahrscheinlichkeit ist eine metallene Kugel schwarz?

### Lösung:

a)  Bekannt ist, dass die gezogene Kugel schwarz ist. Dies ist unsere Bedingung. Gesucht ist also $P(Metall|schwarz)$ und es folgt $P(Metall|schwarz) = \frac{P(Metall\ und\ schwarz)}{P(schwarz)} = \frac{4/40}{14/40} = \frac{4}{14} \approx 0,286 = 28,6\%$.

**Ergebnis:** Eine schwarze Kugel ist mit einer Wahrscheinlichkeit von 28,6% aus Metall.

b)  Wir verwenden die Formel von Bayes:

$$P(schwarz|Metall) = \frac{P(Metall|schwarz) \cdot P(schwarz)}{P(Metall)} = \frac{\frac{4}{14} \cdot \frac{14}{40}}{\frac{10}{40}} = 0,4 = 40\%$$

**Ergebnis:** Eine metallene Kugel ist mit einer Wahrscheinlichkeit von 40% schwarz.

# 4.3 Zufallsvariablen

Häufig sind Ereignisse mit gewissen Zahlenwerten verbunden, beispielsweise die Auszahlbeträge beim Lotto. Je mehr „Richtige" man hat, desto höher der Auszahlbetrag. Die Augensumme beim zweimaligen Würfeln stellt ebenfalls einen Zahlenwert dar, der mit gewissen Ereignissen verbunden ist, so wird beispielsweise die Augensumme 5 durch die Ereignismenge $E = \{(1,4),(2,3),(3,2),(4,1)\}$ realisiert. In dem Zusammenhang bezeichnet man die Augensumme als eine **Zufallsvariable**, die die Werte 2 bis 12 annehmen kann.

Zufallsvariablen werden üblicherweise mit einem großen Buchstaben, in der Regel mit $X$, bezeichnet. Gefragt wird nun nach der Wahrscheinlichkeit dafür, dass eine Zufallsvariable einen gewissen Wert annimmt. Wenn wir die Augensumme als Zufallsvariable $X$ auffassen, so bezeichnet $P(X = 5)$ die Frage nach der Wahrscheinlichkeit, dass die Zufallsvariable $X$ den Wert 5 annimmt, bzw. in die Umgangssprache übersetzt, dass beim zweimaligen Würfeln die Augensumme 5 entsteht.

**Rechenbeispiel 1:**

Eine Urne enthält fünf weiße und drei rote Kugeln. Es wird dreimal mit Zurücklegen gezogen. Bestimmen Sie die Wahrscheinlichkeiten dafür, dass die Ziehung keine, eine, zwei oder drei rote Kugeln enthält.

**Lösung:**

Wir fassen die Anzahl der roten Kugeln als Zufallsvariable $X$ auf. $X = 0$, also „keine rote Kugel", wird durch das Ereignis $E_0 = \{(w,w,w)\}$ realisiert. Somit ist $P(X = 0) = P(E_0) = \left(\frac{5}{8}\right)^3 \approx 0{,}244 = 24{,}4\%$. $X = 1$, d.h. „eine rote Kugel", wird realisiert durch $E_1 = \{(r,w,w),(w,r,w),(w,w,r)\}$, also gilt $P(X = 1) = P(E_1) = 3 \cdot \left(\frac{5}{8}\right)^2 \cdot \frac{3}{8} \approx 0{,}439 = 43{,}9\%$. Die Ereignismengen zu $X = 2$ und $X = 3$ sind $E_2 = \{(r,r,w),(r,w,r),(w,r,r)\}$ und $E_3 = \{(r,r,r)\}$. Entsprechend gilt $P(X = 2) = 3 \cdot \frac{5}{8}\left(\frac{3}{8}\right)^2 \approx 0{,}264 = 26{,}4\%$ und $P(X = 3) = \left(\frac{3}{8}\right)^3 \approx 0{,}053 = 5{,}3\%$.

**Rechenbeispiel 2:**

Einem Kartenspiel mit 32 Karten werden nacheinander drei Karten ohne Zurücklegen entnommen. Bestimmen Sie die Wahrscheinlichkeiten dafür, dass die Ziehung keine, eine, zwei oder drei Bildkarten (Bube, Dame oder König) enthält.
**Lösung:**

Wir fassen die Anzahl der Bildkarten als Zufallsvariable $X$ auf. Es sei nun $B = $ „Bild" und $K = $ „kein Bild". Dann wird $X = 0$ realisiert durch das Ereignis $E_0 = \{(K,K,K)\}$ und es gilt $P(X = 0) = P(E_0) = \frac{20}{32} \cdot \frac{19}{31} \cdot \frac{18}{30} \approx 0{,}23 = 23\%$. Mit $X = 1$ ist das Ereignis $E_1 = \{(B,K,K),(K,B,K),(K,K,B)\}$, also gilt $P(X = 1) = P(E_1) = 3 \cdot \frac{12}{32} \cdot \frac{20}{31} \cdot \frac{19}{30} \approx 0{,}46 = 46\%$. Die Ereignismengen zu $X = 2$ und $X = 3$ sind $E_2 = \{(B,B,K),(B,K,B),(K,B,B)\}$ und $E_3 = \{(B,B,B)\}$. Entsprechend gilt $P(X = 2) = \frac{12}{32} \cdot \frac{11}{31} \cdot \frac{20}{30} \cdot 3 \approx 0{,}266 = 26{,}6\%$ und $P(X = 3) = \frac{12}{32} \cdot \frac{11}{31} \cdot \frac{10}{30} \approx 0{,}044 = 4{,}4\%$.

Spricht man von der **Verteilung** einer Zufallsvariablen, so meint man damit die Gesamtheit aller Wahrscheinlichkeiten, mit denen die einzelnen Zahlenwerte der Zufallsvariablen angenommen werden. **Wahrscheinlichkeitsverteilungen** werden häufig in Tabellen oder in Form von Balkendiagrammen, den so genannten **Histogrammen**, dargestellt.

| $x_i$ | $P(X = x_i)$ in % |
|---|---|
| 0 | 24,4 |
| 1 | 43,9 |
| 2 | 26,4 |
| 3 | 5,3 |
| Summe: | 100 |

| $x_i$ | $P(X = x_i)$ in % |
|---|---|
| 0 | 23 |
| 1 | 46 |
| 2 | 26,6 |
| 3 | 4,4 |
| Summe: | 100 |

# 4.4 Erwartungswert

Im Zusammenhang mit Zufallsvariablen gibt es gewisse Kenngrößen, mit denen man sich eine ungefähre Vorstellung über die zugehörige Wahrscheinlichkeitsverteilung machen kann. In den Rechenbeispielen des vorherigen Abschnitts sehen Sie, dass die Werte 0 bis 3 der Zufallsvariablen $X$ mit verschiedenen Wahrscheinlichkeiten auftreten. Wir stellen uns nun einen Stab mit den Markierungen 0 bis 3 (den Werten von $X$) vor. Die Markierungen sind in regelmäßigen Abständen angebracht und an jeder Markierung hängt ein Gewicht, das der jeweiligen Wahrscheinlichkeit entspricht, siehe Abbildung:

Wenn wir nun den Stab auf dem Zeigefinger balancieren wollten, an welcher Stelle müssten wir dann den Stab auflegen? Diese Stelle ist nichts anderes als der Schwerpunkt. In Bezug auf eine Wahrscheinlichkeitsverteilung spricht man vom **Erwartungswert** und sie haben in der Schule gelernt, wie man diesen bestimmt.

### Erwartungswert einer Zufallsvariablen $X$

$$E(X) = x_1 \cdot P(X = x_1) + x_2 \cdot P(X = x_2) + \cdots + x_n \cdot P(X = x_n)$$

Um den Erwartungswert zu bestimmen, nimmt man jeden Wert, den $X$ annehmen kann mit der zugehörigen Wahrscheinlichkeit mal und addiert die Einzelergebnisse. Daraus ergibt sich, dass man den Erwartungswert als eine Art gewichteten Mittelwert auffassen kann.

In den Prüfungsaufgaben wird der Erwartungswert häufig in Zusammenhang mit dem Ausgang eines Spiels abgefragt. Man soll dann beantworten, ob ein Spiel fair ist oder nicht bzw. für welche Partei das Spiel günstiger ist.

**Rechenbeispiel 1:**

Bestimme aus den Rechenbeispielen 1 und 2 des vorherigen Abschnitts jeweils den Erwartungswert.

**Lösung:**

Zur Unterscheidung nennen wir die Zufallsvariable aus Rechenbeispiel 1 X und diejenige aus Rechenbeispiel 2 Y. Dann gilt:

$$E(X) = 0 \cdot P(X=0) + 1 \cdot P(X=1) + 2 \cdot P(X=2) + 3 \cdot P(X=3)$$
$$= 0 \cdot 0{,}244 + 1 \cdot 0{,}439 + 2 \cdot 0{,}264 + 3 \cdot 0{,}053 = 1{,}126$$

Dies bedeutet: Bei dreimaligem Ziehen aus der Urne zieht man im Schnitt 1,126 rote Kugeln.

$$E(Y) = 0 \cdot P(X=0) + 1 \cdot P(X=1) + 2 \cdot P(X=2) + 3 \cdot P(X=3)$$
$$= 0 \cdot 0{,}23 + 1 \cdot 0{,}46 + 2 \cdot 0{,}266 + 3 \cdot 0{,}044 = 1{,}124$$

Dies bedeutet: Bei dreimaligem Ziehen einer Karte zieht man im Schnitt 1,124 Bildkarten.

**Rechenbeispiel 2:**

Eines der folgenden fünf Wörter werde zufällig gezogen: DER ZUFALL REGIERT DIE WELT. Die Zufallsvariable $X$ beschreibe die Anzahl der Buchstaben und die Zufallsvariable $Y$ die Anzahl der Vokale des gezogenen Wortes. Bestimmen Sie die Erwartungswerte der beiden Zufallsvariablen.

**Lösung:**

Die Zufallsvariable $X$ kann die Werte $3, 4, 6$ oder $7$ annehmen. Der Satz „DER ZUFALL REGIERT DIE WELT" hat 5 Worte, von denen zwei die Länge 3 haben. Also folgt $P(X=3) = \frac{2}{5} = 0{,}4$. Entsprechend macht man sich klar, dass $P(X=4) = \frac{1}{5} = 0{,}2$, $P(X=6) = \frac{1}{5} = 0{,}2$ und $P(X=7) = \frac{1}{5} = 0{,}2$ gilt. Der Erwartungswert ergibt sich dann durch:

$$E(X) = 3 \cdot \frac{2}{5} + 4 \cdot \frac{1}{5} + 6 \cdot \frac{1}{5} + 7 \cdot \frac{1}{5} = \frac{23}{5} = 4{,}6$$

Die Zufallsvariable $Y$ kann die Werte $1, 2,$ oder $3$ annehmen. Mit $P(Y=1) = \frac{2}{5}$, $P(Y=2) = \frac{2}{5}$, $P(Y=3) = \frac{1}{5}$ folgt:

$$E(Y) = 1 \cdot \frac{2}{5} + 2 \cdot \frac{2}{5} + 3 \cdot \frac{1}{5} = \frac{8}{5} = 1{,}8$$

**Ergebnis:**

Die gesuchten Erwartungswerte sind $E(X) = 4{,}6$ und $E(Y) = 1{,}8$, das bedeutet, dass man (bei langen Versuchsreihen) im Schnitt eine Wortlänge von 4,6 erhält und dass ein Wort im Schnitt 1,8 Vokale besitzt.

**Rechenbeispiel 3:**

Bei einem Spiel wird ein Würfel zwei Mal hintereinander geworfen. Der Spieler gewinnt 2 €, wenn er einen Pasch (=zweimal dieselbe Zahl) geworfen hat.

a)  Berechne den erwarteten Gewinn!

b)  Berechne, wie groß der auszuzahlende Betrag im Gewinnfall sein müsste, damit bei einem Einsatz von 1€ das Spiel fair ist!

**Lösung:**

a)  Hier stellt die Zufallsvariable X den Gewinn dar. Der Spieler gewinnt 0 €, wenn er zwei verschiedene Zahlen wirft und 2 €, wenn er einen Pasch wirft. Demnach ist $P(X = 0) = \frac{30}{36} = \frac{5}{6}$ und $P(X = 2) = \frac{6}{36} = \frac{1}{6}$. Der erwartete Gewinn ist dann $E(X) = 0 \cdot \frac{5}{6} + 2 \cdot \frac{1}{6} = \frac{1}{3} = 0{,}33$.

   **Ergebnis:** Der erwartete Gewinn beträgt etwa 33 Cent.

b)  Ein Spiel ist dann fair, wenn der erwartete Gewinn genauso hoch ist wie der Einsatz, d.h. wenn $E(X) = 1$ gilt. Den Auszahlungsbetrag $a$ im Gewinnfall berechnen wir dann mit $E(X) = 0 \cdot \frac{5}{6} + a \cdot \frac{1}{6} = 1$, woraus $a = 6$ (Euro) folgt.

   **Ergebnis:** Damit das Spiel fair wird muss der Auszahlungsbetrag im Falle eines Gewinns auf 6 € festgelegt werden.

# 4.5 Varianz und Standardabweichung

Genau wie der Erwartungswert sind die Varianz und die Standardabweichung gewisse Kenngrößen einer Wahrscheinlichkeitsverteilung. Die Varianz ist dabei ein Maß für die Streuung der einzelnen Wahrscheinlichkeiten um den Erwartungswert herum. Die Standardabweichung $\sigma$ ist die Wurzel aus der Varianz.

**Varianz**

$$Var(X) = \left(x_1 - E(X)\right)^2 \cdot P(X = x_1) + \cdots + \left(x_n - E(X)\right)^2 \cdot P(X = x_n)$$

**Standardabweichung**

$$\sigma = \sqrt{Var(X)}$$

Kennt man die Standardabweichung, so kann man sich eine gute Vorstellung darüber machen, wie sich die Einzelwerte verteilen. Wird ein Zufallsexperiment mit vielen Ausgängen häufig ausgeführt, so gruppieren sich die beobachteten Werte um den Erwartungswert herum. Man kann nun zeigen, dass sich die Werte etwa wie folgt verteilen:

ca. 68% der Werte liegen im Intervall $[E(X) - \sigma; E(X) + \sigma]$
ca. 95% der Werte liegen im Intervall $[E(X) - 2\sigma; E(X) + 2\sigma]$
ca. 99% der Werte liegen im Intervall $[E(X) - 3\sigma; E(X) + 3\sigma]$

Das bedeutet, dass fast alle beobachteten Werte in einem $3\sigma$-Intervall um den Erwartungswert liegen!

# 4.6 Bernoulli-Experimente und Binomial-verteilung

Als Eingangsbeispiel führen wir ein Würfelexperiment durch und fragen nach der Wahrscheinlichkeit einer 3. Somit haben wir nur zwei mögliche Ausgänge des Experiments, nämlich eine 3 oder keine 3. Wir wiederholen das Experiment zweimal und fragen nun nach der Anzahl der Treffer. Die Zufallsvariable, die die Anzahl der Treffer beschreibt nennen wir

$X$. Dann kann $X$ die Werte 0, 1 oder 2 annehmen und es gilt $P(X = 0) = \left(\frac{5}{6}\right)^2$, $P(X = 1) = 2 \cdot \left(\frac{1}{6}\right) \cdot \left(\frac{5}{6}\right)$, $P(X = 2) = \left(\frac{1}{6}\right)^2$, siehe Baumdiagramm.

Die Wahrscheinlichkeiten für die Trefferanzahlen ergeben dann zusammengenommen die Wahrscheinlichkeitsverteilung der Zufallsvariablen $X$, dargestellt im obigen Säulendiagramm. Wir können diese Art von Experiment verallgemeinern. Das Zufallsexperiment muss dabei so beschaffen sein, dass es nur zwei mögliche Ausgänge gibt, die wir als Treffer oder Niete bezeichnen. Die Wahrscheinlichkeit für einen Treffer sei $p$, dann ist die Wahrscheinlichkeit für eine Niete $q = 1 - p$. Ein solches Zufallsexperiment nennt man **Bernoulli-Experiment**. Wird ein Bernoulli-Experiment mehrfach wiederholt, so spricht man von einer **Bernoulli-Kette**. Bei $n$ Wiederholungen sei $X$ die Zufallsvariable, welche die Anzahl der Treffer beschreibt. In der Schule haben Sie gelernt, dass die Wahrscheinlichkeit in $n$ Versuchen $k$ Treffer zu erzielen gegeben ist durch $P(X = k) = \binom{n}{k} p^k q^{n-k}$. Zur Erinnerung: Den Ausdruck $\binom{n}{k}$ nennt man **Binomialkoeffizient** und liest „n über k". Mit dem GTR können Sie dies durch Eingabe von 5 nCr 3 berechnen (die Funktion nCr bekommen Sie über MATH PRB).

Wie jede andere Zufallsvariable besitzt $X$ eine Wahrscheinlichkeitsverteilung. Da in dem Ausdruck zur Berechnung der einzelnen $P(X = k)$ ein Binomialkoeffizient auftritt, nennt die Wahrscheinlichkeitsverteilung von $X$ auch **Binomialverteilung**. Bei festem $k$ (also bei vorgegebener Trefferanzahl) hängt der Ausdruck $P(X = k) = \binom{n}{k} p^k q^{n-k}$ offenbar nur noch von den Parametern $n$ und $p$ ab ($q$ ergibt sich wie oben erwähnt aus $1 - p$), daher sagt man, $X$ sei $B_{n,p}$-verteilt.

Zur besseren Veranschaulichung betrachten wir nun drei Bernoulli-Experimente. Jedes Experiment werde 10mal wiederholt, wobei die Trefferwahrscheinlichkeit im ersten Experiment $p = 0{,}2$ im zweiten $p = 0{,}5$ und im dritten $p = 0{,}8$ sei. Wir variieren also die Trefferwahrscheinlichkeiten bei gleichbleibenden Versuchsanzahlen.

In den nebenstehenden Abbildungen ist klar zu erkennen, dass bei geringen Trefferwahrscheinlichkeiten die durch die Binomialverteilung beschriebene „Welle" eher linkslastig und bei hohen Trefferwahrscheinlichkeiten eher rechtslastig ist. Dies sollte auch anschaulich klar sein, denn bei steigenden Trefferwahrscheinlichkeiten wird es auch immer wahrscheinlicher, mehr Treffer zu erzielen.

Wenn wir statt den Trefferwahrscheinlichkeiten die Versuchsanzahlen variieren, so ändert sich die Binomialverteilung lediglich in der Höhe. Auf die Verschiebung der „Welle" nach links oder rechts haben die Versuchsanzahlen keinen Einfluss!

# 4.7 Berechnung mit dem GTR

Die Trefferwahrscheinlichkeit eines einzelnen Treffers sei $p$. Die Wahrscheinlichkeit, dass in einer Bernoulli-Kette der Länge $n$ $k$ Treffer erzielt werden ist gegeben durch den Ausdruck

$$P(X = k) = \binom{n}{k} p^k \cdot q^{n-k}$$

Hierbei ist $q = 1 - p$ und $\binom{n}{k}$ (gelesen „$n$ über $k$") der Binomialkoeffizient, welchen man mit dem GTR über MATH PRB nCr bestimmen kann. Beispiel: $\binom{5}{3}$ gibt man im GTR so ein: 5 MATH PRB nCr 3 ENTER. Das Ergebnis ist 10.

Bei langen Bernoulli-Ketten ist man weniger an der Wahrscheinlichkeit einzelner Treffer interessiert sondern eher daran, wie wahrscheinlich es ist, dass die Trefferanzahl sich in einem gewissen Bereich bewegt. Eine Zufallsvariable $X$ sei $B_{10;0,4}$-verteilt.

Wie groß ist die Wahrscheinlichkeit für ...

a)  mindestens 5 Treffer?              $\Rightarrow P(X \geq 5) =$?
b)  höchstens 8 Treffer?              $\Rightarrow P(X \leq 8) =$?
c)  weniger als 7 Treffer?           $\Rightarrow P(X < 7) =$?
d)  eine Trefferzahl zwischen 3 und 9?   $\Rightarrow P(3 \leq X \leq 9) =$?

Wegen $P(X \geq 5) = P(X = 5) + \cdots + P(X = 10)$ kann es sehr aufwändig werden, solche Wahrscheinlichkeiten zu bestimmen. Mit dem GTR kann man über die Funktion binomcdf(n,p,k) (über 2ND DISTR)den Ausdruck $P(X \leq k)$ berechnen. Alle anderen Ausdrücke lassen sich darauf zurückführen.

**Lösung der Aufgaben:**

a)  Es gilt $P(X \geq 5) = 1 - P(X \leq 4)$
    Eingabe mit dem GTR 1-binomcdf(10,0.4,4) liefert 0,3669,
    d.h. $P(X \geq 5) \approx 36,69\%$

b)  $P(X \leq 8) = $ binomcdf(10,0.4,8) $\approx 99,8\%$

c)  $P(X < 7) = P(X \leq 6) = $ binomcdf(10,0.4,6) $\approx 94,5\%$

d)  $P(3 \leq X \leq 9) = P(X \leq 9) - P(X \leq 2) = $
    binomcdf(10,0.4,9) - binomcdf(10,0.4,2) $\approx$
    83,2%

Die Wahrscheinlichkeit z.B. von $P(X = 4)$ rechnet man entweder direkt über den Ausdruck $\binom{10}{4} 0,4^4 \cdot 0,6^6$ aus oder über binomcdf(10,0.4,4) - binomcdf(10,0.4,3) oder direkt über die Funktion binompdf. Es folgt: $P(X = 4) \approx 25,1\%$.

# 4.8 Hypothesentests

In manchen Aufgaben geht man davon aus, dass eine Zufallsvariable $X$ binomialverteilt ist. Allerdings kennt man den Parameter $p$ nicht und stellt darüber eine Vermutung an. Dies nennt man die **Nullhypothese $H_0$**.

In der **Alternativhypothese $H_1$** vermutet man, dass $p$ einen anderen Wert hat als der, der in $H_0$ angenommen wird. $H_0$ lässt sich überprüfen, indem man eine Stichprobe vom Umfang $n$ durchführt und die Anzahl der Treffer $T$ ermittelt. Anhand der Stichprobe lässt sich nun entscheiden, ob $H_0$ abgelehnt werden sollte oder nicht.

Je nach Art der Aufgabe wird $H_0$ zugunsten von $H_1$ abgelehnt, wenn $T$ größer als erwartet (**rechtsseitiger Test**) oder kleiner als erwartet (**linksseitiger Test**) ist.

Die Aufgabe besteht vor allem darin, einen **Ablehnungsbereich** $[k, ..., n]$ bei einem rechtsseitigen Test bzw. $[0, ..., k]$ bei einem linksseitigen Test zu finden. Befindet sich $T$ im Ablehnungsbereich, so wird $H_0$ zugunsten von $H_1$ abgelehnt.

In den meisten Aufgaben ist jedoch weder $k$ noch ein Ablehnungsbereich gegeben. Stattdessen kennt man die **Irrtumswahrscheinlichkeit $\alpha$** dafür, dass $H_0$ zu Unrecht abgelehnt wird. Aus der Irrtumswahrscheinlichkeit lässt sich dann mit dem GTR das $k$ für den Ablehnungsbereich ermitteln. Wenn man schließlich den Ablehnungsbereich kennt, kann man entscheiden, ob $H_0$ abgelehnt werden sollte oder nicht.

Verteilung von $X$ gemäß der Nullhypothese $H_0$

Rechtsseitiger Test mit Ablehnungsbereich $A = [k, \dots, n]$. Ist die Trefferanzahl $T \in A$ so gilt bei einer Irrtumswahrscheinlichkeit $\alpha$ $H_1$, andernfalls gilt $H_0$.

Verteilung von $X$ gemäß der Nullhypothese $H_0$

Linksseitiger Test mit Ablehnungsbereich $A = [0, \dots, k]$. Ist die Trefferanzahl $T \in A$ so gilt bei einer Irrtumswahrscheinlichkeit $\alpha$ $H_1$, andernfalls gilt $H_0$.

**Rechenbeispiel 1: Rechtsseitiger Test**

Eine Kleinstadt will ein neues Kulturzentrum erbauen. Der Bürgermeister geht davon aus, dass höchstens 50% der Einwohner dem Vorhaben zustimmen. Einige Kunst- und Kulturexperten vermuten dagegen, dass die Zustimmungsrate höher ist.
Bei einer Umfrage unter 200 Personen befürworten 140 Personen den Bau des Kulturzentrums.
Kann man nun bei einer Irrtumswahrscheinlichkeit von 4% davon ausgehen, dass die Annahme des Bürgermeisters falsch ist?

**Lösung:**

Da man bei der Stichprobe nur zwischen „Treffer" (=Zustimmung) oder „kein Treffer" (= Ablehnung) unterscheidet, handelt es sich um ein Zufallsexperiment mit Binomialverteilung. Der Umfang der Stichprobe ist $n = 200$.
Der Bürgermeister vermutet eine Trefferwahrscheinlichkeit von $p \leq 0,5$. Damit ist $H_0$ mit $p \leq 0,5$ die Nullhypothese. Die Alternative ist $H_1$ mit $p > 0,5$.
Die Zufallsvariable $X$, welche die Anzahl der Treffer beschreibt, ist gemäß $H_0$ $B_{200;0,5}$ verteilt. Wenn sich nun herausstellt, dass die Anzahl der Treffer $T$ höher ist als erwartet, so wird $H_0$ zugunsten von $H_1$ abgelehnt.
Es handelt sich demnach um einen rechtsseitigen Test und es muss ein Ablehnungsbereich der Form $A = [k, \dots, 200]$ gefunden werden. Mit Hilfe der Irrtumswahrscheinlichkeit lässt sich $k$ bestimmen. Damit $H_0$ abgelehnt wird, muss $P(X \geq k) < 0,04$ gelten. Nun ist $P(X \geq k) = 1 - P(X \leq k - 1)$. Somit gibt man im Y-Editor den Ausdruck 1-binomcdf(200,0.5,X-1) und sucht sich über 2ND TABLE den Wert von $X$, beim dem dieser Ausdruck erstmals $< 0,04$ wird. Für $X = 112$ stellt man $\alpha = 0,05182$ und $X = 113$ stellt man $\alpha = 0,03842$ fest. Somit ist $k = 113$ der gesuchte Wert für das Ablehnungsintervall.
Das Ablehnungsintervall lautet also $A = [113, \dots, 200]$. Da bei der Stichprobe eine Trefferzahl $T$ von 140 (d.h. 140 Zustimmungen) festgestellt wurden und $T \in A$ ist, wird $H_0$ abgelehnt.

**Ergebnis:** Die Kunst- und Kulturexperten haben bei einer Irrtumswahrscheinlichkeit von 4% Recht (d.h. $H_1$ gilt) und die Zustimmungsrate für das Kulturzentrum liegt über 50%.

**Rechenbeispiel 2: Linksseitiger Test**

In einem Supermarkt hatte das Fertiggericht „Maxi Lunch" bisher einen Marktanteil von 30%. Nach einer Untersuchung von Stiftung Warentest erhielt „Maxi Lunch" die Note 3. Eine Woche nach dem Testbericht stellt der Marktleiter fest, dass von 240 Käufern von Fertiggerichten 60 „Maxi Lunch" gekauft haben.

Kann man bei einer Irrtumswahrscheinlichkeit von 10% davon ausgehen, dass der Marktanteil von „Maxi Lunch" gesunken ist?

### Lösung

Hier bedeutet „Treffer" = „gekauft" und „kein Treffer" = „nicht gekauft". Der Umfang der Stichprobe ist $n = 240$. Die Nullhypothese $H_0$ geht von einem Marktanteil von 30% aus, d.h. $p = 0{,}3$. Die Alternative ist $H_1$ mit $p < 0{,}3$. Die Zufallsvariable $X$, welche die Anzahl der Käufer beschreibt, ist gemäß $H_0$ $B_{240;0{,}3}$ verteilt. Wenn sich nun herausstellt, dass die Anzahl der Treffer $T$ kleiner ist als erwartet, so wird $H_0$ zugunsten von $H_1$ abgelehnt, was bedeutet, dass der Marktanteil tatsächlich abgenommen hat.

Es handelt sich um einen linksseitigen Test und es muss ein Ablehnungsbereich der Form $A = [0, \dots, k]$ gefunden werden. Mit Hilfe der Irrtumswahrscheinlichkeit lässt sich $k$ bestimmen. Damit $H_0$ abgelehnt wird, muss $P(X \le k) < 0{,}1$ gelten. Man gibt im Y-Editor den Ausdruck binomcdf(240,0.3,X) ein und sucht sich über 2ND TABLE den Wert von $X$, beim dem dieser Ausdruck erstmals $< 0{,}1$ wird. Für $X = 62$ erhält man $\alpha = 0{,}08909$ und für $X = 63$ stellt man $\alpha = 0{,}11471$ fest. Somit ist $k = 62$ der gesuchte Wert für das Ablehnungsintervall und wir haben $A = [0, \dots, 62]$.

Da bei der Stichprobe eine Trefferzahl $T$ von 60 (Käufer) festgestellt wurde und $T \in A$ ist, wird $H_0$ abgelehnt.

**Ergebnis:** Der Marktanteil von „Maxi Lunch" ist nach dem Testbericht von Stiftung Warentest mit einer Irrtumswahrscheinlichkeit von 10% gesunken.

### Rechenbeispiel 3:

Leo ist Mitglied eines Schützenvereins und hat eine Trefferquote von 70%. Nach einem mentalen Training nimmt Leo an, dass sich seine Trefferquote verbessert hat. Leo testet dies auf dem Schießstand mit 100 Schuss.

Wie viele Treffer muss Leo mindestens erzielen, damit man mit einer Irrtumswahrscheinlichkeit von 5% davon ausgehen kann, dass sich seine Trefferquote wirklich verbessert hat?

### Lösung

Der Umfang der Stichprobe ist $n = 100$. Die Nullhypothese $H_0$ besagt $p = 0{,}7$. Die Alternative $H_1$ besagt $p > 0{,}7$. Die Zufallsvariable $X$, ist gemäß $H_0$ $B_{100;0{,}7}$ verteilt. $H_0$ wird abgelehnt, wenn die Trefferanzahl besser als erwartet ist, d.h. es liegt ein rechtsseitiger Test vor und das Ablehnungsintervall hat die Gestalt $A = [k, \dots, 100]$.

Für „Ablehnung" muss $P(X \geq k) \leq 0,05$ gelten. Nun ist $P(X \geq k) = 1 - P(X \leq k - 1)$, d.h. im GTR gibt man den Ausdruck 1-binomcdf(100,0.7,X-1) ein und prüft über 2ND TABLE wann dieser Wert erstmals 0,05 unterschreitet. Für $X = 77$ erhält man $\alpha = 0,07553$ und $X = 78$ liefert $\alpha = 0,04787$. Somit ist $k = 78$ der gesuchte Wert für das Ablehnungsintervall $A = [78, \dots, 100]$.

**Ergebnis:** Leo muss mindestens 78 Treffer erzielen, damit man bei einer Irrtumswahrscheinlichkeit von 5% davon ausgehen kann, dass sich seine Trefferquote verbessert hat.


### Rechenbeispiel 4

Ein Hersteller von Speicherchips gibt an, dass erfahrungsgemäß höchstens 7% der Chips fehlerhaft sind. Nach einer baulichen Änderung in den Produktionsräumen des Herstellers vermutet ein Kunde, dass sich die Fehlerrate vergrößert hat.
Der Kunde und der Hersteller vereinbaren einen Test, bei dem 210 Chips geprüft werden. Die Nullhypothese $H_0$ mit $p \leq 0,07$ wird abgelehnt, wenn dabei mehr als 23 Chips fehlerhaft sind.
Mit welcher Wahrscheinlichkeit irrt man sich und lehnt somit $H_0$ zu unrecht ab?

### Lösung

Wir haben $n = 210$. $H_0$ besagt $p \leq 0,07$. $H_1$ besagt $p > 0,07$. Die Zufallsvariable $X$, ist gemäß $H_0$ $B_{210;0,07}$ verteilt. Das Ablehnungsintervall ist mit $A = [23, \dots, 210]$ vorgegeben. Die Irrtumswahrscheinlichkeit ist gegeben durch $P(X \geq 23) = 1 - P(X \leq 22)$. Über die Eingabe von 1-binomcdf(210,0.07,22) im GTR erhält man $\alpha \approx 0,0226$.

**Ergebnis:** Mit einer Irrtumswahrscheinlichkeit von etwa 2,26% kann man davon ausgehen, dass die Fehlerquote sich tatsächlich verschlechtert hat.


Anhand der Rechenbeispiele sehen Sie, welche Arten von Fragen sich mit den Hypothesentest verbinden. Hier nochmal eine (natürlich nicht vollständige) Liste möglicher Fragen:
- Welche Art von Test liegt vor?
- Wie lautet das Ablehnungsintervall?
- Welche Irrtumswahrscheinlichkeit hat man, wenn man $H_0$ ablehnt?
- Gilt $H_0$ oder muss $H_0$ zugunsten von $H_1$ abgelehnt werden?
- Wie viele Treffer müssten (mindestens bzw. höchstens) vorliegen, damit $H_0$ abgelehnt werden kann?

# 5  Prüfungsaufgaben und Lösungen

## 5.1  Tipps und Tricks zum Lösen der Aufgaben

Beim Lernen auf das Mathematik-Abitur zeigt es sich immer wieder, dass reines Auswendiglernen irgendwelcher Formeln nicht viel bringt, wenn man diese nicht verstanden hat. Ich halte es für sehr wichtig, wenn Sie zu jeder Formel ein passendes Bild vor Augen haben. Sie kennen den Satz des Pythagoras $a^2 + b^2 = c^2$ und haben dabei das Bild eines rechtwinkligen Dreiecks mit den Quadraten über jeder Seite vor Augen. Dabei sollten Sie auch die Bezeichnungen der Dreiecksseiten sehen, denn nur so haben Sie den korrekten Bezug zu der Formel. Die Formel alleine hilft Ihnen nichts, wenn Sie deren Bedeutung nicht kennen und Sie eine Aufgabe vorgelegt bekommen, in der die Seiten anders bezeichnet sind. Sie werden sicher sagen „Das steht doch in der Formelsammlung" und Sie haben völlig Recht. Wo liegen nochmal die Nullstellen des Cosinus? Wo hat Sinus den Wert 1? Wenn Sie das Bild der Sinus- und Cosinus-Schwingung vor Augen haben, oder es kurz als Skizze aufzeichnen, dann können Sie die Werte direkt ablesen. Sie brauchen das nicht zu lernen! Wieso gilt immer $\sin^2(x) + \cos^2(x) = 1$? Man nennt diese Formel den trigonometrischen Pythagoras. Haben Sie das Bild dazu im Kopf? Stellen Sie sich den Einheitskreis vor und ein einbeschriebenes Dreieck. Die Länge der Hypotenuse ist 1. Die Länge der Ankathete ist der Wert des Cosinus, die Länge der Gegenkathete ist der Wert des Sinus. Einmal Pythagoras und schon hat man die Formel. Fazit: Wenn Sie eine Formel nicht mehr wissen (und keine Formelsammlung zur Hand haben), dann können Sie sich die betreffende Formel vielleicht anhand Ihrer Bilder ableiten. Indem Sie sich Bilder erschaffen, trainieren Sie außerdem Ihre Vorstellungskraft und dies wiederum hilft Ihnen beim Lösen der Abi-Aufgaben.

*Tipp 1:* Zu jeder Formel sollten Sie sich ein passendes Bild vor Augen führen können.

Das Thema Bilder tritt auch noch in einem anderen Zusammenhang auf, nämlich da, wo es um das konkrete Lösen von Aufgaben geht. Gerade bei der Kurvendiskussion ist es hilfreich, sich zuerst eine Skizze der Kurven anzufertigen, oder sie mit dem GTR zeichnen zu lassen. Sie haben sofort einen Überblick, erkennen Extrempunkte, Wendestellen, Polstellen, Asymptoten usw. Bei Geometrieaufgaben zeichnen Sie sich Ihre Geraden und Ebenen in einer kleinen Skizze auf. Selbst wenn Sie nachher einen Rechenfehler gemacht haben oder Ihr Lösungsweg lückenhaft ist, erkennen die Korrektoren eventuell anhand der Skizzen Ihren Gedankengang und Sie bekommen den einen oder anderen Punkt doch noch. Fertigen Sie sich Skizzen an, um bekannte wie unbekannte Größen auf besondere Weise z.B. mit verschiedenen Farben, gestrichelten oder durchgezogenen, dicken oder dünnen Linien sichtbar zu machen. So sehen Sie anhand Ihrer Skizze immer wo Sie gerade sind und wo Sie hin wollen.

*Tipp 2:* Zeichnen Sie nach Möglichkeit immer Schaubilder und Skizzen.

Lernen Sie nicht nur Formeln sondern auch Verfahren. Wie man die Hoch- und Tiefpunkte einer Funktion findet wissen Sie. Dieser Vorgang besteht aus mehreren Schritten und zusammengenommen bilden sie ein Verfahren. Schreiben Sie alle möglichen Verfahren, die Sie kennen, auf und lernen Sie sie möglichst auswendig. Üben Sie den Ablauf grundsätzlich anhand von Rechenbeispielen. Zuerst an einfachen und später mit entsprechenden Abituraufgaben. Nichts ist so einprägsam wie das tatsächliche Ausführen einer Rechnung. Wiederholen Sie das mit verschiedenen Aufgaben und schauen Sie sich Varianten an. Das bringt Ihnen Rechenpraxis und Routine. Sie werden dadurch umso schneller.

*Tipp 3:* Lernen Sie die verschiedenen Verfahren und Techniken.

*Tipp 4:* Erlangen Sie Rechenpraxis und Erfahrung durch das Lösen vieler Aufgaben.

Manchmal lernt man alleine leichter, manchmal in der Gruppe. Welcher Lerntyp sind Sie? Finden Sie es heraus und handeln Sie entsprechend. Das Lernen in der Gruppe hat den Vorteil, dass man sich gegenseitig abfragen kann. Vielleicht erkennen die anderen einen Fehler, den Sie so nicht gesehen hätten. Vielleicht kennen Ihre Mitschüler eine Erklärung für etwas, was Sie bisher noch nie verstanden hatten. Vielleicht sind Ihre Mitschüler anderer Meinung als Sie. In dem Fall werden Sie miteinander diskutieren. Sie sind gezwungen über das Thema nachzudenken und so vertieft sich Ihr Wissen allmählich und bleibt außerdem länger haften.

*Tipp 5:* Lernen Sie in kleinen überschaubaren Gruppen.

Beim Abfragen hilft es, sich die Fragen auf Karteikärtchen aufzuschreiben und die Lösung auf die Rückseite. Sie können zu jeder Zeit das Kästchen hernehmen und wahllos ein paar Kärtchen ziehen und üben. Sie müssen die Karteikärtchen noch nicht einmal selber anfertigen (obwohl das natürlich einen größeren Lerneffekt hätte), mittlerweile sind sie nämlich auch im Handel erhältlich. Schauen Sie mal in der nächsten Buchhandlung vorbei!

*Tipp 6:* Benutzen Sie beim Lernen Karteikärtchen.

Für das Lösen von schwierigeren Aufgaben ist es sinnvoll, sich zuerst einen Lösungsweg, sozusagen eine „Marschroute" aufzuschreiben. Denken Sie sich das in etwa so: „OK, mal sehen! Zuerst brauche ich auf jeden Fall diese Größe, dann jene. Hmmm... Mit diesen beiden Größen bekomme ich das erste Teilergebnis. Wie komme ich jetzt zum Schnittwinkel? Ah ja, ich kann ja jetzt den Normalenvektor bestimmen und dann ist da noch der Richtungsvektor ...". Schreiben Sie es sich zuerst auf! Erst dann beginnen Sie mit dem

Rechnen! Wenn Sie zuerst mit dem Rechnen beginnen, müssen Sie den Lösungsweg ständig im Kopf behalten. Vielleicht vergessen Sie ein entscheidendes Detail und Sie müssen wieder von vorn anfangen, darüber nachzudenken. Das kostet Zeit. Also schreiben Sie sich den Lösungsweg kurz auf, dann haben Sie ihn immer wie einen roten Faden vor Augen. „Was muss ich jetzt nochmal tun? Ahh, ja, hier bin ich!".

*Tipp 7*: Bevor Sie eine schwierige Aufgabe lösen, notieren Sie sich zuerst den Lösungsweg.

Wie heißt es so schön? Ordnung ist das halbe Leben! Das gilt auch für Ihren Aufschrieb! Wenn Sie, wie ich es leider schon zu oft gesehen habe, Chaos auf Ihrem Papier verursachen, dann blicken Sie am Ende selbst nicht mehr durch. Liefern Sie einen gut strukturierten und übersichtlichen Aufschrieb ab. Markieren Sie alle Zwischen- und Endergebnisse. Beim Lösen der Aufgaben werden Sie immer wieder auf Zwischenergebnisse zurückgreifen müssen. Wenn Sie die nicht finden, weil sie irgendwo im allgemeinen Chaos untergehen ..., na dann dauert's eben etwas länger oder Sie müssen nochmal rechnen. Allgemeines Durcheinander ist nicht schlecht für die Korrektoren (es ist schließlich deren Job, damit klarzukommen) sondern in allererster Linie für Sie!

*Tipp 8:* Arbeiten Sie ordentlich und strukturiert. Sorgen Sie für einen sauberen  Aufschrieb. Formulieren Sie die Endergebnisse in vollständigen Schlusssätzen.

OK, so viel zu den Tipps. In den folgenden Abschnitten finden Sie nun einige Abituraufgaben. Die jeweiligen Lösungen wurden durch mich erarbeitet und haben somit keinerlei offiziellen Charakter. Sie sind lediglich als Vorschläge zu betrachten, schließlich gibt es in den wenigsten Fällen nur einen einzigen Lösungsweg. Die Lösungen unterliegen keiner redaktionellen Prüfung, daher kann für die Fehlerfreiheit nicht garantiert werden. Falls Sie einen Fehler finden, freue ich mich über Ihre Nachricht an klaus_messner@web.de!

# 5.2 Pflichtteil 2015

**Aufgabe 1:**
Bilden Sie die Ableitung der Funktion $f$ mit $f(x) = (4 + e^{3x})^5$.

(2 VP)

**Aufgabe 2:**
Berechnen Sie das Integral $\int_0^\pi \left(4x - sin\left(\frac{1}{2}x\right)\right) dx$.

(2 VP)

**Aufgabe 3:**
Lösen Sie die Gleichung $(x^3 - 3x)(e^{2x} - 5) = 0$.

(3 VP)

**Aufgabe 4:**
Der Graph einer ganzrationalen Funktionen $f$ dritten Grades hat im Ursprung einen Hochpunkt und an der Stelle $x = 2$ die Tangente mit der Gleichung
$y = 4x - 12$.
Bestimmen Sie eine Funktionsgleichung von $f$.

(4 VP)

**Aufgabe 5:**
Die Abbildung zeigt den Graphen der Ableitungsfunktion $f'$ einer ganzrationalen Funktion.
Entscheiden Sie, ob die folgenden Aussagen wahr oder falsch sind.
Begründen Sie jeweils Ihre Antwort.

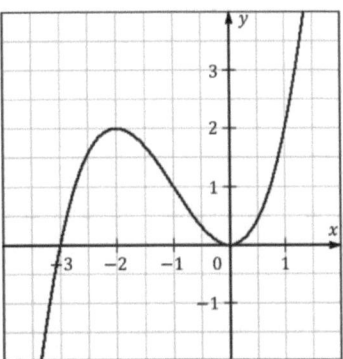

(1) Der Graph von $f$ hat bei $x = -3$. einen Tiefpunkt.
(2) $f(-2) < f(-1)$
(3) $f''(-2) + f'(-2) < 1$
(4) Der Grad der Funktion $f$ ist mindestens 4.

(5 VP)

**Aufgabe 6:**
Gegeben sind die drei Punkte $A(4|0|4)$, $B(0|4|4)$, $C(6|6|2)$.
   a)   Zeigen Sie, dass das Dreieck $ABC$ gleichschenklig ist.
   b)   Bestimmen Sie die Koordinaten eines Punktes, der das Dreieck $ABC$ zu einem
         Parallelogramm ergänzt.
         Veranschaulichen Sie durch eine Skizze, wie viele solcher Punkte es gibt.

                                                                                    (5 VP)

**Aufgabe 7:**
Gegeben ist die Ebene $E: 4x_1 + 3x_3 = 12$.
   a)   Stellen Sie $E$ in einem Koordinatensystem dar.
   b)   Bestimmen Sie alle Punkte der $x_3$-Achse, die von $E$ den Abstand 3 haben.

                                                                                    (3 VP)

**Aufgabe 8**
Ein Glücksrad hat drei farbige Sektoren, die beim einmaligen Drehen mit folgenden
Wahrscheinlichkeiten angezeigt werden:
         Rot 20%           Grün: 30%          Blau 50%
Das Glücksrad wird $n$-mal gedreht.
Die Zufallsvariable $X$ gibt an, wie oft die Farbe rot angezeigt wird.

   a)   Begründen Sie, das $X$ binomialverteilt ist.

Die Tabelle zeigt einen Ausschnitt der Wahrscheinlichkeitsverteilung von $X$:

| k | 0 | 1 | 2 | 3 | 4 | 5 | 6 | 7 | ... |
|---|---|---|---|---|---|---|---|---|-----|
| $P(X = k)$ | 0,01 | 0,06 | 0,14 | 0,21 | 0,22 | 0,17 | 0,11 | 0,05 | ... |

   b)   Bestimmen Sie die Wahrscheinlichkeit, dass mindestens dreimal rot angezeigt
         wird.
   c)   Entscheiden Sie, welcher der folgenden Werte von n der Tabelle zugrunde liegen
         kann: 20, 25 oder 30.
         Begründen Sie Ihre Entscheidung.

                                                                                    (4 VP)

**Aufgabe 9:**
Mit $V = \pi \int_0^4 \left(4 - \frac{1}{2}x\right)^2 dx$ wird der Rauminhalt eines Körpers berechnet.
Skizzieren Sie diesen Sachverhalt und beschreiben Sie den Körper.

                                                                                    (3 VP)

# 5.3 Lösung Pflichtteil 2015

**Aufgabe 1:**

Verwende die Potenzregel und zweimal(!) die Kettenregel

$$f'(x) = 5(4 + e^{3x})^4 \cdot e^{3x} \cdot 3 = 15e^{3x}(4 + e^{3x})^4$$

**Aufgabe 2:**

$$\int_0^\pi \left( 4x - \sin\left(\frac{1}{2}x\right) \right) = \left[ 4 \cdot \frac{1}{2}x^2 + \cos\left(\frac{1}{2}x\right) \cdot \frac{1}{1/2} \right]_0^\pi$$

$$= \left[ 2x^2 + 2\cos\left(\frac{1}{2}x\right) \right]_0^\pi = (2\pi^2 + 0) - (0 + 2) = 2\pi^2 - 2$$

**Aufgabe 3:**

$(x^3 - 3x)(e^{2x} - 5) = 0 \Rightarrow$ I. $x^3 - 3x = 0$ oder II. $e^{2x} - 5 = 0$
I. $x^3 - 3x = x(x^2 - 3) = 0$
$\quad \Rightarrow x_1 = 0$ oder $x^2 - 3 = 0 \Rightarrow x_2 = \sqrt{3}, \ x_3 = -\sqrt{3}$
II. $e^{2x} - 5 = 0 \Rightarrow e^{2x} = 5 \Rightarrow 2x = \ln(5) \Rightarrow x_4 = \frac{1}{2}\ln(5) = \ln(\sqrt{5})$

**Ergebnis:** $\mathbb{L} = \{0; \sqrt{3}; -\sqrt{3}; \ln(\sqrt{5})\}$.

**Aufgabe 4:**

Eine ganzrationale Funktion dritten Grades hat die allgemeine Form:

$$f(x) = ax^3 + bx^2 + cx + d$$

Die Ableitung ist $f'(x) = 3ax^2 + 2bx + c$. Die Aussage, dass $f$ im Ursprung einen Hochpunkt hat, bedeutet sowohl I. $f(0) = 0$ als auch II. $f'(0) = 0$. Damit folgt:
I. $a \cdot 0 + b \cdot 0 + c \cdot 0 + d = 0$, also $d = 0$ und II. $3a \cdot 0 + 2b \cdot 0 + c = 0$, also $c = 0$.
An der Stelle $x = 2$ hat $f$ die Tangente mit der Gleichung $y = 4x - 12$.
Die Steigung dieser Tangente ist 4, somit gilt III. $f'(2) = 4$.
Setzen wir $x = 2$ in die Tangente ein, erhalten wir die $y$-Koordinate des Punktes auf dem Graphen von $f$, an dem die Tangente anliegt, also $y = -4$. Somit gilt IV. $f(2) = -4$.
Wir erhalten unter Berücksichtigung von $c = d = 0$:

III. $12a + 4b = 4$ und IV. $8a + 4b = -4$

III. $-$IV. liefert $4a = 8$, also $a = 2$.

Eingesetzt in IV. folgt $16 + 4b = -4 \Rightarrow 4b = -20 \Rightarrow b = -5$.

**Ergebnis:** Die Funktionsgleichung für $f$ lautet $f(x) = 2x^3 - 5x^2$.

**Aufgabe 5:**

(1) Für $x < -3$ ist $f'(x) < 0$, für $x > -3$ ist $f'(x) > 0$ , während $f(3) = 0$ ist. Dies bedeutet, dass $f$ in $x = -3$ tatsächlich einen Tiefpunkt hat.

**Ergebnis:** Die Aussage ist wahr.

(2) Für $-2 \leq x \leq -1$ ist $f'(x) > 0$, d.h. die Funktionswerte von $f$ wachsen stetig an. Damit ist wie behauptet $f(-2) < f(-1)$.

**Ergebnis:** Die Aussage ist wahr.

(3) $f'$ hat in $x = -2$ einen Hochpunkt, d.h. $f''(-2) = 0$. Den Funktionswert von $f'$ an der Stelle $x = -2$ liest man mit 2 am Schaubild ab. Also ist $f'(-2) = 2$ und damit folgt $f''(-2) + f'(-2) = 2 > 1$.

**Ergebnis:** Die Aussage $f''(-2) + f'(-2) < 1$ ist falsch.

(4) Der Graph von $f'$ hat zwei Extremstellen und ist damit mindestens vom Grad 3. Daher ist $f$ (eine Stammfunktion) mindestens vom Grad 4.

**Ergebnis:** Die Aussage ist wahr.

**Aufgabe 6:**

a) **Behauptung: Das Dreieck $ABC$ ist gleichschenklig**

Es gilt $\overrightarrow{AC} = \begin{pmatrix} 2 \\ 6 \\ -2 \end{pmatrix}$, $\overrightarrow{BC} = \begin{pmatrix} 6 \\ 2 \\ -2 \end{pmatrix}$ also $|\overrightarrow{AC}| = \sqrt{2^2 + 6^2 + (-2)^2} = \sqrt{44}$

und $|BC| = \sqrt{6^2 + 2^2 + (-2)^2} = \sqrt{44}$. Folglich ist $|\overrightarrow{AC}| = |\overrightarrow{BC}|$ und das Dreieck $ABC$ wie behauptet gleichschenklig.

## b) Parallelogramm

Wie die nebenstehende Skizze zeigt, gibt es
drei Punkte, $D_1$, $D_2$ und $D_3$, durch die das Dreieck
zu einem Parallelogramm ergänzt werden kann.

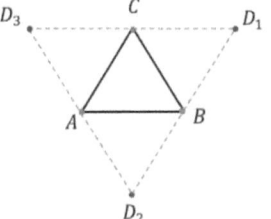

Mit der Gleichung $\overrightarrow{OA} + \overrightarrow{AB} + \overrightarrow{AC} = \overrightarrow{OD_1}$ lässt sich z.B. $D_1$
bestimmen und es gilt:

$$\overrightarrow{OD_1} = \begin{pmatrix} 4 \\ 0 \\ 4 \end{pmatrix} + \begin{pmatrix} -4 \\ 4 \\ 0 \end{pmatrix} + \begin{pmatrix} 2 \\ 6 \\ -2 \end{pmatrix} = \begin{pmatrix} 2 \\ 10 \\ 2 \end{pmatrix}$$

**Ergebnis:** Einer der Punkte, der das Dreieck $ABC$ zu einem Parallelogramm ergänzt ist
$D_1(2|10|2)$. Analog erhält man die beiden anderen möglichen Punkte: $D_2(-2|-2|6)$ und
$D_3(10|2|2)$.

## Aufgabe 7:

### a) Darstellung im Koordinatensystem

Aus der Gleichung $E\colon 4x_1 + 3x_3 = 12$ ermittelt man zunächst
die Spurpunkte.
Für $x_3 = x_2 = 0$ folgt $x_1 = 3$, also $S_1(3|0|0)$.
Für $x_1 = x_2 = 0$ folgt $x_3 = 4$, also $S_3(0|0|4)$.

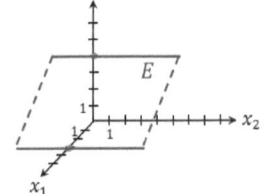

Das Fehlen der $x_2$-Koordinate in der Ebenengleichung
bedeutet, dass die Ebene parallel zur $x_2$-Achse verläuft,
siehe nebenstehende Abbildung.

### b) Punkte auf der $x_3$-Achse, die von $E$ den Abstand 3 haben

Wir überführen die Ebene zunächst in die Hesse'sche Normalenform (HNF). Ein
Normalenvektor für $E$ ist $\vec{n} = \begin{pmatrix} 4 \\ 0 \\ 3 \end{pmatrix}$ mit Länge $|\vec{n}| = \sqrt{4^2 + 0^2 + 3^2} = 5$.

Daraus ergibt sich die HNF $E\colon \frac{4x_1 + 3x_3 - 12}{5} = 0$. Der Punkt $P(0|0|c)$ auf der $x_3$-Achse soll zu
$E$ den Abstand 3 haben. Damit gilt: $d(P;E) = \frac{|4 \cdot 0 + 3c - 12|}{5} = \frac{|3c - 12|}{5} = 3$. Es folgt
$|3c - 12| = 15$.

Um die Betragsgleichung zu lösen, unterscheiden wir zwei Fälle.

**Fall 1**, $3c - 12 \geq 0$:
Dann können wir die Betragsstriche einfach weglassen. Es folgt $3c - 12 = 15$, also $c = 9$.

**Fall 2**, $3c - 12 < 0$:
Dann können wir die Betragsstriche erst auflösen, wenn der Ausdruck im Betrag mit $-1$ multipliziert wird. Es folgt $-3c + 12 = 15$, also $c = -1$.

**Ergebnis:**
Die Punkte $P_1(0|0|9)$ und $P_2(0|0| - 1)$ auf der $x_3$-Achse haben zu $E$ den Abstand 3.

**Aufgabe 8**

a) **Begründung für die Binomialverteilung von $X$**

Bei einer einzelnen Drehung gibt $X$ an, ob der rote Sektor gewählt wurde oder nicht. Das Experiment hat also nur zwei Ausgänge „Treffer" oder „kein Treffer", bei gleichbleibender Trefferwahrscheinlichkeit ($p = 0,2$). Damit handelt es sich um ein Bernoulli-Experiment. Bei $n$-maliger Wiederholung haben wir eine Bernoulli-Kette der Länge $n$. Entsprechend ist $X$ binomialverteilt.

b) **Wahrscheinlichkeit für „mindestens dreimal rot"**

Gesucht ist $P(X \geq 3)$.
Mit Hilfe der Gegenwahrscheinlichkeit berechnen wir: $P(X \geq 3) = 1 - P(X \leq 2)$.
Aus der Tabelle kann man die Einzelwahrscheinlichkeiten für $P(X \leq 2)$ entnehmen. Es folgt: $P(X \geq 3) = 1 - P(X \leq 2) = 1 - 0,01 - 0,06 - 0,14 = 0,79 = 79\%$

**Ergebnis:** Die Wahrscheinlichkeit für „mindestens dreimal rot" beträgt 79%.

c) **Bestimmung von $n$**

Der Erwartungswert einer binomialverteilten Zufallsvariable $X$ bei $n$ Versuchen und Trefferwahrscheinlichkeit $p$ ist gegeben durch $E(X) = n \cdot p$. Der Erwartungswert ist der „gewichtete Mittelwert" der Wahrscheinlichkeitsverteilung und liegt in unserem Fall bei etwa 4, was aus der Tabelle abgelesen werden kann. $p = 0,2$ war vorgegeben. Also gilt $4 = n \cdot 0,2$ und damit ist $n = 20$.

**Ergebnis:** Die angegebene Wahrscheinlichkeitsverteilung wird am ehesten durch eine Versuchsreihe mit $n = 20$ Experimenten erreicht.

**Aufgabe 9:**

Der Ausdruck $y = f(x) = 4 - \frac{1}{2}x$ stellt eine
fallende Gerade dar.
Diese rotiert im Bereich zwischen $x = 0$
und $x = 4$ um die x-Achse und erzeugt
dadurch einen Kegelstumpf, siehe Abbildung.

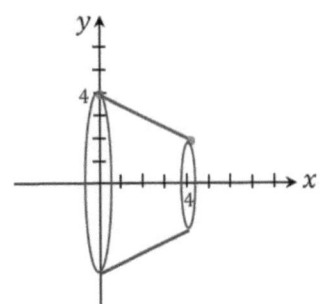

# 5.4 Wahlteil 2015 – Analysis A 1

## Aufgabe A 1

Der Laderaum eines Lastkahns ist 50 m lang. Sein Querschnitt ist auf der gesamten Länge gleich und wird modellhaft beschrieben durch den Graphen der Funktion $f$ mit

$$f(x) = \frac{1}{125}x^4; \quad -5 \leq x \leq 5 \quad (x \text{ und } f(x) \text{ in Meter})$$

a)   Wie tief ist der Laderaum in der Mitte?
Wie breit ist er in 3 m Höhe?
In welchem Bereich hat der Boden des Laderaums eine Neigung unter 5%?
Berechnen Sie das Volumen des Laderaums.

(5 VP)

b)   Zur Wartung steht der Lastkahn an Land auf einer ebenen Plattform. Dort wird er stabilisiert durch gerade Stützen, die orthogonal zur Außenwand des Laderaums angebracht sind. Betrachtet werden zwei einander gegenüberliegende Stützen, deren Befestigungspunkte im Modell durch die Punkte $P_1\big(-4\big|f(-4)\big)$ und $P_2\big(4\big|f(4)\big)$ beschrieben werden.
In welchem Abstand voneinander enden diese Stützen auf der Plattform?

(3 VP)

c)   Der Laderaum kann durch eine horizontale Zwischendecke der Länge 50 m in zwei Teilräume geteilt werden. Das Volumen des unteren Teilraums beträgt 500 m³.
Berechnen Sie die Breite der Zwischendecke.

(4 VP)

d)   Untersuchen Sie, ob sich eine zylinderförmige Röhre mit Außendurchmesser 9,8 m so in Längsrichtung legen lässt, dass sie ihn an der tiefsten Stelle berührt.

(3 VP)

# 5.5 Lösung Wahlteil 2015 – Analysis A 1

**Lösung Aufgabe A 1 a)**

**Tiefe des Laderaums in der Mitte**

Mit dem GTR lassen wir uns den Graphen der Funktion
zeichnen, um uns einen Überblick zu verschaffen.
Es gilt $f(5) = f(-5) = 5$ und $f(0) = 0$ (GTR).
An den Stellen $x = 5$ und $x = -5$ ist der Lastkahn am
höchsten und an der Stelle $x = 0$ (in der Mitte) ist er am
tiefsten (ohne weiteren rechnerischen Nachweis). Dieser
Höhenunterschied ist die Tiefe des Lastkahns.

$$f(x) = \frac{1}{125}x^4$$

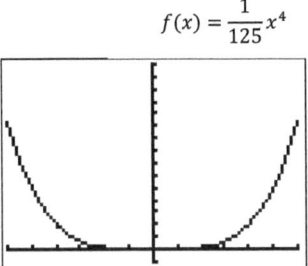

**Ergebnis:** Der Laderaum ist in der Mitte 5m tief.

**Breite des Laderaums in 3 m Höhe**

Mit dem GTR lassen wir uns bei $Y_2$ zusätzlich die
Gerade $y = 3$ einzeichnen. Mit {2ND CALC intersect}
bestimmen wir den Schnittpunkt beider Kurven
an der Stelle $x_1 = 4,4$ bzw. wegen der Achsensymmetrie bei $x_2 = -4,4$.
Die Differenz ist dann die gesuchte Breite.

**Ergebnis:** In 3 m Höhe ist der Lastkahn 8,8 m breit.

**Bereich mit Neigung $< 5\%$**

Gesucht ist ein Bereich mit $|f'(x)| < 0,05$.
Beachte hier die Betragsbildung!
Hierzu geben wir im GTR bei $Y_2$ den Ausdruck für die
erste Ableitung von $f(x)$ ein, siehe Abbildung rechts.
Bei $Y_3$ geben wir 0,05 ein und lassen uns die Graphen
für $Y_2$ und $Y_3$ im Bereich $x \in [-5; 5]$ bzw. $y \in [-0,2; 0,2]$
zeichnen. Mit 2ND CALC intersect bestimmen wir den
Schnittpunkt der beiden Kurven bei $x \approx 1,16$.
Somit ist für $|x| < 1,16$ die Neigung des Bodens unter
5% oder anders ausgedruckt:

**Ergebnis:** Im Bereich $-1,16 < x < 1,16$ hat der Boden
eine Neigung unter 5%.

**Volumen des Laderaums**

Wir berechnen zunächst die Querschnittsfläche $A$ des Lastkahns, siehe Abbildung. Aufgrund der Achsensymmetrie gilt $A_1 = A_2$ und somit:

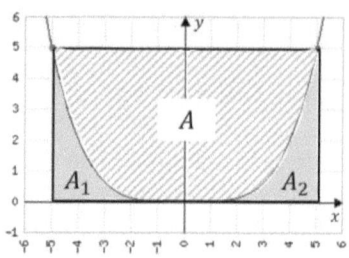

$$A = A_{Rechteck} - 2 \cdot A_1$$

Die Abmessungen des Rechtecks kennen wir aus den vorherigen Aufgaben. Es gilt

$$A_{Rechteck} = 10 \cdot 5 = 50.$$

Mit dem GTR berechnet man $A_2 = \int_0^5 f(x)dx = 5$. Damit folgt $A = 50 - 10 = 40$. Bei einer Länge des Lastkahns von 50 m ergibt dies $V = 40 \cdot 50 = 2000$.

**Ergebnis:** Der Lastkahn hat ein Volumen von $2000$ m³.

**Lösung Aufgabe A 1 b)**

**Abstand der Stützen**

Die Stütze im Punkt $P_2\big(4\big|f(4)\big)$ steht senkrecht zur Tangente an der Stelle $x = 4$.
Daher bestimmen wir zunächst die Gleichung der Normalen und stellen dann fest, wo diese die $x$-Achse schneidet.
Die Normalengleichung ist gegeben durch die Formel

$$y_N = -\frac{1}{f'(x_0)} \cdot (x - x_0) + f(x_0)$$

Mit $x_0 = 4$ folgt $f(x_0) = 2{,}048$ und nach Eingabe von {nDerive(Y₁,X,4)} im GTR ebenfalls $f'(x_0) = 2{,}048$.

Eingesetzt in die Normalengleichung liefert dies

$$y_N = -\frac{1}{2{,}048} \cdot (x - 4) + 2{,}048$$

Für $y_N = 0$ erhalten wir den Schnittpunkt mit der $x$-Achse:

$$0 = -\frac{1}{2{,}048} \cdot (x - 4) + 2{,}048 \Rightarrow -2{,}048 = -\frac{1}{2{,}048} \cdot (x - 4)$$

$$\Rightarrow 2{,}048^2 = (x - 4) \Rightarrow x = 2{,}048^2 + 4 \approx 8{,}194$$

Dies ist der Abstand des rechten Stützbalkens am Boden zur Mitte des Lastkahns. Da $f(x)$ symmetrisch zur $y$-Achse ist, hat der linke Stützbalken denselben Abstand.

**Ergebnis:** Der Abstand der Stützbalken am Boden ist ca. 16,39 m.

**Lösung Aufgabe A 1 c)**

**Breite des Zwischendecks**

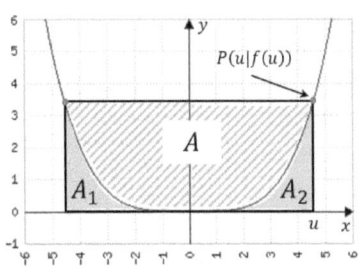

P(u|f(u))

Die Querschnittsfläche $A$ des unteren Teilraums ergibt sich aus $A = \frac{V}{l} = \frac{500}{50} = 10$.

Wie in Teilaufgabe a) lautet die Formel für die Querschnittsfläche $A = A_{Rechteck} - 2 \cdot A_1$.

Wenn wir die noch unbekannte Breite des Rechtecks $u$ setzen ergibt sich:

$$10 = 2 \cdot u \cdot f(u) - 2 \cdot \int_0^u f(x)dx$$

Mit $\int_0^u f(x)dx = \int_0^u \frac{1}{125}x^4 dx = \left[\frac{1}{625}x^5\right]_0^u = \frac{u^5}{625}$ und $f(u) = \frac{1}{125}u^4$ folgt

$$10 = 2 \cdot \frac{u^5}{125} - 2 \cdot \frac{u^5}{625} = 2u^5\left(\frac{1}{125} - \frac{1}{625}\right) = 2u^5 \cdot \frac{4}{625} = u^5 \cdot \frac{8}{625}$$

Umstellen nach $u$ liefert $u^5 = \frac{10 \cdot 625}{8} \Rightarrow u \approx 3{,}79$. Die Breites des Zwischendecks ist dann das Doppelte von $u$.

**Ergebnis:** Das Zwischendeck ist etwa 7,58 m breit.

**Lösung Aufgabe A 1 d)**

**Berührt die Röhre den Boden des Lastkahns?**
Wenn die Röhre auf dem Boden aufliegt, dann
muss wegen $d = 9,8$ also $r = 4,9$ der Mittel-
punkt bei $M(0|4,9)$ liegen. Die Punkte der
Wand des Lastkahns haben die Koordinaten
$P(u|f(u))$. Wenn es nun einen Punkt $P$ gibt,
der zu $M$ einen geringeren Abstand als $r$ hat,
dann liegt dieser Punkt innerhalb der Röhre.
Da dies nicht möglich ist, kann in diesem Fall die
Röhre nicht auf dem Boden
aufliegen. Wir müssen also prüfen, ob

$$d(M,P) = \sqrt{(u-0)^2 + (f(u)-4,9)^2} < 4,9$$

werden kann.

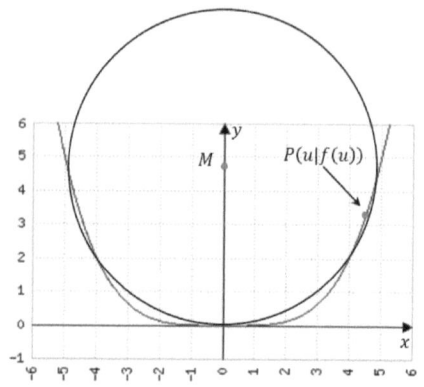

Wenn Sie bei Y₁ im GTR den Funktionsterm für $f(x)$
eingegeben haben, geben Sie nun bei Y₂ den
Ausdruck $\sqrt{X^2 + (Y1(X)-4,9)^2}$ ein.
Lassen Sie sich den Graphen von Y₂ zeichnen.
Mit 2ND CALC minimum finden Sie den minimalen
Abstand von $M$ zur Wand des Lastkahns mit $d_{min} = 4,78$.
Da $d_{min} < 4,9$ ist, müsste die Wand des Lastkahns innerhalb
der Röhre verlaufen, was nicht sein kann.

**Ergebnis:** Die Röhre kann nicht bis zur tiefsten Stelle des Lastkahns abgesenkt werden.

# 5.6 Wahlteil 2015 – Analysis A 2

**Aufgabe A 2.1**

Die Entwicklung einer Population in den Jahren 1960 bis 2020 lässt sich durch zwei Funktionen modellhaft beschreiben.
Die Funktion $g$ mit $g(t) = 400 + 20 \cdot (t + 1)^2 \cdot e^{-0,1t}$ beschreibt die Geburtenrate und die Funktion $s$ mit $s(t) = 600 + 10 \cdot (t - 6)^2 \cdot e^{-0,09t}$ beschreibt die Sterberate der Population ($t$ in Jahren seit Beginn des Jahres 1960, $g(t)$ und $s(t)$ in Individuen pro Jahr).

a)  Bestimmen Sie die geringste Sterberate.
    In welchem Jahr war die Differenz aus Geburten- und Sterberate am größten?
    Bestimmen Sie den Zeitraum, in dem die Population zugenommen hat.

    (4 VP)

b)  Zu Beginn des Jahres 1960 bestand die Population aus 20 000 Individuen. Berechnen Sie den Bestand der Population zu Beginn des Jahres 2017.
    In welchem Jahr erreichte Die Population erstmals wieder den Bestand von 1960?

    (3 VP)

Betrachten wir nun das Größenwachstum eines einzelnen Individuums der Population. Dies kann im Beobachtungszeitraum durch das Gesetz des beschränkten Wachstums modelliert werden. Man geht davon aus, dass dieses Individuum in ausgewachsenen Zustand 0,8 m groß ist. Zu Beobachtungsbeginn betragen seine Größe 0,5 m und seine momentane Wachstumsgeschwindigkeit 0,15 m pro Jahr.

c)  Bestimmen Sie eine Gleichung einer Funktion, die die Körpergröße des Individuums in Abhängigkeit von der Zeit beschreibt.
    Wie viele Jahre nach Beobachtungsbeginn hat die Körpergröße des Individuums um 50% zugenommen?

    (4 VP)

**Aufgabe A 2.2**

Gegeben sind ein Kreis mit Mittelpunkt $O(0|0)$ und die Funktion $f$ mit $f(x) = \frac{4}{x^2+1}$.
Bestimmen Sie die Anzahl der gemeinsamen Punkte des Kreises mit dem Graphen von $f$ in Abhängigkeit vom Kreisradius.

(4 VP)

# 5.7 Lösung Wahlteil 2015 – Analysis A 2

**Lösung Aufgabe A 2.1 a)**

$$s(t) = 600 + 10 \cdot (t - 6)^2 \cdot e^{-0,09t}$$

**Geringste Sterberate**
Geben Sie zunächst die Funktion $g$ bei $Y_1$ und s bei $Y_2$
im GTR ein.
Lassen Sie sich den Graphen von $s$ im $x$-Intervall
[0; 60] und im $y$-Intervall [0; 1500] zeichnen.
Über {2ND CALC minimum} erhalten Sie den kleinsten Wert
bei $x = 6$ und $y = 600$.

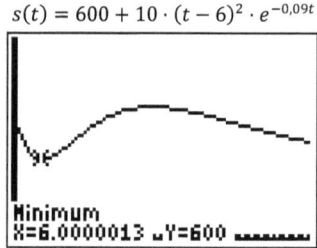

**Ergebnis:** Die geringste Sterberate liegt 6 Jahre nach Beobachtungsbeginn vor, also 1966, und liegt bei 600 Individuen pro Jahr.

**Größte Differenz zwischen Geburten- und Sterberate**
Geben Sie bei $Y_3$ $Y_1(X)$-$Y_2(X)$ den Ausdruck und lassen
Sie sich den Graphen im $x$-Intervall [0; 60] zeichnen.
Über {2ND CALC maximum} erhalten Sie den größten Wert
bei $x \approx 15,1$ und $y \approx 732,5$.

**Ergebnis:** Die größte Differenz zwischen Geburten- und Sterberate lag im Jahr 1975 vor und betrug 732 Individuen.

**Zeitraum, in dem die Population zugenommen hat**
Lassen Sie den Graphen von $Y_3$ noch einmal zeichnen.
Dieser gibt die Zu- bzw. Abnahme der Population
wieder. Verwenden Sie diesmal jedoch das $y$-Intervall
[−500; 1000].
An den Stellen, an denen der Graph oberhalb der $x$-Achse
verläuft, also zwischen den beiden Nullstellen, nimmt die

Population zu. Mit {2ND CALC zero} bestimmen Sie die beiden Nullstellen mit $x_1 = 3,2$ und $x_2 = 45,3$.

**Ergebnis:** Zwischen den Jahren 1963 und 2005 hat die Population zugenommen.

## Lösung Aufgabe A 2.1 b)

### Population zu Beginn des Jahres 2017

Die Funktion $z(x) = g(x) - s(x)$ ist die Differenz zwischen Geburten- und Sterberate, stellt also den Zuwachs der Population im Jahr $x$ nach 1960 dar. Die Population betrug im Jahr 1960 20.000 Individuen also ist

$$p = 20000 + \int_0^{57} z(x)dx \approx 35636$$

Die Funktion $z(x)$ wurde bereits im GTR bei Y₃ eingegeben. Sie können $p$ wie in der Abbildung gezeigt eingeben.

**Ergebnis:** Zu Beginn des Jahres 2017 besteht die Population aus 35.636 Individuen.

### In welchem Jahr erreichte die Population erstmals wieder den Bestand von 1960?

Der Ausdruck $p = 20000 + \int_0^t z(x)dx$ stellt den Bestand der Population $t$ Jahre nach 1960 dar (siehe letzte Teilaufgabe). 1960 gab es 20.000 Individuen.

Gesucht ist somit ein $t$, so dass $\int_0^t z(x)dx = 0$ wird.

Geben Sie dazu den rechts gezeigten Ausdruck bei Y₄ ein und lassen Sie sich den Graphen von Y₄ im $x$-Intervall $[0; 20]$ und im $y$-Intervall $[-500; 1000]$ zeichnen.

Mit 2ND CALC zero bestimmen Sie die Nullstelle bei $x \approx 6,8$.

**Ergebnis:** Gegen Ende des Jahres 1966 erreicht die Population erstmals wieder den Bestand von 1960.

## Lösung Aufgabe A 2.1 c)

### Funktionsgleichung für das Wachstum eines Individuums

Die Formel für größenbeschränktes Wachstum lautet *I.* $f(t) = S - c \cdot e^{-kt}$ und die zugehörige Differenzialgleichung ist *II.* $f'(t) = k \cdot (S - f(t))$. Aus der Aufgabe kennen wir bereits $S = 0,8$ (die maximale Größe). Zu Beobachtungsbeginn ist das Individuum 0,5m groß, d.h. $f(0) - 0,5$. Eingesetzt in *I.* liefert dies $0,5 = 0,8 - c \cdot e^{-k \cdot 0} \Leftrightarrow 0,5 = 0,8 - c \Leftrightarrow c - 0,3$. Bei Beobachtungsbeginn ist die momentane Wachstumsgeschwindigkeit 0,15m, d.h. $f'(0) = 0,15$. Zusammen mit $S = 0,8$ und $f(0) = 0,5$ setzen wir dies in *II.* ein und erhalten dadurch $k$:

$$f'(0) = k \cdot (S - f(0)) \Leftrightarrow 0,15 = k \cdot (0,8 - 0,5) = k \cdot 0,3 \Rightarrow k = \frac{1}{2}$$

Wir haben nun insgesamt $S = 0,8$, $c = 0,3$ und $k = \frac{1}{2}$.

Dies setzen wir in $I$. ein und bekommen die Funktionsgleichung für das Wachstum.

**Ergebnis:** Die Funktionsgleichung für das Wachstum eines Individuums lautet
$f(t) = 0,8 - 0,3 \cdot e^{-0,5t}$.

**Wie viele Jahre nach Beobachtungsbeginn hat die Körpergröße des Individuums um 50% zugenommen?**

Bei Beobachtungsbeginn war die Größe 0,5m. Nach einem 50%-igen Zuwachs hat das Individuum eine Größe von sind 0,75m, d.h. wir suchen einen Zeitpunkt $t$ so dass $f(t) = 0,75$ gilt. Eingesetzt in das Wachstumsgesetz und Auflösen nach $t$ liefert:

$$
\begin{aligned}
& 0,75 = 0,8 - 0,3 \cdot e^{-0,5t} \quad |-0,8 \\
\Rightarrow\quad & -0,05 = -0,3 \cdot e^{-0,5t} \quad |:-0,3 \\
\Rightarrow\quad & \frac{1}{6} = e^{-0,5t} \quad |\ln \\
\Rightarrow\quad & \ln\left(\frac{1}{6}\right) = -0,5t \quad \left|:\left(-\frac{1}{2}\right)\right. \\
\Rightarrow\quad & t = -2 \cdot \ln\left(\frac{1}{6}\right) \approx 3,58
\end{aligned}
$$

**Ergebnis:** Etwa 3,6 Jahre nach Beobachtungsbeginn hat das Größenwachstum des Individuums um 50% zugenommen.

**Lösung Aufgabe A 2.2**

**Anzahl gemeinsamer Punkte in Abhängigkeit von r**

Der Abstand eines Punktes $P\big(u|f(u)\big)$ auf dem Graphen von $f$ zum Ursprung ist gegeben durch

$$d(u) = \sqrt{u^2 + f(u)^2} = \sqrt{u^2 + \frac{16}{(u^2+1)^2}}$$

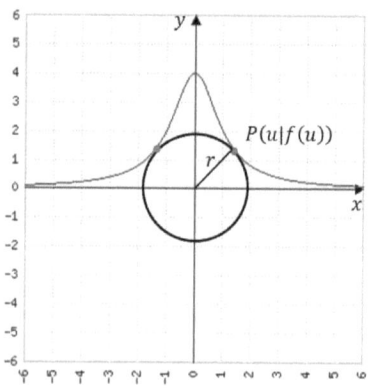

Geben Sie diesen Ausdruck bei $Y_1$ im GTR ein und bestimmen Sie mit {2ND CALC minimum} den minimalen Abstand. Sie erhalten $d_{min} \approx 1,94$.

Ein Kreis im Ursprung mit Radius $r = d_{min} = 1,94$ berührt somit den Graphen von $f$ an zwei Punkten.

Für $r < 1{,}94$ ist der Kreis zu klein und es gibt keine Schnittpunkte.

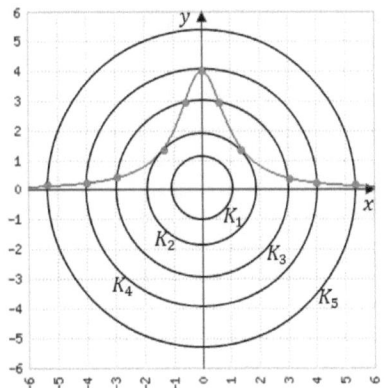

Berührt der Kreis den Hochpunkt $H(0|4)$ des Graphen von $f$, so hat der Kreis den Radius $r = 4$ und es gibt nur drei Schnittpunkte, siehe Abb. rechts.

Für $r > 4$ gibt es nur noch zwei Schnittpunkte.

Für $1{,}94 < r < 4$ erhalten wir vier Schnittpunkte. Wir fassen das Ergebnis tabellarisch zusammen.

**Ergebnis:**

| Kreis | Radius r | Anzahl Schnittpunkte |
|:-----:|:--------:|:--------------------:|
| $K_1$ | $r < 1{,}94$ | 0 |
| $K_2$ | $r = 1{,}94$ | 2 |
| $K_3$ | $1{,}94 < r < 4$ | 4 |
| $K_4$ | $r = 4$ | 3 |
| $K_5$ | $r > 4$ | 2 |

# 5.8 Wahlteil 2015 –
# Analytische Geometrie / Stochastik
# Aufgabe B 1

### Aufgabe B 1.1

Über einer Terrasse ist als Sonnenschutz eine Markise an einer Hauswand befestigt.
In einem Koordinatensystem stellen die Punkte $P(0|0|0)$, $Q(5|0|0)$, $R(5|4|0)$, $S(0|4|0)$ die Eckpunkte der Terrasse dar. Die Markise wird durch das Rechteck mit den Eckpunkten $A(0|0|4)$, $B(5|0|4)$, $C(5|3,9|2,7)$, $D(0|3,9|2,7)$ beschrieben (alle Koordinatenangaben in Meter).
Die Lage der Hauswand wird durch die $x_1x_3$-Ebene beschrieben.

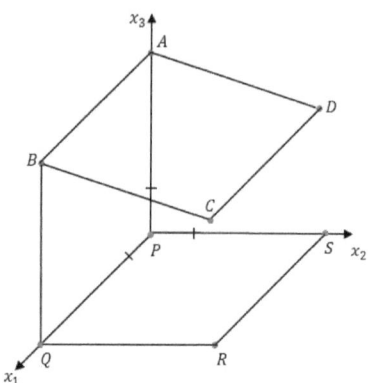

a) Bestimmen Sie eine Koordinatengleichung der Ebene, welche die Lage der Markise beschreibt.
Berechnen Sie den Winkel zwischen Markise und Hauswand.        (3 VP)

b) In der Mitte zwischen $Q$ und $R$ steht eine 30 cm hohe Stablampe. Am Markisenrand $CD$ wird ein senkrecht nach unten hängender Regenschutz angebracht, der genau bis auf die Terrasse reicht. Bei starkem Wind schwingt er frei um $CD$.
Kann der Regenschutz dabei die Stablampe berühren?
Welchen Abstand von der Hauswand darf die Stablampe auf der Terrasse höchstens haben, damit dies nicht passiert?        (4 VP)

c) Die Sonne scheint und der Regenschutz wird entfernt. Die Richtung der Sonnenstrahlen wird durch den Vektor $\vec{v} = \begin{pmatrix} 1 \\ -1 \\ -3 \end{pmatrix}$ beschrieben.
Begründen Sie ohne Rechnung, dass die Terrasse nicht vollständig beschattet wird.
Die Markise kann ein- und ausgefahren werden. Dabei bewegen sich die äußeren Eckpunkte der Markise längs der Geraden $BC$ und $AD$. Die Markise wird nun so weit eingefahren, dass der Terrassenrand zwischen $Q$ und $R$ genau zur Hälfte im Schatten liegt.
Bestimmen Sie die neuen Koordinaten der äußeren Eckpunkte der Markise.        (4 VP)

**Aufgabe B 1.2**

Ein Großhändler gibt an, dass sein Weizensaatgut eine Keimfähigkeit von mindestens 80% hat. Mehrere Kunden vermuten, dass die Keimfähigkeit in Wirklichkeit kleiner ist. Deswegen wird die Aussage des Großhändlers mit Hilfe eines Tests auf einem Signifikanzniveau von 10% überprüft, indem 500 Weizenkörner untersucht werden.

Als Nullhypothese wird die Angabe des Großhändlers verwendet.

Formulieren Sie die zugehörige Entscheidungsregel in Worten.

Die tatsächliche Keimfähigkeit des Saatguts beträgt 82%.

Wie groß ist in diesem Fall die Wahrscheinlichkeit dafür, dass bei obigem Test die Nullhypothese fälschlicherweise verworfen wird?

(4 VP)

## 5.9 Lösung Wahlteil 2015 – Analytische Geometrie / Stochastik Aufgabe B 1

### Lösung B 1.1 a)

**Koordinatengleichung der Ebene**

Mit Hilf der Punkte $A$, $B$ und $D$ berechnen wir zunächst zwei Richtungsvektoren und daraus einen Normalenvektor der Ebene.

Mit $\overrightarrow{AB} = \begin{pmatrix} 5 \\ 0 \\ 0 \end{pmatrix}$ und $\overrightarrow{AD} = \begin{pmatrix} 0 \\ 3{,}9 \\ -1{,}3 \end{pmatrix}$ ergibt sich das Vektorprodukt

$$\overrightarrow{AB} \times \overrightarrow{AD} = \begin{pmatrix} 0 \\ 0 \\ 19{,}5 \end{pmatrix} - \begin{pmatrix} 0 \\ -6{,}5 \\ 0 \end{pmatrix} = \begin{pmatrix} 0 \\ 6{,}5 \\ 19{,}5 \end{pmatrix} = \overrightarrow{n'}$$

Da es bei einem Normalenvektor nicht auf die Länge ankommt und wir „schönere" Zahlen bekommen wollen, multiplizieren wir nochmal mit $\frac{2}{13}$.

Wir erhalten $\vec{n} = \frac{2}{13} \cdot \overrightarrow{n'} = \begin{pmatrix} 0 \\ 1 \\ 3 \end{pmatrix}$. Damit ergibt sich $E: x_2 + 3x_3 = d$ mit einem noch unbekannten $d$. Da z.B. $A$ auf $E$ liegt erhalten wir $d$ durch Einsetzen $0 + 3 \cdot 4 = 12 = d$.

**Ergebnis:** Die gesuchte Koordinatenform lautet $E: x_2 + 3x_3 = 12$.

**Winkel zwischen Markise und Hauswand**

Als Normalenvektor für die Hauswand kann jeder Vektor entlang der $x_2$-Achse verwendet werden, also z.B. $\vec{n}_H = \begin{pmatrix} 0 \\ 1 \\ 0 \end{pmatrix}$.

Das Skalarprodukt ist $|\vec{n}_H \cdot \vec{n}| = |0 \cdot 0 + 1 \cdot 1 + 0 \cdot 3| = 1$ und die Längen sind $|\vec{n}_H| = 1$ und $|\vec{n}| = \sqrt{0^2 + 1^2 + 3^2} = \sqrt{10}$. Einsetzen in die Winkelformel liefert:

$$\cos(\alpha) = \frac{|\vec{n}_H \cdot \vec{n}|}{|\vec{n}_H| \cdot |\vec{n}|} = \frac{1}{\sqrt{10}} \implies \alpha \approx 71{,}6°$$

**Ergebnis:** Der Winkel zwischen Markise und Hauswand beträgt ca. 71,6°.

## Lösung B 1.1 b)

**Kann der Regenschutz die Stablampe berühren?**

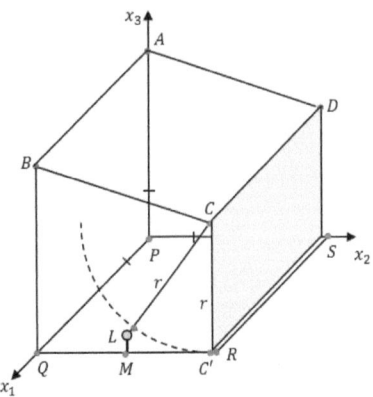

Die Mitte zwischen $Q$ und $R$ lässt sich anhand der Koordinaten ablesen mit $M(5|2|0)$.
Folglich hat die Lampe die Koordinaten $L(5|2|0{,}3)$.
Wenn der Regenschutz senkrecht hängt und den Boden berührt, liegt $C'$ direkt unter $C$ und hat die Koordinaten $C'(5|3{,}9|0)$.
Wenn der Regenschutz bei Wind nach innen schwingt, beschreibt der Punkt $C'$ einen Kreisbogen (siehe Abbildung).
Anhand des Höhenunterschieds zwischen $C$ und $C'$ lässt sich der Radius dieses Kreisbogens mit $r = 2{,}7$ ablesen.
Wenn nun $|\overrightarrow{CL}| > r = 2{,}7$ ist, dann kann der Regenschutz die Lampe nicht erreichen.

Nun gilt: $|\overrightarrow{CL}| = \left\| \begin{pmatrix} 0 \\ -1{,}9 \\ -2{,}4 \end{pmatrix} \right\| = \sqrt{(-1{,}9)^2 + (-2{,}4)^2} = 3{,}06$

Somit gilt tatsächlich $|\overrightarrow{CL}| = 3{,}06 > 2{,}7$.

**Ergebnis:** Der Regenschutz kann die Stablampe nicht erreichen.

**Größtmöglicher Abstand der Stablampe von der Hauswand**

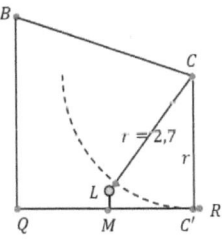

Wir müssen die Lampe in so lange in $x_2$-Richtung verschieben, bis sie den eingezeichneten Kreisbogen berührt, d.h. bis $|\overrightarrow{CL}| = r = 2{,}7$ gilt.
Wir wählen somit eine variable $x_2$-Koordinate von $L$ und erhalten $L(5|t|0{,}3)$.

Damit folgt $|\overrightarrow{CL}| = \left\| \begin{pmatrix} 0 \\ t - 3{,}9 \\ -2{,}4 \end{pmatrix} \right\| = \sqrt{(t - 3{,}9)^2 + (-2{,}4)^2} = 2{,}7$

$\Rightarrow (t - 3{,}9)^2 = 2{,}7^2 - (-2{,}4)^2 = 1{,}53 \Rightarrow t - 3{,}9 = \pm 1{,}24$

$\Rightarrow t_1 = 1{,}24 + 3{,}9 = 5{,}14$ oder $t_2 = -1{,}24 + 3{,}9 = 2{,}66$

Mit $t_1 = 5{,}14$ stünde die Stablampe rechts des Punktes $R$, somit kommt nur noch $t_2 = 2{,}66$ als Lösung in Frage.

**Ergebnis:** Die Stablampe darf höchstens 2,66 m von der Hauswand entfernt sein, damit der Regenschutz diese beim Schwingen nicht berühren kann.

### Lösung B 1.1 c)

**Behauptung: Die Terrasse wird nicht vollständig beschattet**
Man kann die (ggf. verlängerten) Richtungsvektoren der Sonnenstrahlen in die Abbildung einzeichnen und „sieht" somit, dass die Terrasse nicht vollständig beschattet wird.
Man kann auch mit Koordinaten argumentieren:
Da die Endpunkte $C$ und $D$ der Markise auf der $x_2$-Achse noch vor den Endpunkten $R$ und $S$ der Terrasse liegen, würde selbst bei senkrecht einfallendem Licht die Terrasse nicht komplett beschattet. Die $x_2$- und $x_3$-Koordinaten des Richtungsvektors sind aber negativ, d.h. die Sonnenstrahlen kommen von seitlich rechts und können somit erst recht nicht die Terrasse komplett beschatten!

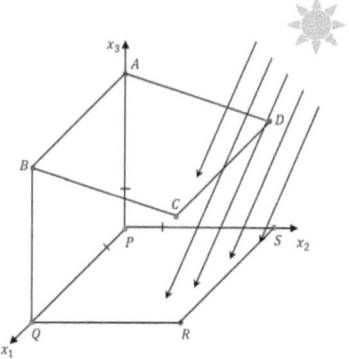

### Lösung B 1.1 c)

**Neue Koordinaten der Eckpunkte der Markise**
Der Richtungsvektor $\vec{v}$ muss am Punkt $M$ ankommen. Daraus bilden wir eine Gerade $g$ und anschließend den Schnittpunkt $S$ mit der Ebene $E$, in der die Markise liegt. Aus $S$ bestimmen wir dann die neuen Eckpunkte $C'$ und $D'$.
Aus $M$ und $\vec{v}$ ergibt sich die Gerade

$$g: \vec{x} = \begin{pmatrix} 5 \\ 2 \\ 0 \end{pmatrix} + t \begin{pmatrix} 1 \\ -1 \\ -3 \end{pmatrix}.$$

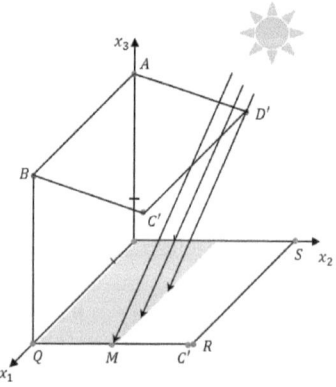

$g$ wird nun in $E: x_2 + 3x_3 = 12$ eingesetzt:

$$(2 - t) + 3(-3t) = 12 \Rightarrow 2 - 10t = 12 \Rightarrow t = -1$$

Eingesetzt in $g$ bekommen wir den Schnittpunkt $S$ von $g$ mit $E$:

$\begin{pmatrix} 5 \\ 2 \\ 0 \end{pmatrix} - 1 \begin{pmatrix} 1 \\ -1 \\ -3 \end{pmatrix} = \begin{pmatrix} 4 \\ 3 \\ 3 \end{pmatrix}$, also $S(4|3|3)$.

Die $x_2$- und $x_3$-Koordinaten der neuen Eckpunkte der Markise sind dieselben wie die von $S$. Lediglich die $x_1$-Koordinaten unterscheiden sich. $C'$ liegt bei $x_1 = 5$ und $D'$ bei $x_1 = 0$.

**Ergebnis:** Die neuen Eckpunkte der Markise sind C'(5|3|3) und D'(0|3|3).

## Lösung B 1.2

**Entscheidungsregel**
Wir halten zunächst die „Eckdaten" der Aufgabe fest:

$H_0$: $p \geq 0.8$ ($= 80\%$) ist die Keimfähigkeit des Weizens.
$n = 500$ ist der Umfang der Stichprobe.
$\alpha = 0.1$ ($= 10\%$) ist die Irrtumswahrscheinlichkeit (bzw. Signifikanzniveau).

Mit der Zufallsvariablen $X$ beschreiben wir nun die Anzahl der gekeimten Weizenkörner in der Stichprobe. Da ein Weizensamen entweder keimt oder nicht, handelt es sich um ein Bernoulli-Experiment und $X$ ist somit binomialverteilt.

Wenn die Anzahl der nicht gekeimten Weizenkörner kleiner als ein gewisser Wert $T$ ist, wird $H_0$ abgelehnt, d.h. wir haben einen linksseitigen Test mit einem Ablehnungsbereich der Gestalt $[0, \dots, T]$.
Gesucht ist folglich ein Wert $T$ so dass $P(X \leq T) \leq 0.1$.
Über {binomcdf(500,0.8,X)} kann man sich mit dem GTR über {2ND TABLE} eine Wertetabelle ausgeben und liest ab $P(X = 387) = 0.0826$ und $P(X = 388) = 0.1004$.
Dies liefert nun die
**Entscheidungsregel:** Falls in der Stichprobe höchstens 387 gekeimte Weizenkörner beobachtet werden, so wird $H_0$ bei einem Signifikanzniveau von 10% abgelehnt.

**Wahrscheinlichkeit für fälschlicherweise verworfene Nullhypothese?**

Die Zufallsvariable $X$ stelle wieder die Anzahl der gekeimtem Weizenkörner dar. Mit $p = 0{,}82$ und den Werten $T = 387$, $n = 500$ aus dem vorherigen Aufgabenteil bestimmen wir $P(X \leq 387)$ mit dem GTR über {binomcdf(500,0.82,387)} und erhalten damit die Irrtumswahrscheinlichkeit $\alpha \approx 0{,}0053$.

**Ergebnis:** Die Wahrscheinlichkeit, dass $H_0$ fälschlicherweise abgelehnt wird liegt bei etwa 0,53%.

# 5.10 Wahlteil 2015 –
## Analytische Geometrie / Stochastik
## Aufgabe B 2

**Aufgabe B 2.1**

Gegeben sind die Ebne $E\colon 3x_1 + 6x_2 + 4x_3 = 16$ und eine Geradenschar durch

$$g_a\colon \vec{x} = \begin{pmatrix} 5 \\ 1 \\ 1 \end{pmatrix} + t \cdot \begin{pmatrix} a \\ 1 \\ 0 \end{pmatrix}; \ a \in \mathbb{R}.$$

a) Bestimmen Sie den Schnittpunkt der Geraden $g_4$ mit der Ebene $E$.
   Welche Gerade der Schar ist orthogonal zu $g_4$?

   (3 VP)

b) Berechnen Sie den Schnittwinkel von $g_4$ und $E$.
   Für welche Werte von $a$ mit $-10 \leq a \leq 10$ hat der Schnittwinkel von $g_a$ und $E$ die
   Weite 10°?

   (3 VP)

c) Begründen Sie, dass alle Geraden $g_a$ in der Ebene $F\colon x_3 = 1$ liegen.
   Es gibt eine Gerade $h$, die durch den Punkt $P(5|1|1)$ geht und in $F$ liegt, aber nicht zu
   der Schar gehört.
   Bestimmen Sie eine Gleichung der Geraden $h$.

   (3 VP)

**Aufgabe B 2.2**

Bei einem Biathlonwettbewerb läuft ein Athlet eine 2,5 km lange Runde, dann schießt er liegend fünf Mal; anschließend läuft er eine zweite Runde und schießt stehend fünf Mal; nach einer dritten Runde erreicht er das Ziel. Für jeden Fehlschuss muss er direkt nach dem Schießen eine 200 m lange Strafrunde laufen. Aufgrund der bisherigen Schießleistungen geht der Trainer davon aus, dass der Athlet stehend mit 88% und liegend mit 93% Wahrscheinlichkeit trifft. Es wird vereinfachend davon ausgegangen, dass die Ergebnisse der einzelnen Schüsse voneinander unabhängig sind.

a)  Bestimmen Sie die Wahrscheinlichkeit dafür, dass der Athlet stehend bei fünf Schüssen genau viermal trifft.

(1 VP)

b)  Bestimmen Sie die Wahrscheinlichkeit dafür, dass der Athlet im gesamten Wettbewerb höchstens einmal eine Strafrunde laufen muss.

(3 VP)

c)  Der Athlet möchte seine Leistungen im Stehendschießen verbessern und künftig mit über 95% Wahrscheinlichkeit bei fünf Schüssen mindestens vier Mal treffen. Welche Trefferwahrscheinlichkeit muss er dafür mindestens erreichen?

(2 VP)

# 5.11 Lösung Wahlteil 2015 –
## Analytische Geometrie / Stochastik
## Aufgabe B 2

**Lösung Aufgabe B 2.1 a)**

**Schnittpunkt von $g_4$ mit $E$**

Setze die Koordinaten von $g_4$: $\vec{x} = \begin{pmatrix} 5 \\ 1 \\ 1 \end{pmatrix} + t \cdot \begin{pmatrix} 4 \\ 1 \\ 0 \end{pmatrix}$ in $E$ ein und löse nach $t$ auf. Es folgt

$3 \cdot (5 + 4t) + 6 \cdot (1 + t) + 4 \cdot 1 = 16 \Leftrightarrow 25 + 18t = 16 \Leftrightarrow 18t = -9 \Leftrightarrow t = -\frac{1}{2}$.

Einsetzen in $g_4$ folgt $\begin{pmatrix} 5 \\ 1 \\ 1 \end{pmatrix} - \frac{1}{2} \cdot \begin{pmatrix} 4 \\ 1 \\ 0 \end{pmatrix} = \begin{pmatrix} 3 \\ 0,5 \\ 1 \end{pmatrix}$.

**Ergebnis:** Der Schnittpunkt von $g_4$ mit $E$ liegt bei $S(3|0,5|1)$.

**Gerade die orthogonal zu $g_4$ ist**

Wenn Geraden $g_a$ und $g_4$ orthogonal sein sollen, muss das Skalarprodukt der

Richtungsvektoren 0 sein. Es folgt: $\begin{pmatrix} a \\ 1 \\ 0 \end{pmatrix} \cdot \begin{pmatrix} 4 \\ 1 \\ 0 \end{pmatrix} = 4a + 1 = 0$ also $a = -\frac{1}{4}$.

**Ergebnis:** Die Gerade $g_{-\frac{1}{4}}$ ist orthogonal $g_4$.

**Lösung Aufgabe B 2.1 b)**

**Schnittwinkel von $g_4$ mit $E$**

Formel: $\sin(\alpha) = \frac{|\vec{u} \cdot \vec{n}|}{|\vec{u}| \cdot |\vec{n}|}$ wobei $\vec{u}$ der Richtungsvektor von $g_4$ und $\vec{n}$ der Nor-malenvektor von $E$ ist.

Mit $\vec{u} = \begin{pmatrix} 4 \\ 1 \\ 0 \end{pmatrix}$ und $\vec{n} = \begin{pmatrix} 3 \\ 6 \\ 4 \end{pmatrix}$ folgt $|\vec{u} \cdot \vec{n}| = |4 \cdot 3 + 1 \cdot 6| = 18$, $|\vec{u}| = \sqrt{4^2 + 1^2} = \sqrt{17}$ und

$|\vec{n}| = \sqrt{3^2 + 6^2 + 4^2} = \sqrt{61}$ und mit dem GTR $\sin(\alpha) = \frac{18}{\sqrt{17} \cdot \sqrt{61}} \approx 0,5589 \Rightarrow \alpha \approx 34°$.

**Ergebnis:** Der Schnittwinkel zwischen $g_4$ und $E$ beträgt etwa 34°.

**Werte von $a$ mit $-10 \leq a \leq 10$, so dass $\alpha = 10°$**

Mit $\sin(10°) \approx 0{,}174$, $\vec{u} = \begin{pmatrix} a \\ 1 \\ 0 \end{pmatrix}$ und $\vec{n} = \begin{pmatrix} 3 \\ 6 \\ 4 \end{pmatrix}$ folgt $|\vec{u} \cdot \vec{n}| = |3a + 6|$, $|\vec{u}| = \sqrt{a^2 + 1}$ und

$|\vec{n}| = \sqrt{61}$. Einsetzen liefert $0{,}174 = \frac{|3a+6|}{\sqrt{a^2+1}\cdot\sqrt{61}}$.

Geben Sie nun den Ausdruck $\frac{|3a+6|}{\sqrt{a^2+1}\cdot\sqrt{61}} - 0{,}174$ bei $Y_1$ im

GTR ein und lassen Sie sich den Grap hen im
$x$-Intervall $[-10; 10]$ und im $y$-Intervall $[-1; 1]$ zeichnen.
Mit {2ND CALC zero} erhalten Sie die beiden Nullstellen
$a_1 = -3{,}76$ und $a_2 = -1{,}27$.

**Ergebnis:**
Für $a = -3{,}76$ bzw. $a = -1{,}27$ hat der Winkel zwischen $g_a$ und $E$ den Wert $\alpha = 10°$.


**Lösung Aufgabe B 2.1 c)**


**Behauptung: Alle Geraden $g_a$ liegen in der Ebene $F: x_3 = 1$**
Alle Punkte der Geraden $g_a$ haben dieselbe $x_3$-Koordinate, nämlich $x_3 = 1$. Somit liegen
alle Punkte von $g_a$, also die gesamte Gerade, in $F$.


**Gleichung der Geraden $h$ durch $P(5|1|1)$, die in $F$ liegt**
Eine Gerade $h$ durch $P(5|1|1)$, die in $F$ liegt hat die feste $x_3$-Koordinate $x_3 = 1$ und damit

die Form $h: \vec{x} = \begin{pmatrix} 5 \\ 1 \\ 1 \end{pmatrix} + s \cdot \begin{pmatrix} u_1 \\ u_2 \\ 0 \end{pmatrix}$. Damit $h$ nicht zu der Schar $g_a$ gehört, müssen die beiden

Richtungsvektoren linear unabhängig sein, d.h. sie dürfen keine Vielfache voneinander sein.

Demnach müssen wir Koordinaten $u_1$ und $u_2$ so finden, dass $\begin{pmatrix} a \\ 1 \\ 0 \end{pmatrix} = k \cdot \begin{pmatrix} u_1 \\ u_2 \\ 0 \end{pmatrix}$ zu einem

Widerspruch führt. Dazu wählen wir $u_2 = 0$, denn dadurch verhindern wir, dass die zweite
Koordinatengleichung $1 = k \cdot u_2$ erfüllt werden kann. $u_1$ können wir nun frei wählen z.B.
$u_1 = 1$. Damit haben wir bereits eine Parameterform für $h$.

**Ergebnis:** Eine mögliche Gleichung für $h$ ist gegeben durch $h: \vec{x} = \begin{pmatrix} 5 \\ 1 \\ 1 \end{pmatrix} + s \cdot \begin{pmatrix} 1 \\ 0 \\ 0 \end{pmatrix}$, $s \in \mathbb{R}$.

## Lösung Aufgabe B 2.2 a)

Die Trefferwahrscheinlichkeit für „stehend schießen" ist laut Aufgabenstellung $p_s = 0{,}88$.
Entsprechend ist die Wahrscheinlichkeit für „nicht getroffen" $1 - p_s = 0{,}12$. Bei 5 Schüssen
gibt es genau 5 Möglichkeiten für „genau 4 Treffer", nämlich $(N, T, T, T, T)$, $(T, N, T, T, T)$
bis $(T, T, T, T, N)$. Damit ergibt sich die WS für genau 4 Treffer zu:

$$P(\text{„genau 4 Treffer"}) = 5 \cdot 0{,}88^4 \cdot 0{,}12 \approx 0{,}36 = 36\%$$

**Ergebnis:** Die WS beim „stehend Schießen" genau 4mal zu treffen, liegt bei 36%.

## Lösung Aufgabe B 2.2 b)

### WS für höchstens eine Strafrunde
Wir notieren zunächst noch einmal die Gegebenheiten:
Es wird 10mal geschossen, 5mal stehend und 5mal liegend.
Es gilt $p_s = 0{,}88$, $\bar{p}_s = 0{,}12$, $p_l = 0{,}93$, $\bar{p}_l = 0{,}07$.
Gesucht ist die WS für höchstens eine Strafrunde, also die WS für höchstens einen
Fehlschuss. Die Zufallsvariable $X$ bezeichne die Anzahl der Fehlschüsse.
Folglich ist $P(X \leq 1)$ gesucht. Es gilt $P(X \leq 1) = P(X = 0) + P(X = 1)$.
Wir berechnen die beiden Einzelwahrscheinlichkeiten für „kein Fehlschuss" bzw. für „genau
ein Fehlschuss" wie folgt:

$P(X = 0)$:
„Kein Fehlschuss" bedeutet 5 Treffer stehend und 5 Treffer liegend.
Damit ist $P(X = 0) = 0{,}88^5 \cdot 0{,}93^5 \approx 0{,}367$.

$P(X = 1)$:
„Genau ein Fehlschuss" bedeutet „5 Treffer stehend und 4 Treffer liegend" ODER „ 4 Treffer
stehend und 5 Treffer liegend".
Damit ist $P(X = 1) = 0{,}88^5 \cdot 0{,}93^4 \cdot 0{,}07 \cdot 5 + 0{,}88^4 \cdot 0{,}12 \cdot 5 \cdot 0{,}93^5 \approx 0{,}388$.

Insgesamt haben wir nun
$$P(X \leq 1) = P(X = 0) + P(X = 1) = 0{,}367 + 0{,}388 = 0{,}755 = 75{,}5\%$$

**Ergebnis:** Die WS für „höchstens eine Strafrunde" beträgt etwa 75,5%.

**Lösung Aufgabe B 2.2 c)**

**Neue Trefferwahrscheinlichkeit beim Stehendschießen**

Die noch unbekannte Trefferwahrscheinlichkeit sei $p$. Die Zufallsvariable $X$ bezeichne wieder die Anzahl der Treffer. Gesucht ist folglich $p$ so, dass $P(X \geq 4) > 0{,}95$ gilt. Nun ist $P(X \geq 4) = P(X = 4) + P(X = 5)$. Mit $P(X = 4) = p^4 \cdot (1 - p) \cdot 5$ und $P(X = 5) = p^5$ folgt nun $P(X \geq 4) = p^4 \cdot (1 - p) \cdot 5 + p^5 > 0{,}95$. Nach Ausklammern von $p^4$ erhalten wir

$$p^4 \cdot \big((1 - p) \cdot 5 + p\big) > 0{,}95 \iff p^4 \cdot (5 - 4p) > 0{,}95$$

Geben Sie nun den Ausdruck $X^4 * (5 - 4X)$ bei Y₁ und 0.95 bei Y₂ im GTR ein und lassen Sie sich beide Kurven im $x$-Intervall $[0; 1]$ und im $y$-Intervall $[0; 1{,}5]$ zeichnen. Mit {2ND CALC intersect} ermitteln Sie den Schnittpunkt bei $X \approx 0{,}924$.
Sie erkennen in der Abbildung, dass für $X > 0{,}924$ der Ausdruck $P(X \geq 4) > 0{,}95$ wird.

**Ergebnis:** Der Athlet muss seine Trefferwahrscheinlichkeit im Stehendschießen auf über 92,4% erhöhen, damit er bei 5 Schüssen mit einer Wahrscheinlichkeit von mehr als 95% mindestens 4 Treffer erzielt.

# 5.12 Pflichtteil 2014

**Aufgabe 1:**

Bilden Sie die Ableitung der Funktion $f$ mit $f(x) = \sqrt{x} \cdot e^{2x}$.

(2 VP)

**Aufgabe 2:**

Berechnen Sie das Integral $\int_0^1 \frac{4}{(2x+1)^3}\, dx$.

(2 VP)

**Aufgabe 3:**

Lösen Sie die Gleichung $x^4 = 4 + 3x^2$.

(3 VP)

**Aufgabe 4:**

Gegeben sind die Funktionen $f$ und $g$ mit $f(x) = \cos(x)$ und $g(x) = 2\cos\left(\frac{\pi}{2}x\right) - 2$.
a)   Beschreiben Sie, wie man den Graphen von $g$ aus dem Graphen von $f$ erhält.
b)   Bestimmen Sie die Nullstellen von $g$ für $0 \leq x \leq 4$.

(4 VP)

**Aufgabe 5:**

Die Abbildung zeigt die Graphen $K_f$ und $K_g$ zweier Funktionen $f$ und $g$.

a)   Bestimmen Sie $f\big(g(3)\big)$.
    Bestimmen Sie einen Wert für $x$ so,
    dass $f\big(g(x)\big) = 0$ ist.
b)   Die Funktion h ist gegeben durch
    $h(x) = f(x) \cdot g(x)$.
    Bestimmen Sie $h'(2)$

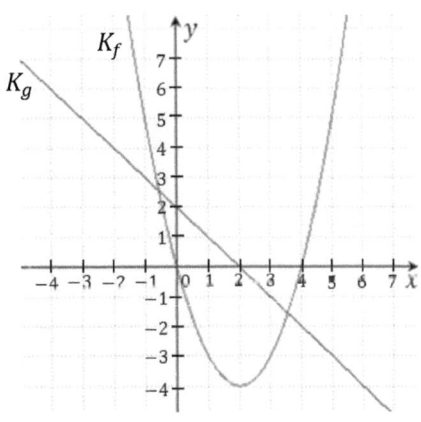

(5 VP)

**Aufgabe 6:**

Gegeben sind die Ebenen $E: x_1 + x_2 = 4$ und $F: x_1 + x_2 + 2x_3 = 4$.

a) Stellen Sie die beiden Ebenen in einem gemeinsamen Koordinatensystem dar.
   Geben Sie eine Gleichung der Schnittgeraden von $E$ und $F$ an.
b) Die Ebene $G$ ist parallel zur $x_1$-Achse und schneidet die $x_2 x_3$-Ebene in derselben
   Spurgeraden wie die Ebene $F$.
   Geben Sie eine Gleichung der Ebene $G$ an.

(5 VP)

**Aufgabe 7:**

Gegeben sind die Punkte $A(1|10|1)$, $B(-3|13|1)$ und $C(2|3|1)$.
Die Gerade $g$ verläuft durch $A$ und $B$.
Bestimmen Sie den Abstand des Punktes $C$ von der Geraden $g$.

(4 VP)

**Aufgabe 8:**

An einem Spielautomaten verliert man durchschnittlich zwei Drittel aller Spiele.
a) Formulieren Sie ein Ereignis $A$, für das gilt:
$$P(A) = \binom{10}{8} \cdot \left(\frac{2}{3}\right)^8 \cdot \left(\frac{1}{3}\right)^2 + 10 \cdot \left(\frac{2}{3}\right)^9 \cdot \frac{1}{3} + \left(\frac{2}{3}\right)^{10}$$
b) Jemand spielt vier Spiele an dem Automaten.
   Mit welcher Wahrscheinlichkeit verliert er dabei genau zwei Mal?

(3 VP)

**Aufgabe 9:**

Gegeben sind der Mittelpunkt einer Kugel sowie eine Ebene.
Die Kugel berührt diese Ebene.
Beschreiben Sie, wie man den Kugelradius und den Berührpunkt bestimmen kann.

(3 VP)

# 5.13 Lösung Pflichtteil 2014

**Aufgabe 1:**

Für $f(x) = x^{1/2} \cdot e^{2x}$ verwende die Produkt- und Kettenregel:

$$f'(x) = \frac{1}{2}x^{-\frac{1}{2}} \cdot e^{2x} + x^{\frac{1}{2}} \cdot 2e^{2x} = e^{2x}\left(\frac{1}{2\sqrt{x}} + 2\sqrt{x}\right)$$

**Aufgabe 2:**

$$\int_0^1 \frac{4}{(2x+1)^3}\,dx = \int_0^1 4(2x+1)^{-3}\,dx$$

$$= \left[4 \cdot \left(\frac{1}{-2}\right)(2x+1)^{-2} \cdot \frac{1}{2}\right]_0^1 = \left[-\frac{1}{(2x+1)^2}\right]_0^1$$

$$= \left(-\frac{1}{9}\right) - (-1) = \frac{8}{9}$$

**Aufgabe 3:**

$$
\begin{aligned}
x^4 &= 4 + 3x^2 && \mid -3x^2 - 4 \\
x^4 - 3x^2 - 4 &= 0 && \mid \text{Substitution } z := x^2 \\
z^2 - 3z - 4 &= 0 && \mid \text{p-q-Formel}
\end{aligned}
$$

$$z_{1,2} = \frac{3}{2} \pm \sqrt{\frac{9}{4} + \frac{16}{4}} \Rightarrow z_1 = 4,\ z_2 = -1 \qquad \mid \text{Rücksubstitution}$$

$$x^2 = 4 \Rightarrow x_1 = 2;\ x_2 = -2 \qquad \text{bzw.} \qquad x^2 = -1 \ \text{\Large\char"2717}$$

**Ergebnis:** $\mathbb{L} = \{2; -2\}$.

**Aufgabe 4:**

**a) Wie erhält man den Graphen von $g$ aus demjenigen von $f$?**

- Verdopple die Amplitude, d.h. aus $\cos(x)$ wird $2\cos(x)$.
- Ändere die Frequenz, d.h. aus $2\cos(x)$ wird $2\cos\left(\frac{\pi}{2}x\right)$.
- Verschiebe den Graphen um 2 Einheiten nach unten und erhalte $g(x)$.

**b) Nullstellen von $g$ für $0 \le x \le 4$**

$$2 \cos\left(\frac{\pi}{2}x\right) - 2 = 0 \overset{+2}{\Rightarrow} 2 \cos\left(\frac{\pi}{2}x\right) = 2 \overset{:2}{\Rightarrow} \cos\left(\frac{\pi}{2}x\right) = 1$$

Wegen $\cos(0) = 1 \Rightarrow \frac{\pi}{2}x = 0 \Rightarrow x = 0$

Wegen $\cos(2\pi) = 1 \Rightarrow \frac{\pi}{2}x = 2\pi \Rightarrow x = 4$

**Ergebnis:** Die Nullstellen von $g$ für $0 \le x \le 4$ sind $x = 0$ bzw. $x = 4$.

**Aufgabe 5:**

**a) Wert für $f\big(g(3)\big)$**

**Ergebnis:** Wegen $g(3) = -1$ und $f(-1) = 5$ ist $f\big(g(3)\big) = 5$.

**Wert für $x$, so dass $f\big(g(x)\big) = 0$ ist**
Für $f(x) = 0$ liest man $x = 0$ und $x = 4$ ab.
Wir suchen also Werte für x, so dass $g(x) = 0$
oder $g(x) = 4$ ist. Für $x = 2$ ist $g(x) = 0$
und für $x = -2$ ist $g(x) = 4$.

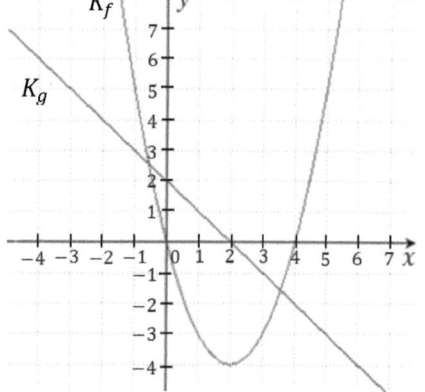

**Ergebnis:** Für $x = 2$ und $x = -2$ ist $f\big(g(x)\big) = 0$.

**b) Für $h(x) = f(x) \cdot g(x)$ bestimme $h'(2)$**

Mit der Produktregel gilt
$h'(x) = f'(x) \cdot g(x) + f(x) \cdot g'(x)$
und damit
$h'(2) = f'(2) \cdot g(2) + f(2) \cdot g'(2)$

Durch Ablesen erhält man $f(2) = -4$, $g(2) = 0$.

Da die Ableitung nichts anderes als die Steigung ist, liest man weiterhin ab: $f'(2) = 0$, denn an der Stelle $x = 2$ hat $K_f$ eine waagrechte Tangente und $g'(2) = -1$, denn die Steigung der Geraden $g$ ist überall gleich $-1$.

**Ergebnis:**  $h'(2) = 0 \cdot 0 + (-4) \cdot (-1) = 4$.

## Aufgabe 6:

### a)  Darstellung der Ebenen in einem Koordinatensystem

Die Ebenengleichungen sind gegeben durch $E: x_1 + x_2 = 4$ und $F: x_1 + x_2 + 2x_3 = 4$.
Zunächst bestimmt man die Spurpunkte (= Schnittpunkte mit den Achsen) der beiden
Ebenen. Für $E$ erhält man, indem man $x_2 = 0$ setzt und nach $x_1$ auflöst, den Spurpunkt
$E_1(4|0|0)$ bzw. indem man $x_1 = 0$ setzt und nach $x_2$ auflöst den Spurpunkt $E_2(0|4|0)$.
Einen Schnittpunkt mit der $x_3$-Achse gibt es nicht, d.h. $E$ verläuft parallel zur $x_3$-Achse.
Analog erhält man die Spurpunkte für $F$ (durch Nullsetzen zweier Koordinaten und Auflösen
nach der dritten Koordinate), nämlich $F_1(4|0|0)$, $F_2(0|4|0)$ und $F_3(0|0|2)$.

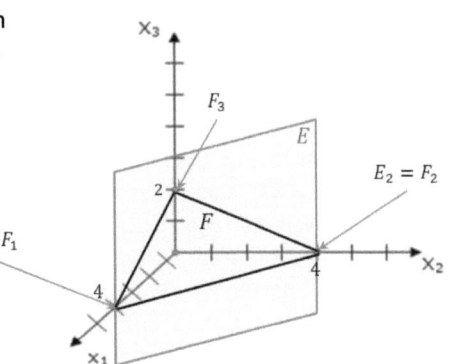

Durch Einzeichnen und Verbinden der jeweiligen
Spurpunkte im Koordinatensystem erkennt man
die Lage der beiden Ebenen.
Die Schnittgerade erhält man durch Lösen
des LGS  (oder durch einfaches Ablesen)
$I.\ \ x_1 + x_2 = 4$ und $II.\ x_1 + x_2 + 2x_3 = 4$
$II. - I.$ liefert $x_3 = 0$.
Übrig bleibt die Gleichung
$x_1 + x_2 = 4$ in der man z.B. $x_2$ frei wählen
kann, etwa $x_2 = t \in \mathbb{R}$. Dadurch erhält
man $x_1 = 4 - t$. Somit ergibt sich das

**Ergebnis:** Die Schnittgerade ist gegeben durch

$$g:\ \vec{x} = \begin{pmatrix} x_1 \\ x_2 \\ x_3 \end{pmatrix} = \begin{pmatrix} 4-t \\ t \\ 0 \end{pmatrix} = \begin{pmatrix} 4 \\ 0 \\ 0 \end{pmatrix} + t \begin{pmatrix} -1 \\ 1 \\ 0 \end{pmatrix};\ \ t \in \mathbb{R}$$

### b)  Gleichung für die Ebene $G$

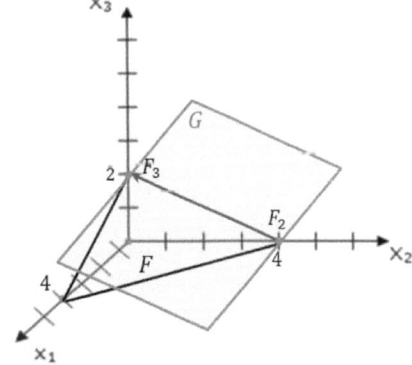

Wir nehmen $\vec{u} = \overrightarrow{F_2F_3} = \begin{pmatrix} 0 \\ 0 \\ 2 \end{pmatrix} - \begin{pmatrix} 0 \\ 4 \\ 0 \end{pmatrix} = \begin{pmatrix} 0 \\ -4 \\ 2 \end{pmatrix}$

als einen Richtungsvektor für $G$. Da $G$ parallel zur

$x_1$-Achse verläuft, können wir $\vec{v} = \begin{pmatrix} 1 \\ 0 \\ 0 \end{pmatrix}$ als

zweiten Richtungsvektor verwenden. Der Punkt
$F_3(0|0|2)$ liegt auf $G$ und kann somit als
Stützvektor dienen.

**Ergebnis:** Eine Parameterform für $G$ lautet

$$G: \vec{x} = \begin{pmatrix} 0 \\ 0 \\ 2 \end{pmatrix} + s \begin{pmatrix} 0 \\ -4 \\ 2 \end{pmatrix} + t \begin{pmatrix} 1 \\ 0 \\ 0 \end{pmatrix}; \quad s, t \in \mathbb{R}.$$

**Aufgabe 7:**

Für die Geradengleichung von $g$ verwende z.B. $\vec{a} = \begin{pmatrix} 1 \\ 10 \\ 1 \end{pmatrix}$ als Stützvektor und

$\vec{u} = \overrightarrow{AB} = \begin{pmatrix} -3 \\ 13 \\ 1 \end{pmatrix} - \begin{pmatrix} 1 \\ 10 \\ 1 \end{pmatrix} = \begin{pmatrix} -4 \\ 3 \\ 0 \end{pmatrix}$ als Richtungsvektor.

Somit haben wir $g$: $\vec{x} = \begin{pmatrix} 1 \\ 10 \\ 1 \end{pmatrix} + t \begin{pmatrix} -4 \\ 3 \\ 0 \end{pmatrix}$ mit $t \in \mathbb{R}$ als Geradengleichung.

Im nächsten Schritt bilden wir eine Hilfsebene $E$, die senkrecht zu $g$ steht, so dass $C$ in $E$ liegt.

Als Normalenvektor für $E$ nehmen wir den Richtungsvektor $\vec{u}$ von $g$ und erhalten damit zunächst $E: -4x_1 + 3x_2 = d$ mit einem noch unbekannten $d$.

Da $C$ in $E$ liegt, setzen wir die Koordinaten von $C$ ein und erhalten: $E: -4 \cdot 2 + 3 \cdot 3 = 1 = d$ und damit die vollständige Ebenengleichung:

$$E: -4x_1 + 3x_2 = 1$$

Durch Einsetzen von $g$ in die Ebenengleichung von $E$ bestimmen wir den Schnittpunkt $F$.

$$-4(1 - 4t) + 3(10 + 3t) = 1 \;\Rightarrow\; 25t = -25 \;\Rightarrow\; t = -1$$

Den soeben gefundenen Wert $t = -1$ setzen wir in $g$ ein und erhalten

$$\vec{x} = \begin{pmatrix} 1 \\ 10 \\ 1 \end{pmatrix} - 1 \begin{pmatrix} -4 \\ 3 \\ 0 \end{pmatrix} = \begin{pmatrix} 5 \\ 7 \\ 1 \end{pmatrix},$$

somit ist $F(5|7|1)$ der Schnittpunkt von $g$ mit $E$. Der Abstand von $C$ zu $g$ ist dann gegeben durch:

$$d(C, g) = |\overrightarrow{CF}| = \left| \begin{pmatrix} 5 \\ 7 \\ 1 \end{pmatrix} - \begin{pmatrix} 2 \\ 3 \\ 1 \end{pmatrix} \right| = \left| \begin{pmatrix} 3 \\ 4 \\ 0 \end{pmatrix} \right| = \sqrt{3^2 + 4^2 + 0^2} = 5$$

**Ergebnis:** Der Abstand von $C$ zu $g$ beträgt 5 LE.

**Aufgabe 8:**

**a)** Ereignis $A$ mit $P(A) = \binom{10}{8} \cdot \left(\frac{2}{3}\right)^8 \cdot \left(\frac{1}{3}\right)^2 + 10 \cdot \left(\frac{2}{3}\right)^9 \cdot \frac{1}{3} + \left(\frac{2}{3}\right)^{10}$

Laut Aufgabe ist die WS für „verlieren" $\frac{2}{3}$, also für „gewinnen" $\frac{1}{3}$. Der Teilausdruck $\binom{10}{8} \cdot$
$\left(\frac{2}{3}\right)^8 \cdot \left(\frac{1}{3}\right)^2$ gibt somit die WS an, in 10 Spielen 2mal zu gewinnen und 8mal zu verlieren.
Entsprechend ist $\binom{10}{1} \cdot \left(\frac{2}{3}\right)^9 \cdot \left(\frac{1}{3}\right)^1 = 10 \cdot \left(\frac{2}{3}\right)^9 \cdot \frac{1}{3}$ die WS, in 10 Spielen 1mal zu gewinnen
und 9mal zu verlieren. Ebenso ist $\binom{10}{0} \cdot \left(\frac{2}{3}\right)^{10} \cdot \left(\frac{1}{3}\right)^0 = \left(\frac{2}{3}\right)^{10}$ die WS für 10mal verlieren in
10 Spielen. Alle Teilergebnisse zusammen führen zu folgendem

**Ergebnis:** Der angegebene Ausdruck beschreibt die Wahrscheinlichkeit des Ereignisses $A =$ „In 10 Spielen höchstens 2mal gewinnen".

**b) WS für genau 2mal verlieren bei 4 Spielen**

Die WS für „verlieren" ist $\frac{2}{3}$, die WS für „gewinnen" ist $\frac{1}{3}$. Damit gibt der Ausdruck $\binom{4}{2} \cdot \left(\frac{2}{3}\right)^2 \cdot$
$\left(\frac{1}{3}\right)^2$ die gesuchte WS an, wobei $\binom{4}{2}$ beschreibt auf wie viele Arten sich die 2 Gewinne (G)
und die 2 Niederlagen (N) in den 4 Spielen verteilen können, nämlich auf diese 6 Arten:
GGNN, GNGN, GNNG, NGGN, NGNG, NNGG.
Damit ist $P(\text{„2mal verlieren"}) = 6 \cdot \left(\frac{2}{3}\right)^2 \cdot \left(\frac{1}{3}\right)^2 = 6 \cdot \frac{4}{9} \cdot \frac{1}{9} = \frac{8}{27}$

**Ergebnis:** $P(\text{„2mal verlieren"}) = \frac{8}{27}$

**Aufgabe 9:**

Bilde eine Gerade $g$ senkrecht zur Ebene $E$ durch den
Mittelpunkt $M$ der Kugel. $M$ dient dabei als Stützvektor
von $g$ und der Normalenvektor von $E$ als Richtungsvektor.
Bestimme den Schnittpunkt $F$ von $g$ mit $E$.
Dies ist der Berührungspunkt der Kugel mit der Ebene.
Der Abstand $d = |\overrightarrow{MF}|$ ist schließlich der Radius der Kugel.

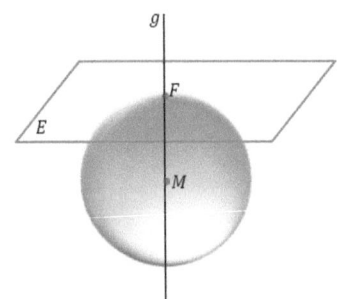

# 5.14 Wahlteil 2014 – Analysis A 1

### Aufgabe A 1.1

Gegeben ist die Funktion $f$ mit $f(x) = 10x \cdot e^{-0,5x}$. Ihr Graph ist $K$.

a)  $K$ besitzt einen Extrempunkt und einen Wendepunkt.
    Geben Sie deren Koordinaten an.
    Geben Sie eine Gleichung der Asymptote von $K$ an.
    Skizzieren Sie $K$.

    (4 VP)

b)  Für jedes $u > 0$ sind $O(0|0)$, $P(u|0)$ und $Q\big(u|f(u)\big)$ die Eckpunkte eines Dreiecks.
    Bestimmen Sie einen Wert für $u$ so, dass dieses Dreieck den Flächeninhalt 8 hat.
    Für welchen Wert von $u$ ist das Dreieck $OPQ$ gleichschenklig?

    (4 VP)

c)  Auf der $x$-Achse gibt es Intervalle der Länge 3, auf denen die Funktion den Mittelwert
    2,2 besitzt.
    Bestimmen Sie die Grenzen eines solchen Intervalls.

    (3 VP)

### Aufgabe A 1.2

Gegeben ist für jedes $t > 0$ eine Funktion $f_t$ durch $f_t(x) = \frac{1}{3}x^3 - t^2 x$.
Bestimmen Sie $t$ so, dass die beiden Extrempunkte des Graphen von $f_t$ den Abstand 13
voneinander haben.

(4 VP)

# 5.15 Lösung Wahlteil 2014 – Analysis A 1

**Aufgabe A 1.1**

### a) Skizze / Schaubild von $K$ und Extrempunkt

Im GTR geben Sie bei Y$_1$ den Funktionsterm von $f(x)$ ein und bei Y$_2$ den Ausdruck {nDeriv(Y$_1$,X,X)} der die Ableitung von $f(x)$ darstellt. Mit {GRAPH} lässt man sich beide Kurven zeichnen z.B. im x-Intervall $[-5; 5]$ und im y-Intervall $[-10; 10]$.
Mit {2ND CALC zero} bestimmt man die Nullstelle von $f'$ und findet diese bei $x = 2$. Nun wechselt man zum Schaubild $K$ und liest dort die y-Koordinate mit $y = 7{,}36$ ab.

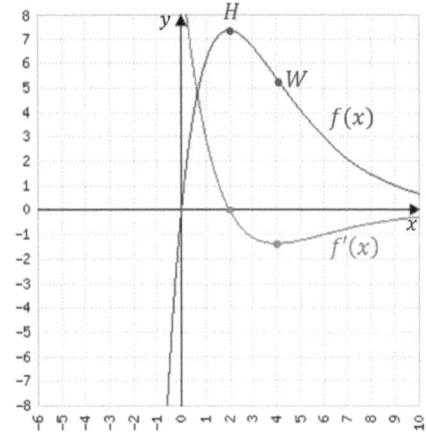

**Ergebnis:** $f(x)$ besitzt bei $H(2|7{,}36)$ einen Hochpunkt.

### Wendepunkt von $K$
Der Wendepunkt von $K$ befindet sich an der Stelle, an der $f'$ einen Extrempunkt (in unserem Fall einen Tiefpunkt) hat. Diesen findet man mit {2ND CALC minimum} bei $x = 4$ und liest nach dem Wechsel zum Schaubild $K$ die y-Koordinate $y = 5{,}41$ ab.

**Ergebnis:** $f(x)$ besitzt bei $W(4|5{,}41)$ einen Wendepunkt.

### Asymptote von $K$
Aus dem Schaubild können wir vermuten, dass die x-Achse die waagrechte Asymptote von $f(x)$ ist. Dies müssen wir aber nachweisen! Es gilt: $\lim\limits_{x\to\infty} 10x \cdot e^{-0,5x} = \lim\limits_{x\to\infty} \dfrac{10x}{e^{0,5x}} = 0$, da hier der Nenner viel schneller wächst als der Zähler. Somit haben wir das

### Ergebnis:
Die Gerade $y = 0$ (also die x-Achse) ist die waagrechte Asymptote von $f(x)$. Da $f(x)$ keine Polstellen besitzt, ist dies auch die einzige Asymptote.

**b)　Wert für $u$, so dass $A_{OPQ} = 8$ gilt**

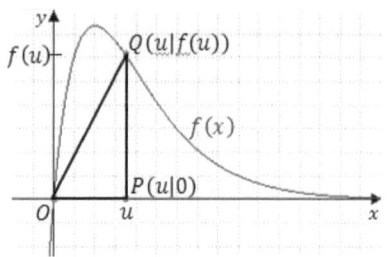

Das Dreieck $OPQ$ hat den Flächeninhalt
$A = \frac{1}{2}u \cdot f(u)$. Gesucht ist demnach ein $u$,
so dass $8 = \frac{1}{2}u \cdot f(u) = \frac{1}{2}u \cdot 10u \cdot e^{-0,5u}$
$= 5u^2 \cdot e^{-0,5u}$ bzw. $5u^2 \cdot e^{-0,5u} - 8 = 0$ gilt.
Mit dem GTR lässt man sich diese Funktion
zeichnen und bestimmt mit {2ND CALC zero}
die Nullstellen bei $x_1 = -0,99$, $x_2 = 2,18$
und $x_3 = 6,62$.

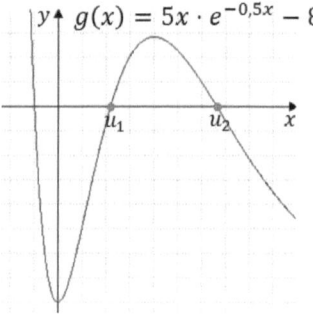

**Ergebnis:** Bei den Werten $u_1 = 2,18$ bzw. $u_2 = 6,62$ hat
das Dreieck $OPQ$ den Flächeninhalt 8 LE².

**Wert für $u$, so dass das Dreieck $OPQ$ gleichschenklig ist**

Damit das Dreieck $OPQ$ gleichschenklig wird,
müssen wir einen Wert für u finden, so dass
$u = f(u)$ gilt. Es folgt:

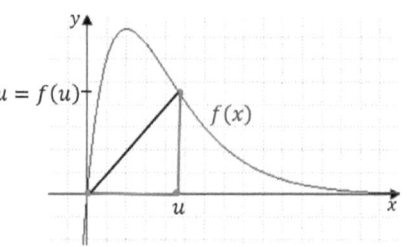

$$u = 10u \cdot e^{-0,5u} \qquad |:10u$$
$$\frac{1}{10} = e^{-0,5u} \qquad |\ln$$
$$\ln\left(\frac{1}{10}\right) = -0,5u \qquad |:-0,5$$
$$u = -2 \cdot \ln\left(\frac{1}{10}\right) \approx 4,61$$

**Ergebnis:** Für den Wert $u = 4,61$ ist das Dreieck $OPQ$ gleichschenklig.

**c)　Intervallgrenzen**

Die Mittelwertsformel lautet $m = \frac{1}{b-a}\int_a^b f(x)dx$, in unserem Fall also: $2,2 = \frac{1}{3}\int_x^{x+3} f(t)dt$.
Beachte, dass das Intervall bei einem noch unbekannten Wert $x$ beginnt, 3 Einheiten lang
ist und somit bei $x + 3$ endet. Um die Lösung mit dem GTR zu bestimmen, geben Sie bei Y₁
den Funktionsterm von $f(x)$ ein. Bei Y₂ geben Sie den Ausdruck {fnInt(Y₁,X,X,X+3)/3} und
bei Y₃ den Wert 2,2 ein. Lassen Sie sich die Graphen von Y₂ und Y₃ zeichnen z.B. im $x$-Intervall
$[-8; 8]$ und im $y$-Intervall $[-10, 10]$.

Mit {2ND CALC intersect} bestimmen Sie die beiden Schnittpunkte der Graphen bei $x_1 = -0,86$ und $x_2 = 5,5$. Dies sind die beiden möglichen Startpunkte der gesuchten Intervalle (in der Aufgabe war nur ein Intervall gefragt).

**Ergebnis:** $I_1 = [-0,86; 2,14]$ und $I_2 = [5,5; 8,5]$ sind die einzigen Intervalle der Länge 3, auf denen $f(x)$ den Mittelwert 2,2 besitzt.

**Aufgabe A 1.2**

**Extrempunkte**

Wir bilden zunächst die ersten beiden Ableitungen und erhalten $f_t'(x) = x^2 - t^2$ und
$f_t''(x) = 2x$. Mit $f_t'(x) = 0$ folgt $x^2 - t^2 = 0 \Rightarrow x^2 = t^2 \Rightarrow x_1 = t, x_2 = -t$.
Einsetzen von $x_1$ bzw. $x_2$ in $f_t''$ liefert $f_t''(t) = 2t \neq 0$ bzw. $f_t''(-t) = -2t \neq 0$ wegen $t >$
$0$. Daher liegen bei $x_1$ und $x_2$ tatsächlich Extrempunkte vor.
Einsetzen in $f_t(x)$ liefert die jeweiligen $y$-Koordinaten der Extrempunkte.

$$f_t(t) = \frac{1}{3}t^3 - t^2 \cdot t = -\frac{2}{3}t^3 \text{ bzw. } f_t(-t) = \frac{1}{3}(-t)^3 - t^2 \cdot (-t) = \frac{2}{3}t^3$$

Damit haben wir beide Extrempunkte: $E_1\left(t\middle|-\frac{2}{3}t^3\right)$ und $E_2\left(-t\middle|\frac{2}{3}t^3\right)$

**Abstand der Extrempunkte**

Der Abstand zweier Punkte $A(x_1|y_1)$ und $B(x_2|y_2)$ ist gegeben durch die Formel
$d(A,B) = \sqrt{(x_2 - x_1)^2 + (y_2 - y_1)^2}$ (Pythagoras). In unserem Fall gilt demnach:

$$d(E_1, E_2) = \sqrt{(-t - t)^2 + \left(\frac{2}{3}t^3 - \left(-\frac{2}{3}t^3\right)\right)^2} = \sqrt{4t^2 + \frac{16}{9}t^6}$$

**Wert für $t$, so dass $d(E_1, E_2) = 13$ wird**

$$13 = \sqrt{4t^2 + \frac{16}{9}t^6} \Rightarrow 169 = 4t^2 + \frac{16}{9}t^6 \Rightarrow \frac{16}{9}t^6 + 4t^2 - 169 = 0$$

Dies gibt man im GTR z.B. bei $Y_1$ ein, lässt sich den Graphen zeichnen und bestimmt mit
{2ND CALC zero} die Nullstellen bei $t_1 \approx -2{,}1$ und $t_2 \approx 2{,}1$. Da t>0 vorausgesetzt war, ist
$t_2 \approx 2{,}1$ unsere einzige Lösung.

**Ergebnis:** Für $t = 2{,}1$ haben die Extrempunkte $E_1\left(t\middle|-\frac{2}{3}t^3\right)$ und $E_2\left(-t\middle|\frac{2}{3}t^3\right)$ den
Abstand 13 zueinander.

# 5.16 Wahlteil 2014 – Analysis A 2

## Aufgabe A 2.1

Die Anzahl ankommender Fahrzeuge vor einem Grenzübergang soll modelliert werden. Dabei wird die momentane Ankunftsrate beschrieben durch die Funktion $f$ mit

$$f(t) = \frac{1300000 \cdot t}{t^4 + 30000}; \quad 0 \le t \le 30$$

($t$ in Stunden nach Beobachtungsbeginn; $f(t)$ in Fahrzeuge pro Stunde).

a)  Skizzieren Sie den Graphen von $f$.
    Wann ist die momentane Ankunftsrate maximal?
    Bestimmen Sie die Anzahl der Fahrzeuge, die in den ersten 6 Stunden ankommen.

    (4 VP)

b)  Am Grenzübergang werden die Fahrzeuge möglichst schnell abgefertigt, jedoch ist die momentane Abfertigungsrate durch 110 Fahrzeuge pro Stunde begrenzt.
    Wann beginnen sich die Fahrzeuge vor dem Grenzübergang zu stauen? Wie viele Fahrzeuge stauen sich maximal vor dem Grenzübergang?
    Welches Ergebnis erhielte man, wenn die momentane Abfertigungsrate 12 Stunden nach Beobachtungsbeginn auf konstant 220 Fahrzeuge pro Stunde erhöht würde?

    (6 VP)

## Aufgabe A 2.2

Für jedes $a > 0$ ist eine Funktion $f_a$ gegeben durch

$$f_a(x) = a \cdot \cos(x) - a^2; \quad -\pi < x < \pi.$$

Der Graph von $f_a$ ist $G_a$.

a)  $G_a$ besitzt einen Extrempunkt.
    Bestimmen Sie dessen Koordinaten.

    (2 VP)

b)  Durch welche Punkte der $y$-Achse verläuft kein Graph $G_a$?

    (4 VP)

# 5.17 Lösung Wahlteil 2014 – Analysis A 2

**Aufgabe A 2.1**

**a)  Graph von $f$ … siehe rechts**

**Zeitpunkt für maximale momentane Ankunftsrate**

Geben Sie den Funktionsterm von $f(t)$ im GTR ein und lassen Sie sich den Graphen z.B. im $x$-Intervall $[0;30]$ und im $y$-Intervall $[0;400]$ zeichnen. Mit {2ND CALC maximum} bestimmen Sie das Maximum bei $t = 10$ mit einem Wert von 325 Fahrzeugen.

**Ergebnis:** Nach 10 Stunden ist die maximale Ankunftsrate erreicht.

**Anzahl der ankommenden Fahrzeuge in den ersten 6 Stunden**

Die betreffende Anzahl ist gegeben durch $n = \int_0^6 f(t)dt$. Eingabe des Ausdrucks {fnInt(Y₁,X,0,6)} im GTR liefert den Wert 769,05.

**Ergebnis:** In den ersten 6 Stunden kommen 770 Fahrzeuge an.

**b)  Wann beginnt der Stau?**

Ein Stau beginnt, wenn mehr Fahrzeuge an-kommen als abgefertigt werden. Demnach suchen wir einen Zeitpunkt $t$, ab dem $f(t) > 110$ (110 ist die maximale Ab-fertigungsrate) ist. Geben Sie im GTR bei Y₂ den Wert 110 ein und lassen Sie sich beide Graphen nochmal zeichnen. Mit {2ND CALC intersect} bestimmen Sie den Schnittpunkt beider Kurven bei $t = 2,54$.

**Ergebnis:** Ab dem Zeitpunkt $t = 2,54$ (also etwa nach 2,5 Stunden) beginnen sich die Fahrzeuge zu stauen.

**Maximale Anzahl von Fahrzeugen im Stau**

Solange $f(t) > 110$, also die maximale Abfertigungsrate ist, so lange nimmt die Anzahl der Fahrzeuge im Stau zu. Bei $t_2$ wird $f(t)$ erstmals wieder kleiner als 110, d.h. bei $t_2$ haben wir die maximale Anzahl von Fahrzeugen im Stau.
Mit dem GTR ergibt sich $t_2$ über {2ND CALC intersect} zu $t_2 = 21{,}86$. Die gesuchte Anzahl an Fahrzeugen im Stau ist dann gegeben durch $n = \int_{t_1}^{t_2}(f(t) - 110)dt$, also „ankommende Fahrzeuge minus abgefertigte im Zeitraum von $t_1$ bis $t_2$".
Den Ausdruck $n = \int_{t_1}^{t_2}(f(t) - 110)dt$ gibt man im GTR über {fnInt(Y₁,X,2.54,21.86)} und erhält den Wert 2314,97.

$f(t)$

$$f(t) = \frac{1300000 \cdot t}{t^4 + 30000}$$

$t_1 = 2{,}54$                $t_2 = 21{,}86$

**Ergebnis:** Es befinden sich maximal 2315 Fahrzeuge im Stau.

**Neue maximale Anzahl von Fahrzeugen im Stau**

Hier haben wir zwei getrennte Zeiträume zu betrachten. Im ersten Zeitraum von $t_1 = 2{,}54$ bis $t_2 = 12$ werden 110 Fahrzeuge pro Stunde abgefertigt.

Der Endpunkt des zweiten Zeitraums wird durch die neue Abfertigungsrate von 220 Fahrzeugen pro Stunde bestimmt. Diesen erhalten wir mit dem GTR über {2ND CALC intersect} mit $t_3 = 15{,}9$.

Die gesuchte Anzahl ist somit gegeben durch den Ausdruck

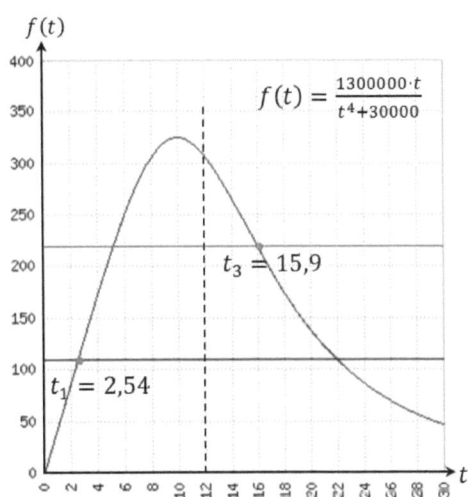

$f(t)$

$$f(t) = \frac{1300000 \cdot t}{t^4 + 30000}$$

$t_3 = 15{,}9$

$t_1 = 2{,}54$

$$n = \int_{2,54}^{12} (f(t) - 110)dt + \int_{12}^{15,9} (f(t) - 220)dt$$

Eingabe des Ausdrucks im GTR {fnInt(Y₁-110,X,2.54,12)+fnInt(Y₁-220,X,12,15.9)} liefert den Wert 1602,35.

**Ergebnis:** Mit der neuen Abfertigungsrate stauen sich maximal 1602 Fahrzeuge.

## Aufgabe A 2.2

### a) Extrempunkt von $f_a$ für $a > 0$

Wir bestimmen zunächst die ersten beiden Ableitungen: $f_a'(x) = -a \cdot \sin(x)$ und $f_a''(x) = -a \cdot \cos(x)$.

Nullsetzen der ersten Ableitung liefert: $f_a'(x) = 0 \Rightarrow -a \cdot \sin(x) = 0 \Rightarrow \sin(x) = 0$

Für $-\pi < x < \pi$ hat $\sin(x)$ nur bei $x = 0$ eine Nullstelle. Eingesetzt in $f_a$ ergibt sich $f_a(0) = a \cdot \cos(0) - a^2 = a - a^2$. Eingesetzt in $f_a''$ folgt $f_a''(0) = -a < 0$ für $a > 0$. Somit haben wir bei $x = 0$ einen Hochpunkt.

**Ergebnis:** $f_a(x)$ hat bei $H(0|a - a^2)$ einen Hochpunkt.

### b) Durch welche Punkte der $y$-Achse verläuft kein Graph $G_a$?

In $f_a(x)$ setze $x = 0$ und erhalte $f_a(0) = a \cdot \cos(0) - a^2 = a - a^2$. Gesucht sind somit Werte für $a > 0$, so dass $a - a^2$ keinem Wert auf der $y$-Achse entspricht. Wir fragen uns daher, wir groß oder klein die Funktion $g(a) = a - a^2$ höchstens werden kann.

Es gilt $g'(a) = 1 - 2a$ und $1 - 2a = 0$ für $a = \frac{1}{2}$. Weiterhin folgt $g''(a) = -2$. Somit haben wir bei $a = \frac{1}{2}$ ein Maximum mit $g\left(\frac{1}{2}\right) = \frac{1}{2} - \left(\frac{1}{2}\right)^2 = \frac{1}{4}$. Der Ausdruck $g(a) = a - a^2$ ist eine nach unten geöffnete Parabel und besitzt somit kein Minimum. Daher ist der Wert $y = \frac{1}{4}$ der höchste Wert, der auf der $y$-Achse erreicht werden kann.

**Ergebnis:** Durch den Punkt $P(0|y)$ verläuft für $y > \frac{1}{4}$ keiner der Graphen $G_a$.

# 5.18 Wahlteil 2014 –
## Analytische Geometrie / Stochastik
## Aufgabe B 1

**Aufgabe B 1.1**
Gegeben sind die Punkte $A(5|-5|0)$, $B(5|5|0)$, $C(-5|5|0)$ und $D(-5|-5|0)$.
Das Quadrat $ABCD$ ist die Grundfläche einer Pyramide mit der Spitze $S(0|0|12)$.

a)  Die Seitenfläche $BCS$ liegt in der Ebene $E$.
    Bestimmen Sie eine Koordinatengleichung von $E$.
    Berechnen Sie den Winkel, der von der Seitenfläche $BCS$ und der Grundfläche der
    Pyramide eingeschlossen ist.
    Berechnen Sie den Flächeninhalt des Dreiecks $BCS$.

    (4 VP)

b)  Betrachtet werden nun Quader, die jeweils vier Eckpunkte auf den Pyramidenkanten
    und vier Eckpunkte in der Grundfläche der Pyramide haben.
    Einer dieser Quader hat den Eckpunkt $Q(2,5|2,5|0)$.
    Berechnen Sie sein Volumen.
    Bei einem anderen dieser Quader handelt es sich um einen Würfel.
    Welche Koordinaten hat dessen Eckpunkt auf der Kante $BS$?

    (4 VP)

**Aufgabe B 1.2**
In einem Gefäß $G1$ sind 6 schwarze und 4 weiße Kugeln.
In einem Gefäß $G2$ sind 3 schwarze und 7 weiße Kugeln.

a)  Aus Gefäß $G1$ wird 20 Mal eine Kugel mit Zurücklegen gezogen.
    Bestimmen Sie die Wahrscheinlichkeit, dass mindestens 12 Mal eine schwarze Kugel
    gezogen wird.
    Aus Gefäß $G2$ wird 8 Mal eine Kugel mit Zurücklegen gezogen.
    Bestimmen Sie die Wahrscheinlichkeit, dass genau 2 schwarze Kugeln gezogen werden
    und zwar bei direkt aufeinander folgenden Zügen.

    (4 VP)

b)  Nun werden aus $G1$ zwei Kugeln ohne Zurücklegen gezogen und in das Gefäß $G2$ gelegt.
    Anschließend wird eine Kugel aus $G2$ gezogen.
    Mit welcher Wahrscheinlichkeit ist diese Kugel schwarz?

    (3 VP)

# 5.19 Lösung Wahlteil 2014 –
## Analytische Geometrie / Stochastik
## Aufgabe B 1

**Aufgabe B 1.1**

**a)  Koordinatengleichung von $E$**

Mit den Punkten $B(5|5|0)$, $C(-5|5|0)$ und $S(0|0|12)$ ergeben sich beiden

Richtungsvektoren $\overrightarrow{SB} = \begin{pmatrix} 5 \\ 5 \\ -12 \end{pmatrix}$ und $\overrightarrow{SC} = \begin{pmatrix} -5 \\ 5 \\ -12 \end{pmatrix}$ der Ebene $E$. Daraus bestimmen wir

zunächst mit dem Vektorprodukt einen Normalenvektor $\vec{n}_E$ von $E$.

$$\overrightarrow{SB} \times \overrightarrow{SC} = \begin{pmatrix} 5 \cdot (-12) \\ (-12) \cdot (-5) \\ 5 \cdot 5 \end{pmatrix} - \begin{pmatrix} (-12) \cdot 5 \\ 5 \cdot (-12) \\ 5 \cdot (-5) \end{pmatrix} = \begin{pmatrix} 0 \\ 120 \\ 50 \end{pmatrix}$$

Da es auf die Länge des Normalenvektors nicht ankommt, teilen wir noch durch 10 und

erhalten $\vec{n}_E = \begin{pmatrix} 0 \\ 12 \\ 5 \end{pmatrix}$ und daraus die Koordinatengleichung $E: 12x_2 + 5x_3 = d$ mit einem

noch unbekannten $d$. Da die Spitze $S$ der Pyramide in $E$ liegt, können wir $S(0|0|12)$
einsetzen und erhalten $12 \cdot 0 + 5 \cdot 12 = 60 = d$.

**Ergebnis:** Die Koordinatengleichung von $E$ lautet $E: 12x_2 + 5x_3 = 60$.

**Winkel zwischen der Seitenfläche $BCS$ und der Grundfläche der Pyramide**

Zunächst bestimmen wir einen Normalenvektor $\vec{n}_F$ der Ebene $F$, in der die Grundfläche der
Pyramide liegt. Mit $A(5|-5|0)$ erhalten wir die beiden Richtungsvektoren

$\overrightarrow{CA} = \begin{pmatrix} 10 \\ -10 \\ 0 \end{pmatrix}$ und $\overrightarrow{CB} = \begin{pmatrix} 10 \\ 0 \\ 0 \end{pmatrix}$ und bilden wieder das Vektorprodukt:

$$
\begin{array}{c}
\cancel{10} \qquad \cancel{10} \\
-10 \qquad 0 \\
0 \qquad 0 \\
10 \qquad 10 \\
-10 \qquad 0 \\
\cancel{0} \qquad \cancel{0}
\end{array}
\qquad
\overrightarrow{CA} \times \overrightarrow{CB} = \begin{pmatrix} 0 \\ 0 \\ 0 \end{pmatrix} - \begin{pmatrix} 0 \\ 0 \\ -100 \end{pmatrix} = \begin{pmatrix} 0 \\ 0 \\ 100 \end{pmatrix}
$$

Nach Division durch 100 ergibt sich $\vec{n}_F = \begin{pmatrix} 0 \\ 0 \\ 1 \end{pmatrix}$.

Der Winkel zwischen den beiden Ebenen $E$ und $F$ ist über die folgende Formel gegeben:
$\cos(\alpha) = \frac{|\vec{n}_F \cdot \vec{n}_E|}{|\vec{n}_F||\vec{n}_E|}$. Es folgt $|\vec{n}_F \cdot \vec{n}_E| = |0 \cdot 12 + 0 \cdot 0 + 1 \cdot 5| = 5$ und $|\vec{n}_F| = \sqrt{1^2} = 1$ so
wie $|\vec{n}_E| = \sqrt{12^2 + 5^2} = 13$. Somit haben wir $\cos(\alpha) = \frac{5}{1 \cdot 13}$, woraus sich mit dem GTR
$\alpha \approx 67{,}38°$ ergibt.

**Ergebnis:** der Schnittwinkel zwischen der Grundfläche der Pyramide und der Seitenfläche $BCS$ beträgt etwa $67{,}4°$.

**Flächeninhalt des Dreiecks $BCS$**

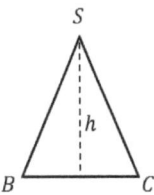

Es gilt $A = \frac{|\overrightarrow{BC}| \cdot h}{2}$. Hierbei ist $h$ nichts anderes als der  Abstand des
Punktes $S$ zur Geraden durch die Punkte $B$ und $C$.

*Berechnung von $h$:*
Wie üblich konstruiert man eine Hilfsebene $E$, senkrecht zu der Geraden $g$ durch $B$ und $C$,
so dass der Punkt $S$ in $E$ liegt.

Der Richtungsvektor  von $g$ ist $\overrightarrow{BC} = \begin{pmatrix} -10 \\ 0 \\ 0 \end{pmatrix}$.

Wir teilen durch $-10$ und nehmen das Ergebnis
als Normalenvektor $\vec{n}$ für $E$.

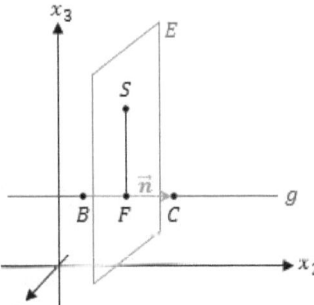

Nun haben wir $\vec{n} = \begin{pmatrix} 1 \\ 0 \\ 0 \end{pmatrix}$, was uns die Koordinaten-

gleichung $E$: $x_1 = d$ mit noch unbekanntem $d$ liefert.
Da $S$ in $E$ liegen soll, können wir $S$ einsetzen und erhalten $d = 0$ und damit $E$: $x_1 = 0$.

Eine Parameterform der Geraden $g$ ist gegeben durch $g$: $\vec{x} = \vec{b} + t\overrightarrow{BC}$, also konkret durch

$$g: \vec{x} = \begin{pmatrix} 5 \\ 5 \\ 0 \end{pmatrix} + t \begin{pmatrix} -10 \\ 0 \\ 0 \end{pmatrix}, \quad t \in \mathbb{R}.$$

Als nächstes bestimmen wir den Schnittpunkt $F$ von $g$ mit $E$, indem wir $g$ in die Koordinatengleichung von $E$ einsetzen.

Wir erhalten $5 - 10t = 0$ und damit $t = \frac{1}{2}$.

Eingesetzt in $g$ liefert dies den Schnittpunkt $F$

von $g$ mit $E$: $\begin{pmatrix} 5 \\ 5 \\ 0 \end{pmatrix} + \frac{1}{2}\begin{pmatrix} -10 \\ 0 \\ 0 \end{pmatrix} = \begin{pmatrix} 0 \\ 5 \\ 0 \end{pmatrix}$ $\Rightarrow$ $F(0|5|0)$

Damit ist nun $h = |\overrightarrow{FS}| = \left| \begin{pmatrix} 0 \\ -5 \\ 12 \end{pmatrix} \right| = \sqrt{25 + 144} = 13$ die gesuchte Höhe im Dreieck $BCS$.

*Berechnung von* $|\overrightarrow{BC}|$:

$\overrightarrow{BC} = \begin{pmatrix} -10 \\ 0 \\ 0 \end{pmatrix}$ hatten wir bereits vorher bestimmt. Es folgt $|\overrightarrow{BC}| = \sqrt{(-10)^2} = 10$. Damit

können wir nun den Flächeninhalt des Dreiecks $BCS$ bestimmen zu $A = \frac{10 \cdot 13}{2} = 65$.

**Ergebnis:** Das Dreieck $BCS$ hat den Flächeninhalt $A = 65 \text{ LE}^2$.

**b)   Volumen des Quaders mit dem Eckpunkt $Q(2,5|2,5|0)$**

Aus den Koordinaten der Pyramide wird ersichtlich, dass der Ursprung des Koordinatensystems in der Mitte der Pyramidengrundfläche liegt. Aufgrund der Symmetrieeigenschaften haben dann die Eckpunkte $P$ und $R$ des Quaders die Koordinaten $R(2,5|-2,5|0)$ und $P(-2,5|2,5|0)$. Die Strecken $\overline{QP}$ und $\overline{QR}$ haben somit beide die Länge 5. Der Punkt $U$ hat dieselbe $x_1$- und $x_2$-Koordinate wie $Q$ und liegt auf der Geraden durch $B$ und $S$. Wir suchen also einen Punkt auf der Geraden durch $B$ und $S$ mit $x_1 = 2,5$ und $x_2 = 2,5$.

Eine Parameterform der Geraden durch $B$ und $S$ ist gegeben durch

$g: \vec{x} = \vec{b} + t \cdot \overrightarrow{BS}, \; t \in \mathbb{R}$, also durch $g: \vec{x} = \begin{pmatrix} 5 \\ 5 \\ 0 \end{pmatrix} + t \cdot \begin{pmatrix} -5 \\ -5 \\ 12 \end{pmatrix}, \; t \in \mathbb{R}$.

Nun wissen wir von vorher, dass $x_1 = x_2 = 2{,}5$ gilt. Folglich ist $5 - 5t = 2{,}5$ und damit $-5t = -2{,}5$ also $t = 0{,}5$.

Durch Einsetzen in $g$ ergibt sich $x_3 = 6$. Der Punkt $U$ hat somit die Koordinaten

$U(2{,}5|2{,}5|6)$. Der Vektor $\overrightarrow{QU}$ hat die Länge $|\overrightarrow{QU}| = \left| \begin{pmatrix} 0 \\ 0 \\ 6 \end{pmatrix} \right| = 6$. Nun haben wir alle

Angaben, die wir zur Berechnung des Quadervolumens benötigen: $|\overrightarrow{QP}| = |\overrightarrow{QR}| = 5$ und $|\overrightarrow{QU}| = 6$. Damit folgt $V = |\overrightarrow{QP}| \cdot |\overrightarrow{QR}| \cdot |\overrightarrow{QU}| = 5 \cdot 5 \cdot 6 = 150$

**Ergebnis:** Der Quader mit dem Eckpunkt $Q(2{,}5|2{,}5|0)$ hat das Volumen $150\,LE^3$.

### Koordinaten des Eckpunkts auf der Kante $BS$ bei einem Würfel

Eine Parameterform für die Gerade $g$ durch die Punkte $B$ und $S$ hatten wir

bereits bestimmt mit $g: \vec{x} = \begin{pmatrix} 5 \\ 5 \\ 0 \end{pmatrix} + t \cdot \begin{pmatrix} -5 \\ -5 \\ 12 \end{pmatrix}, \; t \in \mathbb{R}$.

Ein Punkt $U$ auf $g$ zwischen $B$ und $S$ hat demnach die Koordinaten
$U(5 - 5t | 5 - 5t | 12t)$ mit $0 \leq t \leq 1$ (für $t = 0$ bekommt man
den Punkt $B$ und für $t = 1$ den Punkt $S$). Da der Würfel mit
der Grundfläche zentriert um den Ursprung liegt,
ist die $x_1$-Koordinate die halbe Länge der Strecke $\overline{PQ}$. Somit gilt $|\overrightarrow{PQ}| = 2 \cdot (5 - 5t)$.

Entsprechend gilt $|\overrightarrow{QR}| = 2 \cdot (5 - 5t)$. $U$ hat die Höhenkoordinate $x_3 = 12t$.

Da $Q$ in der $x_1, x_2$-Ebene liegt gilt somit $|\overrightarrow{QU}| = 12t$.

In einem Würfel sind alle Kanten gleich lang, d.h. $|\overrightarrow{RQ}| = |\overrightarrow{QP}| = |\overrightarrow{QU}|$ also $2 \cdot (5 - 5t) = 12t$. Dies lösen wir nach $t$ auf: $2 \cdot (5 - 5t) = 12t \Rightarrow 5 - 5t = 6t \Rightarrow t = \frac{5}{11}$

Einsetzen in $U$ liefert $U\left(5 - 5 \cdot \frac{5}{11} \middle| 5 - 5 \cdot \frac{5}{11} \middle| 12 \cdot \frac{5}{11}\right)$ bzw. $U\left(\frac{30}{11} \middle| \frac{30}{11} \middle| \frac{60}{11}\right)$.

**Ergebnis:** Der gesuchte Eckpunkt hat die Koordinaten $U\left(\frac{30}{11} \middle| \frac{30}{11} \middle| \frac{60}{11}\right)$.

**Aufgabe B 1.2**

**a)  WS für mindestens 12 Mal schwarz aus G1**

Die WS für eine schwarze Kugel bei einmaligem Ziehen beträgt $\frac{6}{10} = 0{,}6$. Die Zufallsvariable $X$ gebe die Anzahl der gezogenen schwarzen Kugeln an. Da wir bei jedem Zug eine schwarze Kugel ziehen oder eben nicht, handelt es sich um ein Ja/Nein-Experiment (genauer: eine Bernoulli-Kette der Länge 20). Daher ist $X$ binomialverteilt und gesucht ist $P(X \geq 12)$. Diesen Ausdruck formen wir um zu $P(X \geq 12) = 1 - P(X \leq 11)$, so dass wir das Ergebnis bequem mit dem GTR bestimmen können: {1-binomcdf(20,0.6,11)} liefert den gerundeten Wert 0,5956.

**Ergebnis:** Die gesuchte WS beträgt 0,5956 bzw. 59,56%.

**WS für 2 schwarze Kugeln hintereinander aus G2**

Die WS für eine schwarze Kugel bei einmaligem Ziehen beträgt $\frac{3}{10} = 0{,}3$, für eine weiße Kugel $\frac{7}{10} = 0{,}7$. Die WS für 2 schwarze und 6 weiße Kugeln (in irgendeiner beliebigen Reihenfolge) beträgt somit $0{,}3^2 \cdot 0{,}7^6$. Es gibt 7 Möglichkeiten, zwei schwarze Kugeln hintereinander zu ziehen (im ersten und zweiten Zug, im zweiten und dritten Zug, ..., im siebten und achten Zug). Die gesuchte WS beträgt somit $7 \cdot 0{,}3^2 \cdot 0{,}7^6 \approx 0{,}0741$

**Ergebnis:** Die gesuchte WS beträgt etwa 0,0741 bzw. 7,41%.

**b)  Wahrscheinlichkeit für schwarz**

### Darstellung als Baumdiagramm

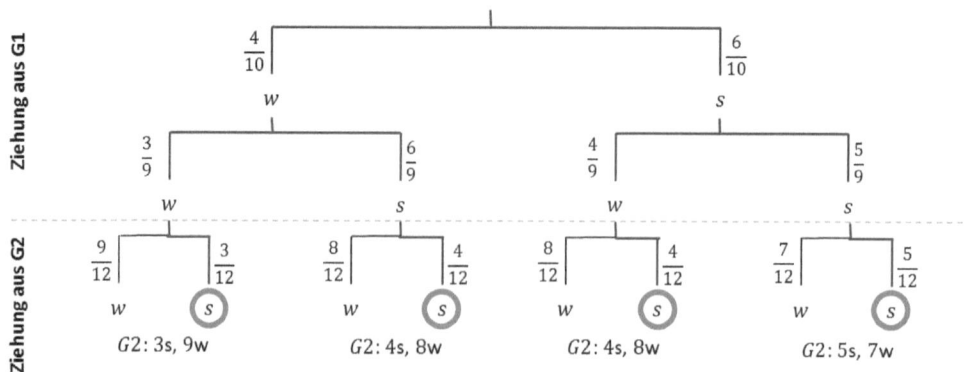

Beim Aufstellen des obigen Baumdiagramms ist darauf zu achten, dass aus Gefäß G1 zweimal ohne Zurücklegen gezogen wird. Nach dem ersten Ziehen haben wir in G1 somit nur noch 9 Kugeln, was den Nenner 9 in den angegebenen Wahrscheinlichkeiten erklärt. Die zwei gezogenen Kugeln werden ins Gefäß G2 gelegt, wodurch anschließend 12 Kugeln in G2 liegen. Nun kann man alle Pfade, die zu einer schwarzen Kugel führen markieren und die Wahrscheinlichkeit gemäß der Pfadregel bestimmen. Es ergibt sich:

$$P(schwarz\ aus\ G2) = \frac{4}{10} \cdot \frac{3}{9} \cdot \frac{3}{12} + \frac{4}{10} \cdot \frac{6}{9} \cdot \frac{4}{12} + \frac{6}{10} \cdot \frac{4}{9} \cdot \frac{4}{12} + \frac{6}{10} \cdot \frac{5}{9} \cdot \frac{5}{12}$$

$$= \frac{36+96+96+150}{1080} = 0{,}35$$

**Ergebnis:** Die WS eine schwarze Kugel aus G2 zu ziehen beträgt 0,35 bzw. 35%.

## 5.20 Wahlteil 2014 –
### Analytische Geometrie / Stochastik
### Aufgabe B 2

**Aufgabe B 2.1**

An einer rechteckigen Platte mit den Eckpunkten $A(10|6|0)$, $B(0|6|0)$, $C(0|0|3)$ und $D(10|0|3)$ ist im Punkt $F(5|6|0)$ ein 2 m langer Stab befestigt, der in positive $x_3$-Richtung zeigt.
Eine punktförmige Lichtquelle befindet sich zunächst im Punkt $L(8|10|2)$
(Koordinatenangaben in m).

a)  Bestimmen Sie eine Koordinatengleichung der Ebene $E$, in der die Platte liegt.
    Stellen Sie die Platte, den Stab und die Lichtquelle in einem Koordinatensystem dar.
    Berechnen Sie den Winkel zwischen dem Stab und der Platte.
    (Teilergebnis: $E$: $x_2 + 2x_3 = 6$)

    (3 VP)

b)  Der Stab wirft einen Schatten auf die Platte.
    Bestimmen Sie den Schattenpunkt des oberen Endes des Stabes.
    Begründen Sie, dass der Schatten vollständig auf der Platte liegt.

    (3 VP)

c)  Die Lichtquelle bewegt sich von $L$ aus auf einer zur $x_1 x_2$-Ebene parallelen Kreisbahn, deren Mittelpunkt das obere Ende des Stabes ist. Dabei kollidiert die Lichtquelle mit der Platte.
    Berechnen Sie die Koordinaten der beiden möglichen Kollisionspunkte.

    (3 VP)

**Aufgabe B 2.2**

Bei der Produktion von Bleistiften beträgt der Anteil fehlerhafter Stifte erfahrungsgemäß 5%.

a)  Ein Qualitätsprüfer entnimmt der Produktion zufällig 800 Bleistifte.
    Die Zufallsvariable $X$ beschreibt die Anzahl der fehlerhaften Stifte in dieser Stichprobe.
    Berechnen Sie $P(X \leq 30)$.
    Mit welcher Wahrscheinlichkeit weicht der Wert von $X$ um weniger als 10 vom
    Erwartungswert von $X$ ab?

                                                                            (3 VP)

b)  Der Betrieb erwirbt eine neue Maschine, von der behauptet wird, dass höchstens 2%
    der von ihr produzierten Bleistifte fehlerhaft sind.
    Diese Hypothese $H_0$ soll mithilfe eines Tests an 800 zufällig ausgewählten Stiften
    überprüft werden.
    Bei welchen Anzahlen fehlerhafter Stifte entscheidet man sich gegen die Hypothese,
    wenn die Irrtumswahrscheinlichkeit maximal 5% betragen soll?

                                                                            (3 VP)

# 5.21 Lösung Wahlteil 2014 –
## Analytische Geometrie / Stochastik
## Aufgabe B 2

**Aufgabe B 2.1**

**a) Koordinatengleichung der Ebene $E$, in der die Platte liegt**

Die Punkte $A(10|6|0)$, $B(0|6|0)$ und $C(0|0|3)$ liefern die beiden Richtungsvektoren $\overrightarrow{AB} = \begin{pmatrix} -10 \\ 0 \\ 0 \end{pmatrix}$ und $\overrightarrow{AC} = \begin{pmatrix} -10 \\ -6 \\ 3 \end{pmatrix}$. Wir mit dem Vektorprodukt einen Normalenvektor.

$$\overrightarrow{AB} \times \overrightarrow{AC} = \begin{pmatrix} 0 \\ 0 \\ 60 \end{pmatrix} - \begin{pmatrix} 0 \\ -30 \\ 0 \end{pmatrix} = \begin{pmatrix} 0 \\ 30 \\ 60 \end{pmatrix}$$

Da es auf die Länge des Normalenvektors nicht ankommt, teilen wir noch durch 30 und erhalten $\vec{n}_E = \begin{pmatrix} 0 \\ 1 \\ 2 \end{pmatrix}$ und daraus die Koordinatengleichung $E: x_2 + 2x_3 = d$ mit einem noch unbekannten $d$. Da z.B. der Punkt $C$ in $E$ liegt, können wir $C$ einsetzen und erhalten $0 + 2 \cdot 3 = 6 = d$.

**Ergebnis:** Die Koordinatengleichung von $E$ lautet $E: x_2 + 2x_3 = 6$.

**Winkel zwischen Stab und Platte**

Ein Richtungsvektor des Stabes lautet $\overrightarrow{FS} = \begin{pmatrix} 0 \\ 0 \\ 2 \end{pmatrix}$.

Der Normalenvektor der Ebene ist $\vec{n}_E = \begin{pmatrix} 0 \\ 1 \\ 2 \end{pmatrix}$.

Weiterhin gilt:
$|\overrightarrow{FS} \cdot \vec{n}_E| = |0 \cdot 0 + 0 \cdot 1 + 2 \cdot 2| = 4$ und $|\overrightarrow{FS}| = 2$
so wie $|\vec{n}_E| = \sqrt{1^2 + 2^2} = \sqrt{5}$

**Darstellung im Koordinatensystem**

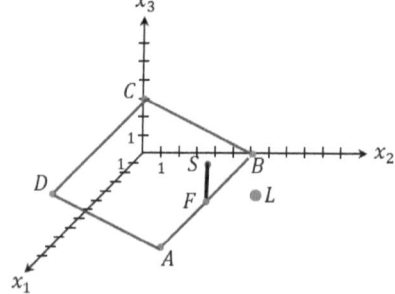

**Winkel zwischen Stab und Platte**

Diese Zwischenergebnisse setzen wir ein in die Winkelformel für den Winkel zwischen Gerade und Ebene: $\sin(\alpha) = \frac{|\vec{FS} \cdot \vec{n}_E|}{|\vec{FS}||\vec{n}_E|} = \frac{4}{2 \cdot \sqrt{5}} \approx 0{,}8944$. Daraus ergibt sich $\alpha$ zu $\alpha = 63{,}43°$.

**Ergebnis:** Der Winkel zwischen der Platte und dem Stab beträgt etwa $63{,}43°$.

## b) Schattenpunkt des Stabes

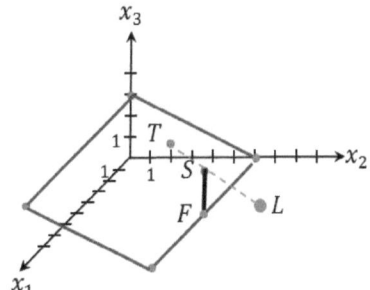

Der Schattenpunkt $T$ des Stabes befindet sich dort, wo die Gerade durch $L$ und $S$ die Ebene durchstößt.
Eine Parameterform der Geraden durch $L$ und $S$ ist

$$g: \vec{x} = \vec{l} + t\vec{LS} = \begin{pmatrix} 8 \\ 10 \\ 2 \end{pmatrix} + t \begin{pmatrix} -3 \\ -4 \\ 0 \end{pmatrix}, \quad t \in \mathbb{R}$$

Durch Einsetzen von $g$ in $E$ bekommen wir den gesuchten Schnittpunkt $T$. Es folgt

$$(10 - 4t) + 2 \cdot 2 = 6 \Rightarrow 10 - 4t = 2 \Rightarrow t = 2$$

Eingesetzt in $g$ ergibt sich: $\begin{pmatrix} 8 \\ 10 \\ 2 \end{pmatrix} + 2 \begin{pmatrix} -3 \\ -4 \\ 0 \end{pmatrix} = \begin{pmatrix} 2 \\ 2 \\ 2 \end{pmatrix}$.

**Ergebnis:** Der Schattenpunkt hat die Koordinaten $T(2|2|2)$.

**Begründung für die Behauptung, dass der Schatten vollständig auf der Platte liegt**

$T$ liegt in der Ebene $E$, in der sich die Platte befindet. Aber liegt $T$ auch auf der Platte selbst? Wenn wir überall die $x_3$-Koordinate einfach weglassen, haben wir die Platte mitsamt dem Schattenpunkt $T$ in die $x_1, x_2$-Ebene projiziert. Die Projektionspunkte sind dann $A'(10|6)$, $B'(0|6)$, $C'(0|0)$, $D'(10|0)$ und $T'(2|2)$. Dadurch verringert sich unser „Problem" um eine Dimension und es ergibt sich folgende Abbildung:

Hier können wir direkt „sehen", dass $T'$ innerhalb der projizierten Platte liegt, also liegt auch $T$ auf der Platte. Da der Stab mit dem Fußpunkt $F$ selbst auch auf der Platte steht liegt folglich der gesamte Schatten (nämlich die Strecke $\overline{FT}$) auf der Platte. Rechnerisch kann man den Nachweis dadurch führen, dass die $x_1$-Koordinate von $T'$ zwischen

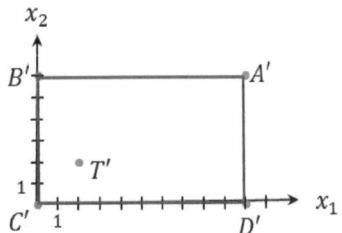

den $x_1$-Koordinaten von $C'$ und $D'$ liegt und ebenso
die $x_2$-Koordinate von $T'$ zwischen denjenigen
von $C'$ und $B'$ liegt, aber das war nicht verlangt.

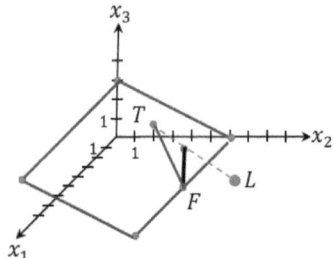

### c) Koordinaten der Kollisionspunkte

Da $L$ sich auf derselben Höhe wie $S$ bewegt ist die Länge $|\overrightarrow{SL}| = \left|\begin{pmatrix} 3 \\ 4 \\ 0 \end{pmatrix}\right| = \sqrt{3^2 + 4^2} = 5$ der

Radius des Kreises, den die Lichtquelle beschreibt. Die Ebene $H$, in der die Kreisbahn liegt
ist gegeben durch $H: x_3 = 2$, da es sich um eine parallele Ebene zur $x_1, x_2$-Ebene handelt.
Wir bestimmen nun die Schnittgerade $g$ der beiden Ebenen durch Lösen des
entsprechenden linearen Gleichungssystems

$$I. \quad x_2 + 2x_3 = 6$$
$$II. \qquad\quad x_3 = 2$$

Daraus ergibt sich durch Einsetzen von $II.$ in $I.$ sofort $x_2 = 2$. Da die $x_1$-Koordinate in dem
LGS nicht vorkommt, können wir $x_1$ beliebig wählen, also $x_1 = t$ mit beliebigem $t \in \mathbb{R}$.
Ein beliebiger Punkt auf der Schnittgeraden $g$ hat somit die Koordinaten $P(t|2|2)$. Gesucht
sind aber nur solche Punkte, die zum Stabende $S$ den Abstand 5 haben, für die also $|\overrightarrow{PS}| = \left|\begin{pmatrix} 5-t \\ 4 \\ 0 \end{pmatrix}\right| = \sqrt{(5-t)^2 + 4^2} = 5$ gilt. Dies lösen wir nach $t$ auf:

$$\sqrt{(5-t)^2 + 4^2} = 5 \Rightarrow (5-t)^2 + 16 = 25 \Rightarrow 5 - t = \pm 3 \Rightarrow t_1 = 2,\ t_2 = 8$$

Durch einfaches Einsetzen erhalten wir nun das

**Ergebnis:** Die Kollisionspunkte sind $P_1(2|2|2)$ bzw. $P_2(8|2|2)$.

**Aufgabe B 2.2**

**a) Bestimmung von $P(X \leq 30)$**

$X$ ist binomialverteil (fehlerhaft bzw. nicht fehlerhaft) mit $n = 800$ und $p = 5\%$. Somit lässt sich $P(X \leq 30)$ mit dem GTR durch Eingabe von {binomcdf(800,0.05,30)} bestimmen. Man erhält den Wert 0,057.

**Ergebnis:** Die WS bei einer Stichprobe von 800 Bleistiften höchstens 30 fehlerhafte Bleistifte zu bekommen beträgt etwa 5,7%.

**Mit welcher WS weicht der Wert von $X$ um weniger als 10 vom Erwartungswert von $X$ ab?**

Der Erwartungswert eine binomialverteilten Zufallsvariable ist durch die Formel $E(X) = n \cdot p$ gegeben, wobei $n$ die Anzahl der Bleistifte in der Stichprobe darstellt und $p$ die WS für einen fehlerhaften Bleistift. Damit ist $E(X) = 800 \cdot 0,05 = 40$.
Bei einer Abweichung um weniger als 10 ist somit die WS für mindestens 31 aber höchstens 49 fehlerhafte Bleistifte gesucht, formal: $P(31 \leq X \leq 49)$.
Nun gilt $P(31 \leq X \leq 49) = P(X \leq 49) - P(X \leq 30)$. Über den Ausdruck {binomcdf(800,0.05,49)-binomcdf(800,0.05,30)} liefert der GTR den Wert 0,878.

**Ergebnis:** Die gesuchte WS beträgt etwa 0,878 bzw. 87,8%.

**b) Anzahl Stifte für Entscheidung gegen $H_0$**

Wenn mehr Bleistifte als die angegebenen 2% fehlerhaft sind muss $H_0$ abgelehnt werden. Somit haben wir einen rechtsseitigen Test mit der Behauptung $p \leq 0,02$ ($H_0$) und dem Ablehnungsbereich $[k; 800]$. Gesucht ist also ein minimales $k$ für das $P(X \geq k) \leq 0,05$ (die Irrtumswahrscheinlichkeit) gilt. Die Variable $X$ ist binomialverteilt mit Trefferwahrscheinlichkeit $p = 0,02$ und Stichprobenumfang $n = 800$. Wegen $P(X \geq k) = 1 - P(X \leq k - 1)$ geben wir im GTR im Y-Editor den Ausdruck {1-binomcdf(800,0.02,X-1)} ein und zeigen uns mit {2ND TABLE} die Wertetabelle an. Wir lesen ab $P(X = 23) = 0,05637$ bzw. $P(X = 24) = 0,03518$. Somit ist für $k = 24$ zum ersten Mal $P(X \geq k) \leq 0,05$.

**Ergebnis:** Falls mindesten 24 fehlerhafte Stifte beobachten werden, muss $H_0$ abgelehnt werden.

# 5.22 Pflichtteil 2013

**Aufgabe 1:**

Bilden Sie die erste Ableitung der Funktion $f$ mit $f(x) = (2x^2 + 5) \cdot e^{-2x}$.          (2 VP)

**Aufgabe 2:**

Gegeben ist die Funktion $f$ mit $f(x) = 4\sin(2x)$.

Bestimmen Sie diejenige Stammfunktion von $f$ mit $F(\pi) = 7$.          (2 VP)

**Aufgabe 3:**

Lösen Sie die Gleichung $2e^x - \frac{4}{e^x} = 0$.

          (3 VP)

**Aufgabe 4:**

Gegeben sind die Funktionen $f$ und $g$ mit $f(x) = -x^2 + 3$ und $g(x) = 2x$.

Bestimmen Sie den Inhalt der Fläche, die von den Graphen der beiden Funktionen eingeschlossen wird.

          (4 VP)

**Aufgabe 5:**

Eine Funktion $f$ hat folgende Eigenschaften:

(1) $f(2) = 1$

(2) $f'(2) = 0$

(3) $f''(4) = 0$ und $f'''(4) \neq 0$

(4) Für $x \to +\infty$ und $x \to -\infty$ gilt $f(x) \to 5$

Beschreiben Sie für jede dieser vier Eigenschaften, welche Bedeutung sie für den Graphen von $f$ hat.

Skizzieren Sie einen möglichen Verlauf des Graphen.          (5 VP)

**Aufgabe 6:**

Die Gerade $g$ verläuft durch die Punkte $A(1|-1|3)$ und $B(2|-3|0)$.

Die Ebene $E$ wird von $g$ orthogonal geschnitten und enthält den Punkt $C(4|3|-8)$.

Bestimmen Sie den Schnittpunkt $S$ von $g$ und $E$.

Untersuchen Sie, ob $S$ zwischen $A$ und $B$ liegt.          (4 VP)

**Aufgabe 7:**

Gegeben sind die beiden Ebenen

$$E_1: 2x_1 - 2x_2 + x_3 = -1 \text{ und } E_2: \vec{x} = \begin{pmatrix} 7 \\ 7 \\ 5 \end{pmatrix} + s \cdot \begin{pmatrix} 1 \\ 1 \\ 0 \end{pmatrix} + t \begin{pmatrix} 1 \\ 3 \\ 4 \end{pmatrix}.$$

Zeigen Sie, dass die beiden Ebenen parallel zueinander sind.

Die Ebene $E_3$ ist parallel zu $E_1$ und $E_2$ und hat von beiden Ebenen denselben Abstand.

Bestimmen Sie eine Gleichung der Ebene $E_3$.          (4 VP)

**Aufgabe 8:**

   a)   Neun Spielkarten (vier Asse, drei Könige und zwei Damen) liegen verdeckt auf dem Tisch.

        Peter dreht zwei zufällig gewählte Karten um und lässt sie aufgedeckt liegen.

        Berechnen Sie die Wahrscheinlichkeit der folgenden Ereignisse:

        A: Es liegt kein Ass aufgedeckt auf dem Tisch.

        B: Eine Dame und ein Ass liegen aufgedeckt auf dem Tisch.

   b)   Die neun Spielkarten werden gemischt und erneut verdeckt ausgelegt. Laura dreht nun so lange Karten um und lässt sie aufgedeckt auf dem Tisch liegen, bis ein Ass erscheint. Die Zufallsvariable $X$ gibt die Anzahl der aufgedeckten Spielkarten an. Welche Werte kann $X$ annehmen?

        Berechnen Sie $P(X \leq 2)$.

                                                               (4 VP)

**Aufgabe 9:**

Gibt es eine ganzrationale Funktion vierten Grades, deren Graph drei Wendepunkte besitzt? Begründen Sie Ihre Antwort.

                                                                       (3 VP)

# 5.23 Lösung Pflichtteil 2013

**Aufgabe 1:**

$$f'(x) = 4x \cdot e^{-2x} + (2x^2 + 5) \cdot (-2) \cdot e^{-2x} = e^{-2x}(-4x^2 + 4x - 10)$$

**Aufgabe 2:**

$$F(x) = \int 4\sin(2x)dx = -4 \cdot \frac{1}{2}\cos(2x) + C = -2\cos(2x) + C$$

Wegen $F(\pi) = 7$ folgt $-2\cos(2\pi) + C = 7 \Leftrightarrow -2 + C = 7 \Leftrightarrow C = 9$

**Ergebnis:** Die gesuchte Stammfunktion lautet $F(\pi) = -2\cos(2x) + 9$.

**Aufgabe 3:**

$$2e^x - \frac{4}{e^x} = 0 \qquad\qquad |\cdot e^x$$
$$2(e^x)^2 - 4 = 0 \qquad\qquad |\text{ Substitution } z := e^x$$
$$2z^2 - 4 = 0 \qquad\qquad |+4 \ |:2$$
$$z^2 = 2 \Rightarrow z_1 = \sqrt{2}, z_2 = -\sqrt{2} \quad |\text{ Rücksubstitution}$$
$$e^x = \sqrt{2} \Rightarrow x = \ln(\sqrt{2}) = \frac{1}{2}\ln(2) \qquad \text{bzw.} \qquad e^x = -\sqrt{2} \ \nmid$$

**Ergebnis:** $\mathbb{L} = \left\{\frac{1}{2}\ln(2)\right\}$.

**Aufgabe 4:**

Es gilt $A = \int_a^b (f(x) - g(x))dx$, wobei $a$ und $b$ die Schnittpunkte der Funktionen $f$ und $g$ sind.

**Schnittpunkte von $f$ und $g$:**

$$f(x) = g(x) \Rightarrow -x^2 + 3 = 2x \Rightarrow x^2 + 2x - 3 = 0 \Rightarrow x_1 = -3 = a, x_2 = 1 = b$$

**Fläche zwischen $f$ und $g$:**

$$A = \int_a^b (f(x) - g(x))dx = \int_{-3}^1 (-x^2 + 3 - 2x)dx = \left[-\frac{1}{3}x^3 - x^2 + 3x\right]_{-3}^1$$
$$= \left(-\frac{1}{3} - 1 + 3\right) - (9 - 9 - 9) = \frac{5}{3} + 9 = \frac{32}{3} = 10\frac{2}{3}$$

**Ergebnis:** Die gesuchte Fläche beträgt $10\frac{2}{3}$ LE².

**Aufgabe 5:**

(1) $f(2) = 1$ bedeutet, dass der Graph von $f$ durch den Punkt $(2|1)$ geht.

(2) $f'(2) = 0$ bedeutet, dass der Graph von $f$ an der Stelle $x = 2$ (also im Punkt $(2|1)$) eine waagrechte Tangente besitzt.

(3) $f''(4) = 0$ und $f'''(4) \neq 0$ bedeutet, dass der Graph von $f$ an der Stelle $x = 4$ einen Wendepunkt hat.

(4) Für $x \to +\infty$ und $x \to -\infty$ gilt $f(x) \to 5$

Dies bedeutet, dass die Gerade $y = 5$ eine waagrechte Asymptote des Graphen von f darstellt.

**Skizze für den möglichen Kurvenverlauf**

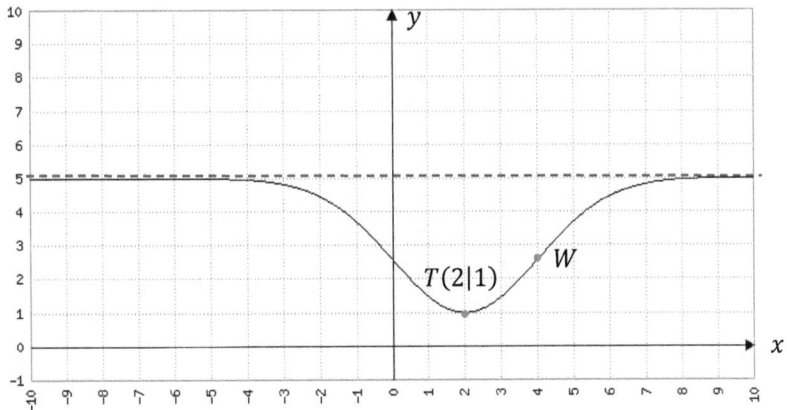

Für die Interessierten: Die Funktion $f(x) = -4e^{-\frac{1}{8}(x-2)^2} + 5$ erfüllt alle Bedingungen.

**Aufgabe 6:**

**Geradengleichung für $g$ durch die Punkte $A$ und $B$:**

$$g: \vec{x} = \begin{pmatrix} 1 \\ -1 \\ 3 \end{pmatrix} + t \left( \begin{pmatrix} 2 \\ -3 \\ 0 \end{pmatrix} - \begin{pmatrix} 1 \\ -1 \\ 3 \end{pmatrix} \right) = \begin{pmatrix} 1 \\ -1 \\ 3 \end{pmatrix} + t \begin{pmatrix} 1 \\ -2 \\ -3 \end{pmatrix}; t \in \mathbb{R}$$

**Ebenengleichung für $E$ durch den Punkte $C$ orthogonal zu $g$:**

Als Normalenvektor von E verwende den Richtungsvektor von g. Damit gilt für die Koordinatengleichung von E $x_1 - 2x_2 - 3x_3 = d$ mit noch unbekanntem $d$. Da C auf E liegt, setzen wir C ein und erhalten $d$:

$4 - 2 \cdot 3 - 3 \cdot (-8) = 22 = d$.

Die Koordinatengleichung von E lautet somit: $E: x_1 - 2x_2 - 3x_3 = 22$

**Schnittpunkt $S$ von $g$ mit $E$:**

$S$ erhält man durch einsetzen von $g$ in $E$. Hierzu liest man die Koordinaten aus der Geradengleichung ab und setzt diese ein:

$$(1 + t) - 2(-1 - 2t) - 3(3 - 3t) = 22$$

auflösen nach $t$ liefert

$$-6 + 14t = 22 \Leftrightarrow 14t = 28 \Leftrightarrow t = 2$$

Der gefundene Wert von t wird nun in g eingesetzt: $\begin{pmatrix} 1 \\ -1 \\ 3 \end{pmatrix} + 2 \begin{pmatrix} 1 \\ -2 \\ -3 \end{pmatrix} = \begin{pmatrix} 3 \\ -5 \\ -3 \end{pmatrix}$

**Ergebnis:** Der Schnittpunkt $S$ von $g$ mit $E$ ist $S(3|-5|-3)$.

**Liegt $S$ zwischen $A$ und $B$?**

Die Gerade $g$: $\vec{x} = \begin{pmatrix} 1 \\ -1 \\ 3 \end{pmatrix} + t \begin{pmatrix} 1 \\ -2 \\ -3 \end{pmatrix}$ geht für $t = 0$ durch den Punkt $A$ und $t = 1$ durch den

Punkt $B$. Falls $S$ zwischen $A$ und $B$ auf $g$ liegt, dann muss hierfür $0 < t < 1$ gelten. Dies prüfen wir:

$$\begin{pmatrix} 3 \\ -5 \\ -3 \end{pmatrix} = \begin{pmatrix} 1 \\ -1 \\ 3 \end{pmatrix} + t \begin{pmatrix} 1 \\ -2 \\ -3 \end{pmatrix} \Leftrightarrow \begin{pmatrix} 2 \\ -4 \\ -6 \end{pmatrix} = t \begin{pmatrix} 1 \\ -2 \\ -3 \end{pmatrix}$$

Hieraus ergibt sich $t = 2$, d.h. $t$ liegt nicht zwischen 0 und 1.

**Ergebnis:** $S$ liegt nicht zwischen $A$ und $B$ .

**Aufgabe 7:**

**Parallelität der Ebenen $E_1$ und $E_2$:**

Einen Normalenvektor von $E_1$ liest man direkt ab mit $\vec{n}_1 = \begin{pmatrix} 2 \\ -2 \\ 1 \end{pmatrix}$.

Den Normalenvektor für $E_2$ bestimmen wir mit dem Vektorprodukt:

$$\begin{matrix} 1 \\ 0 \\ 1 \\ 1 \end{matrix} \times \begin{matrix} 3 \\ 4 \\ 1 \\ 3 \end{matrix} \qquad \vec{n}_2 = \begin{pmatrix} 1 \cdot 4 \\ 0 \cdot 1 \\ 1 \cdot 3 \end{pmatrix} - \begin{pmatrix} 0 \cdot 3 \\ 1 \cdot 4 \\ 1 \cdot 1 \end{pmatrix} = \begin{pmatrix} 4 \\ -4 \\ 2 \end{pmatrix}$$

Nun gilt $\vec{n}_2 = 2 \cdot \vec{n}_1$, d.h. die Normalenvektoren sind linear abhängig.

$E_1$ und $E_2$ sind folglich parallel oder identisch. Nun wird getestet, ob der Stützvektor von $E_2$ in $E_1$ liegt. Falls dies nicht der Fall ist, wissen wir, dass $E_1$ und $E_2$ nicht identisch und damit parallel sind. Es gilt $2 \cdot 7 - 2 \cdot 7 + 5 = 5 \neq -1$.

**Ergebnis:** $E_1$ und $E_2$ sind parallel.

### Ebenengleichung für $E_3$

Da $E_3$ parallel zu $E_1$ ist können wir den Normalenvektor von $E_1$ auch als Normalenvektor von $E_3$ verwenden und erhalten dadurch $E_3\colon 2x_1 - 2x_2 + x_3 = d$ mit einem noch unbekannten $d$. Da $E_3$ denselben Abstand von $E_1$ und $E_2$ hat, liegt $E_3$ genau in der Mitte von diesen beiden Ebenen. Die Gerade $g\colon \vec{x} = \begin{pmatrix} 7 \\ 7 \\ 5 \end{pmatrix} + t \begin{pmatrix} 2 \\ -2 \\ 1 \end{pmatrix}$ mit dem Stützvektor von $E_2$

und dem Normalenvektor von $E_1$ als Richtungsvektor geht senkrecht durch alle Ebenen. Den Punkt, den der Stützvektor von $E_2$ beschreibt, bezeichnen wir mit $A$. Wir bestimmen nun den Schnittpunkt $S$ von $g$ mit $E_1$ durch Einsetzen.

$$2(7 + 2t) - 2(7 - 2t) + (5 + t) = -1 \Leftrightarrow 5 + 9t = -1 \Leftrightarrow t = -\frac{2}{3}.$$

Einsetzen in $g$ liefert $S\colon \begin{pmatrix} 7 \\ 7 \\ 5 \end{pmatrix} - \frac{2}{3} \cdot \begin{pmatrix} 2 \\ -2 \\ 1 \end{pmatrix} = \begin{pmatrix} 17/3 \\ 25/3 \\ 13/3 \end{pmatrix}$.

Mit $S\left(\frac{17}{3}\middle|\frac{25}{3}\middle|\frac{13}{3}\right)$ und $A(7|7|5)$ erhalten wir die Mitte $M$ zwischen diesen beiden Punkten:

$$\vec{m} = \tfrac{1}{2}(\vec{s} + a) \text{ also } M\left(\frac{19}{3}\middle|\frac{23}{3}\middle|\frac{14}{3}\right)$$

Da $M$ auf $E_3$ liegt, setzen wir $M$ ein und erhalten das noch fehlende $d$.

$$E_3\colon 2 \cdot \frac{19}{3} - 2 \cdot \frac{23}{3} + \frac{14}{3} = \frac{6}{3} = 2 = d$$

**Ergebnis:** $E_3$ hat die Gleichung $E_3\colon 2x_1 - 2x_2 + x_3 = 2$.

### Aufgabe 8:

### Lösung zu a)

4 Asse, 3 Könige, 2 Damen $\Rightarrow$ 9 Karten

A: Es liegt kein Ass aufgedeckt auf dem Tisch.

B: Eine Dame und ein Ass liegen aufgedeckt auf dem Tisch

$P(A) = \frac{5}{9} \cdot \frac{4}{8} = \frac{5}{18} \approx 27{,}8\%$

$P(B) = 2 \cdot \frac{2}{9} \cdot \frac{4}{8} = \frac{2}{9} \approx 22{,}2\%$

**Lösung zu b)**

Ein Ass wird frühestens beim ersten und spätestens beim sechsten Umdrehen aufgedeckt, daher kann $X$ nur Werte zwischen 1 und 6 annehmen.

Es gilt $P(X = 1) = \frac{4}{9}$, $P(X = 2) = \frac{5}{9} \cdot \frac{4}{8} = \frac{5}{18}$ und somit $P(X \leq 2) = P(X = 1) + P(X = 2) = \frac{4}{9} + \frac{5}{18} = \frac{13}{18} \approx 72{,}2\%$.

**Ergebnis:** $X \in \{1,2,3,4,5,6\}$ und $P(X \leq 2) = \frac{13}{18} \approx 72{,}2\%$.

**Aufgabe 9:**

Die Kandidaten für die Wendepunkte bestimmt man über die Gleichung $f''(x) = 0$ (notwendiges Kriterium). Da bei jeder Ableitung der Grad von $f$ um eins verringert wird, ist die zweite Ableitung einer ganzrationalen Funktion vierten Grades höchstens noch vom Grad 2 (also höchstens quadratisch). Eine quadratische Funktion besitzt aber höchstens zwei Nullstellen. Somit kann es keine ganzrationale Funktion vierten Grades mit drei Wendepunkten geben!

# 5.24 Wahlteil 2013 – Analysis A 1

### Aufgabe A 1.1
Der Querschnitt eines 50 Meter langen Bergstollens wird beschrieben durch die $x$-Achse und den Graphen der Funktion $f$ mit

$$f(x) = 0{,}02x^4 - 0{,}82x^2 + 8; \quad -4 \leq x \leq 4 \quad (x \text{ und } f(x) \text{ in Meter}).$$

a) An welchen Stellen verlaufen die Wände des Stollens am steilsten?
Welchen Winkel schließen die Wände an diesen Stellen mit der Horizontalen ein?
Nach einem Wassereinbruch steht das Wasser im Stollen 1,7 m hoch.
Wie viel Wasser befindet sich im Stollen?

(6 VP)

b) Im Stollen soll in 6 m Höhe eine Lampe aufgehängt werden.
Aus Sicherheitsgründen muss die Lampe mindestens 1,4 m von den Wänden entfernt sein.
Überprüfen Sie, ob dieser Abstand eingehalten werden kann.

(3 VP)

c) Ein würfelförmiger Behälter soll so in den Stollen gestellt werden, dass er auf einer seiner Seitenflächen steht.
Wie breit darf der Behälter höchstens sein?

(3 VP)

### Aufgabe A 1.2
Für jedes $t \neq 0$ ist eine Funktion gegeben durch $f_t(x) = (x - 1) \cdot \left(1 - \frac{1}{t} \cdot e^x\right)$.
Für welche Werte von $t$ besitzt $f_t$ mehr als eine Nullstelle?

(3 VP)

# 5.25 Lösungen Wahlteil 2013 – Analysis A 1

**a) Steilste Stellen des Stollens**

Gesucht sind die Wendepunkte.

$f'(x) = 0{,}08x^3 - 1{,}64x$, $f''(x) = 0{,}24x^2 - 1{,}64$
und $f'''(x) = 0{,}48x$.

Mit $f''(x) = 0$ folgt $0{,}24x^2 = 1{,}64$.

Der GTR liefert hier die Lösungen $x_1 \approx -2{,}61$ und
$x_2 \approx 2{,}61$ mit $f(x_1) = f(x_2) \approx 2{,}86$.

Weiterhin gilt $f'''(x_1) \neq 0$ und $f'''(x_2) \neq 0$.

**Ergebnis:**

Die steilsten Stellen des Stollens liegen bei
$x_1 \approx -2{,}61$ und $x_2 \approx 2{,}61$.

Skizze des Graphen von $f(x)$

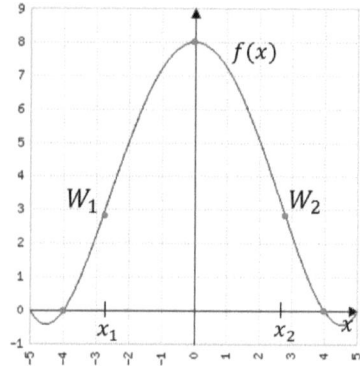

**Winkel bei den Wendepunkten**

$f'(x_1)$ gibt den Tangens des Steigungswinkels bei $x_1$ an.

Folglich gilt $tan(\alpha) = f'(-2{,}61) \approx 2{,}86$.

Der GTR liefert mit {2ND TAN} $\alpha \approx 70{,}72°$.

Wegen der Achsensymmetrie zur $y$-Achse gilt dann
auch $\beta = 70{,}72°$.

**Ergebnis:**

An den steilsten Stellen des Stollens beträgt
Neigungswinkel etwa $70{,}72°$.

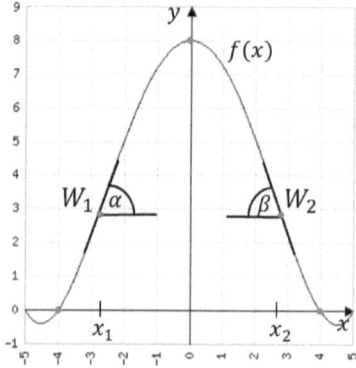

**Wassermenge im Stollen**

Die Wasserstandslinie ist gegeben durch die Gerade $g(x) = 1{,}7$. Mit dem GTR bestimmt man die Schnittpunkte $a$ und $b$ mit $f(x)$ über {2ND CALC intersect} und erhält $a = -3{,}2$ und $b = 3{,}2$. Die Nullstellen von $f(x)$ erhält man über {2ND CALC zero} bei $N_1 = -4$ und $N_2 = 4$. Die Fläche zwischen dem Graphen von $f(x)$ und der $x$-Achse ist gegeben durch $A_1 = \int_{-4}^{4} f(x)dx$. Mit dem GTR erhält man $A_1 \approx 37{,}205$. Die Fläche zwischen den beiden Kurven ist gegeben durch $A_2 = \int_{-3{,}2}^{3{,}2} \big(f(x) - g(x)\big)dx$.

Wenn Sie $f(x)$ bei $Y_1$ und $g(x)$ bei $Y_2$ im $Y$-Editor eingegeben haben, so können Sie den Ausdruck $\int_{-3,2}^{3,2}(f(x)-g(x))dx$ durch Eingabe von {fnInt(Y₁-Y₂,X,-3.2,3.2)} bestimmen. Hier liefert der GTR den Wert $A_2 \approx 25{,}091$.

Die Querschnittsfläche, die wir für die Berechnung der Wassermenge brauchen ist dann $A = A_1 - A_2 = 12{,}114$. Das Wasservolumen ergibt sich durch $V = A \cdot$ Stollenlänge also $V = 12{,}114 m^2 \cdot 50m = 605{,}7 m^3$. $1m^3$ entspricht 1.000 Liter.

**Ergebnis:** Die Wassermenge im Stollen beträgt 605.700 Liter.

### b) Abstand zu den Stollenwänden

Es sei $P(x|f(x))$ ein beliebiger Punkt auf dem Graphen von $f$. Die Lampe hat die Koordinaten $L(0|6)$. Der Abstand d von $L$ zu $P$ berechnet sich mit Pythagoras zu

$$d(x) = \sqrt{(x-0)^2 + (f(x)-6)^2}$$

Geben Sie diese Funktion bei $Y_2$ im $Y$-Editor ein, lassen Sie sich die Kurve zeichnen. Mit {2ND CALC minimum} ergibt sich der minimale Abstand bei $x_1 = -1{,}3$ bzw. bei $x_2 = 1{,}3$ zu $d(x_1) = d(x_2) = 1{,}46$.

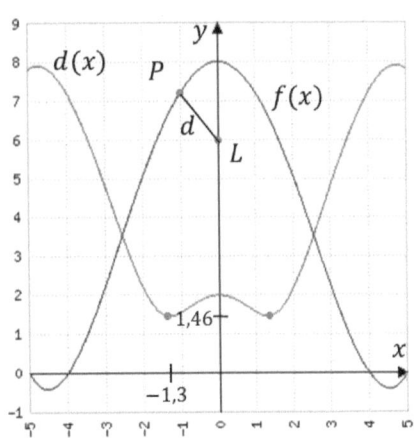

**Ergebnis:** Die Lampe hat überall mehr als 1,4 m Abstand zur Stollenwand.

### c) Breite des Behälters

Am breitesten kann der Behälter werden, wenn er mittig aufgestellt wird. Seine Breite sei $x$, dann ist die Höhe $f\left(\frac{x}{2}\right)$, siehe Abbildung. Da es sich um einen Würfel handelt, muss $x = f\left(\frac{x}{2}\right)$ also $x =$

$$0{,}02\left(\frac{x}{2}\right)^4 - 0{,}82\left(\frac{x}{2}\right)^2 + 8$$ gelten.

Geben Sie nun die linke Seite bei $Y_1$ und die rechte Seite bei $Y_2$ im GTR ein. Der Schnittpunkt ergibt sich mit {2ND CALC intersect} bei $x \approx 4{,}44$.

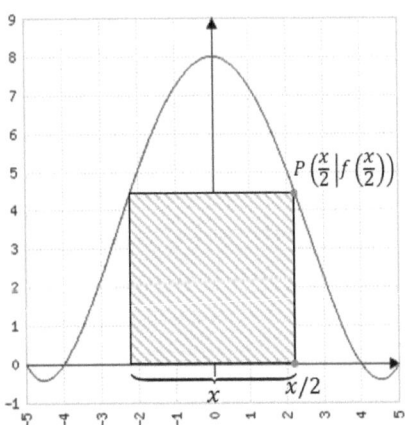

**Ergebnis:** Der Behälter darf höchstens 4,44 m breit sein.

**Lösung Aufgabe A 1.2**

$f_t(x) = (x - 1) \cdot \left(1 - \frac{1}{t} \cdot e^x\right), t \neq 0$

$f_t$ besitzt bei $x = 1$ für alle $t$ eine Nullstelle. Für den zweiten Faktor gilt:

$\left(1 - \frac{1}{t} \cdot e^x\right) = 0 \iff \frac{1}{t} \cdot e^x = 1 \iff e^x = t \iff x = \ln(t)$

$\ln(t)$ ist nur für $t > 0$ definiert. Beachte, dass $f_t(x)$ für $t = e$ nur eine Nullstelle hat, nämlich bei $x = 1$.

**Ergebnis:** $f_t$ hat für alle $t > 0$ und $t \neq e$ genau zwei Nullstellen.

# 5.26 Wahlteil 2013 – Analysis A 2

### Aufgabe A 2.1

Ein zunächst leerer Wassertank einer Gärtnerei wird von Regenwasser gespeist.
Nach Beginn eines Regens wird die momentane Zuflussrate des Wassers durch die Funktion
$r$ mit

$$r(t) = 10000 \cdot (e^{-0,5t} - e^{-t}); \quad 0 \leq t \leq 12$$

beschrieben ($t$ in Stunden seit Regenbeginn, $r(t)$ in Liter pro Stunde).

a)  Bestimmen Sie die maximale momentane Zuflussrate.
    In welchem Zeitraum ist diese Zuflussrate größer als 2000 Liter pro Stunde?
    Zu welchem Zeitpunkt nimmt die momentane Zuflussrate am stärksten ab?

    (6 VP)

b)  Wie viel Wasser befindet sich drei Stunden nach Regenbeginn im Tank?
    Zu welchem Zeitpunkt sind 5000 Liter im Tank?

    (3 VP)

c)  Zur Bewässerung von Gewächshäusern wird nach 3 Stunden begonnen, Wasser
    aus dem Tank zu entnehmen. Daher wird die momentane Änderungsrate des
    Wasservolumens im Tank ab diesem Zeitpunkt durch die Funktion $w$ mit

$$w(t) = r(t) - 400; \quad 3 \leq t \leq 12$$

    beschrieben ($t$ in Stunden seit Regenbeginn, $w(t)$ in Liter pro Stunde).
    Wie viel Wasser wird in den ersten 12 Stunden nach Regenbeginn entnommen?
    Ab welchem Zeitpunkt nimmt die Wassermenge im Tank ab?
    Bestimmen Sie die maximale Wassermenge im Tank.

    (4 VP)

### Aufgabe A 2.2

Gegeben sei die Funktion $f$ mit $f(x) = \sin(\pi \cdot x)$ für $0 \leq x \leq 1$.
Der Graph von $f$ begrenzt mit der $x$-Achse eine Fläche mit Inhalt $A$.
Berechnen Sie $A$ exakt.
Der Graph einer ganzrationalen Funktion $g$ zweiten Grades schneidet die $x$-Achse bei
$x = 0$ und $x = 1$ und schließt mit der $x$-Achse eine Fläche ein, deren Inhalt halb so groß wie
$A$ ist.
Ermitteln Sie eine Funktionsgleichung von $g$.

(4 VP)

# 5.27 Lösungen Wahlteil 2013 – Analysis A 2

**Aufgabe A 2.1 a)**

Skizze des Graphen von
$r(t) = 10000 \cdot (e^{-0,5t} - e^{-t})$

**Maximale momentane Zuflussrate**

Geben Sie den Funktionsterms bei $Y_1$ im GTR ein und lassen Sie sich den Graphen im $y$-Intervall $[0; 3000]$ und im $t$-Intervall $[0; 12]$ zeichnen.

Mit {2ND CALC maximum} erhalten Sie die maximale Zuflussrate bei $t = 1,38$ mit einem Wert von $r(t) = 2500$ (Litern pro Stunde).

**Ergebnis:**
Nach ca. 1,38 Stunden erreicht die Zuflussrate ihren maximalen Wert von 2.500 Litern pro Stunde.

**Zeitraum für Zuflussrate > 2000**

Geben Sie bei $Y_2$ im GTR den Wert 2000 ein und lassen Sie sich damit zusätzlich zum Graphen von $r(t)$ die Gerade $y = 2000$ zeichnen. Mit {2ND CALC intersect} bestimmen Sie die beiden Schnittpunkte mit dem Graphen von $r(t)$ bei $t_1 = 0,647$ und $t_2 = 2,571$.

**Ergebnis:** Für $0,647 < t < 2,571$ liegt die Zuflussrate über 2.000 Litern pro Stunde.

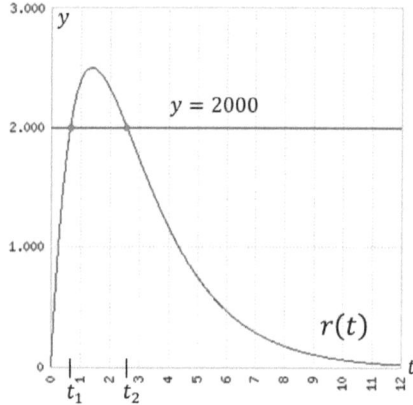

**Zeitpunkt der stärksten Abnahme**

Zu- und Abnahme der momentanen Zuflussrate wird durch die Funktion $r'(t)$ angegeben.

Geben Sie nun bei $Y_2$ im $Y$-Editor den Ausdruck {nDeriv(Y₁,X,X)} an und lassen Sie sich den Graphen der Ableitung im $y$-Intervall $[-700; 700]$ und im $x$-Intervall $[0; 12]$ zeichnen. Mit {2ND CALC minimum} bestimmen Sie den minimalen Wert bei $t = 2{,}77$.

**Ergebnis:** Etwa beim Zeitpunkt $t = 2{,}77$ nimmt die Zuflussrate am stärksten ab.

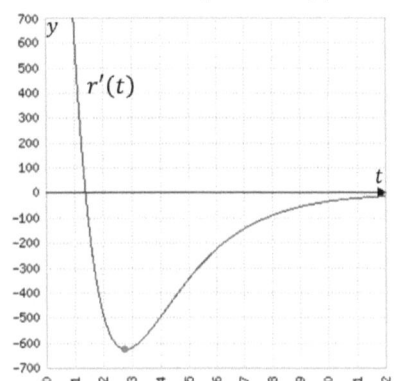

Skizze des Graphen von $r'(t)$

**b) Wassermenge nach drei Stunden**

Die gesuchte Wassermenge ist gegeben durch

$$V = \int_0^3 r(t)\,dt$$

Diesen Ausdruck geben Sie im GTR im Berechnungsmodus in der Form {fnInt(Y₁,X,0,3)} ein und erhalten den gerundeten Wert 6.035.

**Ergebnis:** Nach 3 Stunden befinden sich etwa 6.035 Liter Wasser im Tank.

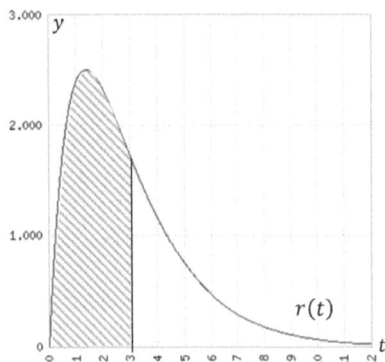

Skizze des Graphen von
$r(t) = 10000 \cdot (e^{-0,5t} - e^{-t})$

**Zu welchem Zeitpunkt sind 5.000 Liter im Tank?**

Die Wassermenge zum Zeitpunkt T im Tank ist , gegeben durch $V(T) = \int_0^T r(t)\,dt$. Gesucht ist also ein $T$ mit $V(T) = 5000$.

Geben Sie hierzu den Ausdruck {fnInt(Y₁,X,0,X)} bei $Y_2$ und 5000 bei $Y_3$ im GTR ein und lassen Sie sich die Graphen $Y_2$ und $Y_3$ zeichnen. $Y_2$ gibt die Wassermenge zum Zeitpunkt $T$ an. Mit {2ND CALC intersect} bestimmen Sie den Schnittpunkt der beiden Kurven und erhalten $T = 2{,}46$.

**Ergebnis:** Nach etwa 2,46 Stunden befinden sich 5.000 Liter Wasser im Tank.

**c) Wasserentnahme in den ersten 12 Stunden**

Skizze des Graphen von $V(T)$

Die Funktion $w(t)$ gilt drei Stunden nach Regenbeginn und beschreibt die momentane Änderungsrate bestehend aus der Zuflussrate $r(t)$ und einem konstanten Abfluss von 400 Litern pro Stunde.

In den ersten 3 Stunden nach Regenbeginn gibt es noch keinen Abfluss.

Von der dritten bis zur zwölften Stunde, also neun Stunden lang, fließen 400 Liter Wasser pro Stunde ab, das sind dann $9 \cdot 400 = 3.600$ Liter Wasser.

**Ergebnis:** Nach den ersten 12 Stunden sind 3.600 Liter Wasser abgeflossen.

**Ab welchem Zeitpunkt nimmt die Wassermenge im Tank ab?**

Die Funktion $w(t)$ beschreibt die Änderungsrate der Wassermenge. Positive Werte bedeuten Zufluss, negative Werte bedeuten Abfluss.

Gesucht ist also die erste Nullstelle von $w(t)$ im Bereich $3 \leq t \leq 12$ bei der positive Werte in negative Werte übergehen.

Geben Sie hierzu den Funktionsterm von $w(t)$ im GTR z.B. bei $Y_2$ ein und lassen Sie sich den Graphen im $x$-Intervall $[1; 12]$ und $y$-Intervall $[-600; 2500]$ zeichnen. Mit {2ND CLAC zero} erhält man die Nullstelle bei $x = 6,35$.

**Ergebnis:** Nach etwa 6,35 Stunden nimmt die Wassermenge im Tank ab.

**Maximale Wassermenge im Tank**

Wie in der vorigen Teilaufgabe gezeigt, nimmt die Wassermenge zum Zeitpunkt $t = 6,35$ erstmals ab, d.h. dass sich zum Zeitpunkt $t = 6,35$ das meiste Wasser im Tank befindet. Damit ist die Wassermenge gegeben durch:

$$V_{max} = \int_0^3 r(t)\,dt + \int_3^{6,35} w(t)\,dt$$

Wenn man $r(t)$ bei $Y_1$ und $w(t)$ bei $Y_2$ einträgt liefert der GTR nach Eingabe des Ausdrucks {fnInt($Y_1$,X,0,3)+ fnInt($Y_2$,X,3,6.35)} den Wert 7.841,59.

**Ergebnis:** Die maximale Wassermenge im Tank beträgt etwa 7.842 Liter.

**Aufgabe A 2.2**

**Flächeninhalt**

Es gilt:

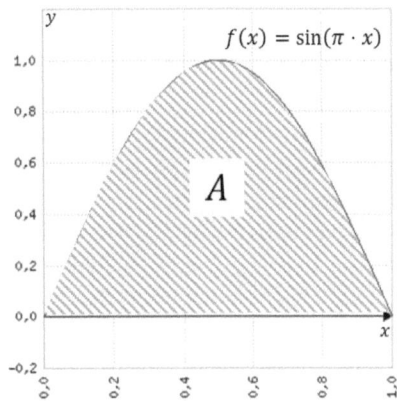

$$A = \int_0^1 \sin(\pi x)\, dx = \left[-\frac{1}{\pi}\cos(\pi x)\right]_0^1$$
$$= \left(-\frac{1}{\pi}\cos(\pi)\right) - \left(-\frac{1}{\pi}\cos(0)\right)$$
$$= \frac{1}{\pi} - \left(-\frac{1}{\pi}\right) = \frac{2}{\pi}$$

**Ergebnis:** Die gesuchte Fläche beträgt exakt $\frac{2}{\pi}$ FE.

**Funktionsgleichung für $g$**

Eine ganzrationale Funktion zweiten Grades hat die allgemeine Form
$g(x) = ax^2 + bx + c$.
Die $x$-Achse wird bei $x = 0$ und $x = 1$ geschnitten, d.h. es gilt $g(0) = 0$ und $g(1) = 0$. Aus
$g(0) = 0$ erhält man $c = 0$.
Aus $g(1) = 0$ erhält man $I.\ a + b = 0$.
Die Fläche zwischen $x = 0$ und $x = 1$ ist gegeben durch

$$A_2 = \int_0^1 (ax^2 + bx)dx = \left[\frac{1}{3}ax^3 + \frac{1}{2}bx^2\right]_0^1 = \left(\frac{1}{3}a + \frac{1}{2}b\right)$$

Laut Aufgabenstellung soll $A_2$ halb so groß sein, wie die Fläche A aus dem vorangehenden
Aufgabenteil. Somit gilt $II.\ \frac{1}{3}a + \frac{1}{2}b = \frac{1}{\pi}$.

Aus $I.\ a + b = 0$ folgt $b = -a$. Eingesetzt in Gleich $II.$ folgt $\frac{1}{3}a - \frac{1}{2}a = -\frac{1}{6}a = \frac{1}{\pi}$ und
damit $a = -\frac{6}{\pi}$ sowie $b = \frac{6}{\pi}$.

**Ergebnis:** Der Funktionsterm von $g$ lautet $g(x) = -\frac{6}{\pi}x^2 + \frac{6}{\pi}x$.

# 5.28 Wahlteil 2013 – Analysis B 2

**Aufgabe B 2.1**

In einem würfelförmigen Ausstellungsraum mit der Kantenlänge 8 Meter ist ein dreieckiges Segeltuch aufgespannt.
Es ist im Punkt $F$ sowie in den Kantenmitten $M_1$ und $M_2$ befestigt (siehe Abbildung).
Es wird angenommen, dass das Segeltuch nicht durchhängt.
In einem Koordinatensystem stellen die Punkte $A(8|0|0)$, $C(0|8|0)$ und $H(0|0|8)$ die entsprechenden Ecken des Raumes dar.

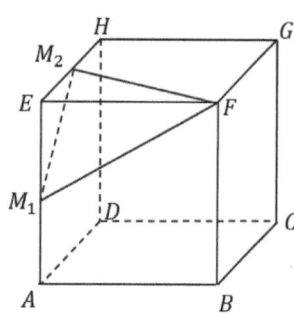

a) Bestimmen Sie eine Koordinatengleichung der Ebene $S$, in der das Segeltuch liegt.
   Zeigen Sie, dass das Segeltuch die Form eines gleichschenkligen Dreiecks hat.
   Berechnen Sie den Flächeninhalt des Segeltuchs.
   Welchen Abstand hat das Segeltuch von der Ecke $E$?
   (Teilergebnis: $S: 2x_1 - x_2 + 2x_3 = 24$)

   (6 VP)

b) Auf der Diagonalen $AC$ steht eine 6 Meter hohe Stange senkrecht auf dem Boden.
   Das obere Ende der Stange berührt das Segeltuch.
   In welchem Punkt befindet sich das untere Ende der Stange?

   (3 VP)

**Aufgabe B 2.2**

Auf zwei Glücksrädern befinden sich jeweils
sechs gleich große Felder. Bei jedem Spiel
werden die Räder einmal in Drehung
versetzt. Sie laufen dann unabhängig
voneinander aus und bleiben so stehen,
dass von jedem Rad genau ein Feld im Rahmen
sichtbar ist.

Rahmen

a) Zunächst werden die Räder als ideal angenommen.
   Bei einem Einsatz von 0,20 € sind folgende Auszahlungen vorgesehen:

   | | |
   |---|---|
   | Stern – Stern | 2,00 € |
   | Diamant – Diamant | 0,85 € |
   | Kleeblatt – Kleeblatt | 0,20 € |

   In allen anderen Fällen wird nichts ausbezahlt.

   Weisen Sie nach, dass das Spiel fair ist.

   Nun möchte der Veranstalter auf lange Sicht pro Spiel 5 Cent Gewinn erzielen.
   Dazu soll nur der Auszahlungsbetrag für „Diamant - Diamant" geändert werden.
   Berechnen Sie diesen neuen Auszahlungsbetrag.

   (3 VP)

b) Es besteht der Verdacht, dass die Wahrscheinlichkeit p für „Stern - Stern" geringer
   als $\frac{1}{36}$ ist. Daher soll ein Test mit 500 Spielen durchgeführt werden.
   Formulieren Sie die Entscheidungsregel für die Nullhypothese $H_0$: $p \geq \frac{1}{36}$,
   wenn die Irrtumswahrscheinlichkeit höchstens 5% betragen soll.

   (3 VP)

# 5.29 Lösungen Wahlteil 2013 – Analysis B 2

**Aufgabe B 2.1**

$A(8|0|0),\ C(0|8|0),\ H(0|0|8)$

**a) Koordinatengleichung der Ebene $S$**

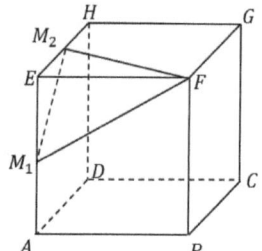

Mit $M_1(8|0|4)$, $M_2(4|0|8)$ und $F(8|8|8)$ bilden wir zunächst die zwei Richtungsvektoren $\overrightarrow{FM_1}$ und $\overrightarrow{FM_2}$ und erhalten

$$\overrightarrow{FM_1} = \begin{pmatrix} 8 \\ 0 \\ 4 \end{pmatrix} - \begin{pmatrix} 8 \\ 8 \\ 8 \end{pmatrix} = \begin{pmatrix} 0 \\ -8 \\ -4 \end{pmatrix} \text{ sowie } \overrightarrow{FM_2} = \begin{pmatrix} 4 \\ 0 \\ 8 \end{pmatrix} - \begin{pmatrix} 8 \\ 8 \\ 8 \end{pmatrix} = \begin{pmatrix} -4 \\ -8 \\ 0 \end{pmatrix}.$$

Mit Hilfe des Vektorprodukts erhält man daraus einen Normalenvektor:

$$\vec{n'} = \begin{pmatrix} (-8)\cdot 0 \\ (-4)\cdot(-4) \\ 0\cdot(-8) \end{pmatrix} - \begin{pmatrix} (-4)\cdot(-8) \\ 0\cdot 0 \\ (-8)\cdot(-4) \end{pmatrix} = \begin{pmatrix} -32 \\ 16 \\ -32 \end{pmatrix}$$

Da es auf die Länge des Normalenvektors nicht ankommt, teilen wir $\vec{n'}$ durch $-16$ und erhalten $\vec{n} = \begin{pmatrix} 2 \\ -1 \\ 2 \end{pmatrix}$. Daraus ergibt sich die Koordinatenform $S: 2x_1 - x_2 + 2x_3 = d$ mit noch unbekanntem $d$. Da $F$ in $S$ liegt folgt durch Einsetzen $2\cdot 8 - 8 + 2\cdot 8 = 24 = d$.

**Ergebnis:** Die Ebene $S$ hat die Koordinatengleichung $S: 2x_1 - x_2 + 2x_3 = 24$.

**Nachweis der Gleichschenkligkeit des Segeltuchs**

Aus der vorherigen Aufgabe wissen wir
$$\overrightarrow{FM_1} = \begin{pmatrix} 0 \\ -8 \\ -4 \end{pmatrix} \text{ und } \overrightarrow{FM_2} = \begin{pmatrix} -4 \\ -8 \\ 0 \end{pmatrix}.$$

$M_1(8|0|4)$
$M_2(4|0|8)$
$F(8|8|8)$

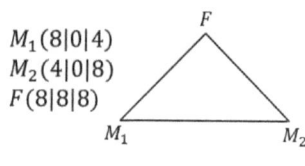

Für die Längen gilt:
$$\left|\overrightarrow{FM_1}\right| = \sqrt{0^2 + (-8)^2 + (-4)^2} = \sqrt{80} \text{ und } \left|\overrightarrow{FM_2}\right| = \sqrt{(-8)^2 + (-4)^2 + 0^2} = \sqrt{80}$$
Wie man sieht gilt $\left|\overrightarrow{FM_1}\right| = \left|\overrightarrow{FM_2}\right|$ und damit ist das Segeltuch gleichschenklig!

## Flächeninhalt des Segeltuchs

In einem gleichschenkligen Dreieck steht die Höhe

$M_1(8|0|4)$
$M_2(4|0|8)$
$F(8|8|8)$

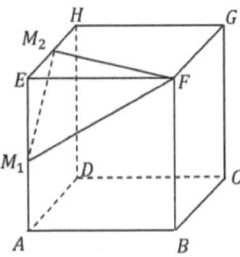

h auf der Mitte der Grundseite. Mit $M_3(6|0|6)$

folgt $h = |\overrightarrow{M_3F}| = \left| \begin{pmatrix} 2 \\ 8 \\ 2 \end{pmatrix} \right| = \sqrt{2^2 + 8^2 + 2^2} = \sqrt{72}.$

Die Länge der Grundseite ist gegeben durch $|\overrightarrow{M_1M_2}| = \left| \begin{pmatrix} -4 \\ 0 \\ 4 \end{pmatrix} \right| = \sqrt{32}.$

Schließlich folgt $A = \frac{1}{2} \cdot h \cdot |\overrightarrow{M_1M_2}| = \frac{1}{2} \cdot \sqrt{72} \cdot \sqrt{32} = 24.$

**Ergebnis:** Das Segeltuch hat einen Flächeninhalt von 24 m².

## Abstand hat das Segeltuch von der Ecke $E$

Aus Teilaufgabe a) kennen wir eine Koordinatengleichung
des Segeltuchs $S: 2x_1 - x_2 + 2x_3 = 24$.
Daraus ergibt sich die HNF $S: \frac{2x_1 - x_2 + 2x_3 - 24}{3} = 0$.
Den Abstand des Punktes $H(8|0|8)$ zu $S$ erhält man durch
Einsetzen wie folgt:

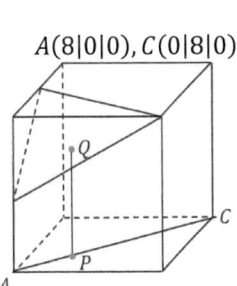

$$d(E,S) = \frac{|2 \cdot 8 - 0 + 2 \cdot 8 - 24|}{3} = \frac{8}{3} \approx 2{,}67$$

**Ergebnis:** Das Segeltuch ist etwa 2,67 m von der Ecke $E$ entfernt.

### b) Bestimmung des unteren Punktes der Stange

$A(8|0|0), C(0|8|0)$

Die Gerade durch $A$ und $C$ ist gegeben durch

$g: \vec{x} = \vec{a} + t(\vec{c} - \vec{a}) = \begin{pmatrix} 8 \\ 0 \\ 0 \end{pmatrix} + t \begin{pmatrix} -8 \\ 8 \\ 0 \end{pmatrix}$

Ein Punkt $P$ auf $g$ hat somit die Koordinaten $P(8 - 8t|8t|0)$.
Ein Punkt $Q$, 6 Meter senkrecht über $P$ hat die Koordinaten
$Q(8 - 8t|8t|6)$.
Da $Q$ in $S$ liegen soll muss $Q$ der Koordinatengleichung von $S$ genügen, d.h.
$2 \cdot (8 - 8t) - (8t) + 2 \cdot 6 = 24$. Damit erhält man $t = \frac{1}{6}$. In P eingesetzt liefert dies
$P\left(8 - 8 \cdot \frac{1}{6} | 8 \cdot \frac{1}{6} | 0\right)$ also $P\left(\frac{20}{3} | \frac{4}{6} | 0\right)$.

**Ergebnis:** Die Stange ist am Punkt $P\left(\frac{20}{3} | \frac{4}{6} | 0\right)$ verankert.

**Aufgabe B 2.2**

| | |
|---|---|
| Einsatz | 0,20 € |
| S,S | 2,00 € |
| D,D | 0,85 € |
| K,K | 0,20 € |

**a) Nachweis, dass das Spiel fair ist**

Es seien $K$=Kleeblatt, $S$=Stern und $D$=Diamant.

Die Wahrscheinlichkeiten für ein Glücksrad sind: $P(K) = \frac{3}{6}, P(S) = \frac{1}{6}, P(D) = \frac{2}{6}$

Bei zwei identischen Glücksrädern und unabhängigen Drehungen gilt dann:
$$P(S,S) = \frac{1}{6} \cdot \frac{1}{6} = \frac{1}{36}, P(D,D) = \frac{2}{6} \cdot \frac{2}{6} = \frac{4}{36}, P(K,K) = \frac{3}{6} \cdot \frac{3}{6} = \frac{9}{36} \text{ und}$$
$$P(\text{alle anderen Kombinationen}) = 1 - \left(\frac{1}{36} + \frac{4}{36} + \frac{9}{36}\right) = \frac{22}{36}$$

Die Zufallsvariable $X$ stehe nachfolgend für die verschiedenen möglichen Gewinne. Somit kann $X$ die Werte 2; 0,85; 0,2 oder 0 annehmen.
Es folgt: $P(X = 2) = P(S,S) = \frac{1}{36}$, $P(X = 0,85) = P(D,D) = \frac{4}{36}$,
$P(X = 0,2) = P(K,K) = \frac{9}{36}$ und $P(X = 0) = P(\text{andere}) = \frac{22}{36}$.
Damit lässt sich nun der Erwartungswert bestimmen:

$$E(X) = 2 \cdot P(X = 2) + 0,85 \cdot P(X = 0,85) + 0,2 \cdot P(X = 0,2) + 0 \cdot P(X = 0)$$
$$= 2 \cdot \frac{1}{36} + 0,85 \cdot \frac{4}{36} + 0,2 \cdot \frac{9}{36} + 0 = 0,2$$

**Ergebnis:** Auf lange Sicht kann man einen Gewinn von 20 Cent pro Spiel erwarten. Dies entspricht aber genau dem Einsatz, d.h. das Spiel ist fair!

**Neuer Auszahlungsbetrag für „Diamant - Diamant"**

Der Veranstalter möchte auf lange Sicht 5 Cent pro Spiel gewinnen. Da der Einsatz nach wie vor 0,20 € beträgt, muss nun der Erwartungswert, also der erwartete Gewinn pro Spiel, auf 0,15 € zurückgesetzt werden. Wir setzen, wie verlangt, den Gewinn für „Diamant-Diamant" neu an und nennen diesen $a$. Damit gilt:

$$E(X) = 2 \cdot P(X = 2) + a \cdot P(X = a) + 0,2 \cdot P(X = 0,2)$$
$$= 2 \cdot \frac{1}{36} + a \cdot \frac{4}{36} + 0,2 \cdot \frac{9}{36} = 0,15$$

Auflösen nach $a$ liefert $a = 0,4$.

**Ergebnis:** Der neue Auszahlbetrag für „Diamant-Diamant" liegt bei 0,40 €.

### b) Entscheidungsregel für die Nullhypothese

Gegeben sind folgende Daten: Irrtumswahrscheinlichkeit $\alpha \leq 0{,}05$, Anzahl Versuche $n = 500$, Trefferwahrscheinlichkeit $p = \frac{1}{36}$ und die Nullhypothese $H_0$: $p \geq \frac{1}{36}$.
Die Zufallsvariable $X$ stehe nun für die Anzahl der Treffer (also für die Anzahl „Stern-Stern"). Dann ist $X$ $B_{500;\frac{1}{36}}$ verteilt.

$H_0$ wird abgelehnt, wenn die Anzahl der tatsächlichen Treffer in der Versuchsreihe <u>kleiner</u> als erwartet ist. Somit führen wir einen <u>linksseitigen</u> Test durch und das Ablehnungsintervall hat die Gestalt $[0 \dots k]$.
Gesucht wird also ein $k$ für das $P(X \leq k) \leq 0{,}05$ ist. Um dieses $k$ zu finden, geben Sie bei $Y_1$ im GTR den Ausdruck {binomcdf(500,1/36,X)} ein und lassen sich über {2ND TABLE} die Wertetabelle anzeigen. Man liest ab $P(X <= 7) = 0{,}032 < 0{,}05$ und $P(X \leq 8) = 0{,}063 > 0{,}05$. Mit dem Wert $k = 7$ liegt man also noch unter der Irrtumswahrscheinlichkeit mit $k = 8$ liegt man erstmals darüber.

**Entscheidungsregel:** Die Nullhypothese wird abgelehnt, wenn bei 500 Spielen höchstens sieben Mal die Kombination „Stern-Stern" beobachtet wird.

# 5.30 Pflichtteil 2012

**Aufgabe 1**

Bilden Sie die erste Ableitung der Funktion $f$ mit $f(x) = (\sin(x) + 7)^5$.     (2 VP)

**Aufgabe 2**

Bestimmen Sie eine Stammfunktion der Funktion $f$ mit $f(x) = 2e^{4x} + \frac{3}{x^2}$.     (2 VP)

**Aufgabe 3**

Lösen Sie für $0 \le x \le 2\pi$ die Gleichung $\sin(x) \cdot \cos(x) - 2\cos(x) = 0$.     (3 VP)

**Aufgabe 4**

Gegeben sind die Funktionen $f$ mit $f(x) = \frac{2}{x}$ und $g$ mit $g(x) = 2x - 3$.

Bestimmen Sie die gemeinsamen Punkte der zugehörigen Graphen.
Untersuchen Sie, ob sich die beiden Graphen senkrecht schneiden.     (4 VP)

**Aufgabe 5**

Eine der folgenden Abbildungen zeigt den Graphen der Funktion $f$ mit $f(x) = x^3 - 3x - 2$.

Abb. 1                    Abb. 2

Abb. 3                                              Abb. 4

a) Begründen Sie, dass die Abbildung 2 den Graphen von $f$ zeigt.
b) Von den anderen drei Abbildungen gehört eine zur Funktion $g$ mit
   $g(x) = f(x - a)$ und eine zur Funktion $h$ mit $h(x) = b \cdot f(x)$.
   Ordnen Sie diesen beiden Funktionen die zugehörigen Abbildungen zu
   und begründen Sie Ihre Entscheidung.
   Geben Sie die Werte für a und b an.
c) Die bis jetzt nicht zugeordnete Abbildung zeigt den Graphen einer Funktion $k$.
   Geben Sie ohne Rechnung einen Funktionsterm für $k$ an.

                                                                             (5 VP)

**Aufgabe 6**

Gegeben sind die Ebenen $E: \left[\vec{x} - \begin{pmatrix} 1 \\ 2 \\ 1 \end{pmatrix}\right] \cdot \begin{pmatrix} 4 \\ -1 \\ 2 \end{pmatrix} = 0$ und $F: x_2 + 2x_3 = 8$.

Bestimmen Sie eine Gleichung der Schnittgeraden.                             (3 VP)

**Aufgabe 7**

Gegeben sind der Punkt $A(1|1|3)$ und die Ebene $E: x_1 - x_3 - 4 = 0$.

a) Welche besondere Lage hat $E$ im Koordinatensystem?
b) Der Punkt $A$ wird an der Ebene $E$ gespiegelt.
   Bestimmen Sie die Koordinaten des Bildpunktes.

                                                                             (4 VP)

**Aufgabe 8**

Gegeben sind eine Ebene $E$ und eine Gerade $g$, die in $E$ liegt.
Beschreiben Sie ein Verfahren, mit dem man eine Gleichung der Geraden $h$
ermitteln kann, die orthogonal zu $g$ ist und ebenfalls in $E$ liegt.          (3 VP)

# 5.31 Lösung Pflichtteil 2012

**Aufgabe 1**

$$f'(x) = 5(\sin(x) + 7)^4 \cdot \cos(x)$$

**Aufgabe 2**

$$F(x) = \int \left(2e^{4x} + \frac{3}{x^2}\right) dx = \int (2e^{4x} + 3x^{-2}) dx$$
$$= 2 \cdot \frac{1}{4} e^{4x} + 3 \cdot \frac{1}{-1} x^{-1} = \frac{1}{2} e^{4x} - \frac{3}{x}$$

Dies ist eine mögliche Stammfunktion. Andere mögliche Stammfunktionen bekommt man durch Addition einer beliebigen Konstanten $C \in \mathbb{R}$.

**Aufgabe 3**

Es gilt $\sin(x) \cdot \cos(x) - 2\cos(x) = 0 \Leftrightarrow \cos(x) \cdot (\sin(x) - 2) = 0$. Somit ist $\cos(x) = 0$ oder $\sin(x) - 2 = 0$. Da $\sin(x)$ nur Werte zwischen $-1$ und $1$ annimmt, gilt in jedem Fall $(\sin(x) - 2) \neq 0$. $\cos(x)$ wird im Bereich $0 \leq x \leq 2\pi$ nur bei $x_1 = \frac{\pi}{2}$ und $x_2 = \frac{3\pi}{2}$ Null.

**Ergebnis:** $\mathbb{L} = \left\{\frac{\pi}{2}, \frac{3\pi}{2}\right\}$

**Aufgabe 4**

**Gemeinsame Punkte von $f(x)$ und $g(x)$**

Gleichsetzen und umformen liefert eine quadratische Gleichung:

$$\frac{2}{x} = 2x - 3 \qquad | \cdot x, \text{dann } -2$$
$$0 = 2x^2 - 3x - 2 \qquad |:2$$
$$0 = x^2 - \frac{3}{2}x - 1$$

Die p-q-Formel liefert $x_{1,2} = \frac{3}{4} \pm \sqrt{\frac{9}{16} + \frac{16}{16}} \Rightarrow x_1 = \frac{3}{4} + \frac{5}{4} = 2$ und $x_2 = \frac{3}{4} - \frac{5}{4} = -\frac{1}{2}$.

Einsetzen in $f$ liefert $f(x_1) = 1$ und $f(x_2) = -4$.

**Ergebnis:** Die gemeinsamen Punkte von $f(x)$ und $g(x)$ sind $P_1(2|1)$ und $P_2\left(-\frac{1}{2}\Big|-4\right)$.

**Stehen die Graphen senkrecht aufeinander?**

Allgemein stehen die Graphen zweier Funktionen $f(x)$ und $g(x)$ genau dann senkrecht zueinander, wenn $f'(x) \cdot g'(x) = -1$ gilt. Dies haben wir für $x_1$ und $x_2$ zu prüfen. Es gilt zunächst $f'(x) = -\frac{2}{x^2}$ und $g'(x) = 2$.

Für $x_1 = 2$ haben wir $f'(2) = -\frac{1}{2}$ und $g'(2) = 2$ also $f'(2) \cdot g'(2) = -1$. Für $x_2 = -1/2$ folgt $f'\left(-\frac{1}{2}\right) = -8$ und $g'\left(-\frac{1}{2}\right) = 2$, also $f'\left(-\frac{1}{2}\right) \cdot g'\left(-\frac{1}{2}\right) \neq -1$.

**Ergebnis:** $f(x)$ und $g(x)$ stehen nur im Punkt $P_1(2|1)$ senkrecht zueinander.

**Aufgabe 5**

a) Wegen $f(0) = -2$, kann nur Abb. 2 den Graphen von $f$ darstellen.

b) $f(x-a)$ ist, geometrisch gedeutet, eine Verschiebung des Graphen von $f(x)$ auf der $x$-Achse um $a$ Einheiten. In Abb. 4 ist der Graph von $f(x)$ um 2 Einheiten nach rechts verschoben. Somit stellt Abb. 4 den Graphen von $g$ dar und es gilt $a = 2$ (nicht etwa $a = -2$).

   $b \cdot f(x)$ stellt eine Streckung oder Stauchung des Graphen von $f(x)$ um den Faktor $b$ dar. Abb. 1 verschiebt $f(x)$ lediglich in $y$-Richtung, folglich kann der Graph von $b \cdot f(x)$ nur noch durch Abb. 3 dargestellt werden. Dabei wird der Funktionswert $f(1) = -4$ auf den neuen Funktionswert $h(1) = 2$ abgebildet. Wegen $h(1) = b \cdot f(1)$ also $2 = b \cdot (-4)$ folgt sofort $b = -\frac{1}{2}$.

c) Abb. 1 verschiebt $f(x)$ um 3 Einheiten nach oben, also gilt $k(x) = f(x) + 3 = x^3 - 3x + 1$.

## Aufgabe 6

**Bestimmung der Schnittgeraden**

Umwandlung der Normalenform von $E$ in die Koordinatenform.

$$\left[\vec{x} - \begin{pmatrix} 1 \\ 2 \\ 1 \end{pmatrix}\right] \cdot \begin{pmatrix} 4 \\ -1 \\ 2 \end{pmatrix} = 0 \Leftrightarrow \left[\begin{pmatrix} x_1 \\ x_2 \\ x_3 \end{pmatrix} - \begin{pmatrix} 1 \\ 2 \\ 1 \end{pmatrix}\right] \cdot \begin{pmatrix} 4 \\ -1 \\ 2 \end{pmatrix} = 0 \Leftrightarrow \begin{pmatrix} x_1 - 1 \\ x_2 - 2 \\ x_3 - 1 \end{pmatrix} \cdot \begin{pmatrix} 4 \\ -1 \\ 2 \end{pmatrix} = 0$$

$$\Rightarrow 4(x_1 - 1) - (x_2 - 2) + 2(x_3 - 1) = 0 \Rightarrow 4x_1 - x_2 + 2x_3 = 4.$$

Nun haben wir das folgende lineare Gleichungssystem:

$$\begin{array}{llll} \text{I.} & 4x_1 - x_2 + 2x_3 & = & 4 \quad \text{Gleichung für } E \\ \text{II.} & x_2 + 2x_3 & = & 8 \quad \text{Gleichung für } F \end{array}$$

In der Situation „mehr Variablen als Gleichungen" kann eine der Variablen frei gewählt werden, z.B. $x_3 = t$, wobei $t \in \mathbb{R}$. Damit lösen wir II. nach $x_2$ auf: $x_2 = 8 - 2t$. In I. eingesetzt folgt $4x_1 - (8 - 2t) + 2t = 4 \Rightarrow 4x_1 = 12 - 4t$ also $x_1 = 3 - t$. Wenn wir nun $x_1, x_2$ und $x_3$ als Vektor schreiben, lässt sich daraus die Parameterform einer Geraden, der Schnittgeraden, gewinnen.

$$\vec{x} = \begin{pmatrix} x_1 \\ x_2 \\ x_3 \end{pmatrix} = \begin{pmatrix} 3 - t \\ 8 - 2t \\ t \end{pmatrix} = \begin{pmatrix} 3 \\ 8 \\ 0 \end{pmatrix} + t \begin{pmatrix} -1 \\ -2 \\ 1 \end{pmatrix}; \ t \in \mathbb{R}$$

Dies ist die gesuchte Schnittgerade.

## Aufgabe 7

### a) Besondere Lage von E

In der Koordinatengleichung fehlt $x_2$. Dies bedeutet, dass $E$ parallel zur $x_2$-Achse verläuft. Die Schnittpunkte mit den verbleibenden Achsen (Spurpunkte) sind $S_1(4|0|0)$ und $S_3(0|0|-4)$. Dies war zwar nicht gefragt, doch dadurch lässt sich die Ebene sehr einfach in einem Koordinatensystem darstellen.

**b)   Bestimmung des Spiegelungspunktes $A'$**

Wir bilden eine Hilfsgerade $h$, senkrecht zu $E$, so dass $A$ auf $h$ liegt. Dadurch können wir den Schnittpunkt von $h$ mit $E$ bestimmen und später den Spiegelungspunkt $A'$. Den

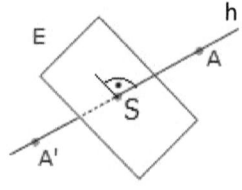

Normalenvektor von $E$ lesen wir mit $\vec{n} = \begin{pmatrix} 1 \\ 0 \\ -1 \end{pmatrix}$ aus der

Koordinatengleichung ab. Damit ist $\vec{a} = \begin{pmatrix} 1 \\ 1 \\ 3 \end{pmatrix}$ der Stützvektor der Hilfsgeraden $h$ und

$\vec{n}$ deren Richtungsvektor. Wir erhalten $h: \vec{x} = \begin{pmatrix} 1 \\ 1 \\ 3 \end{pmatrix} + t \begin{pmatrix} 1 \\ 0 \\ -1 \end{pmatrix}$ mit $t \in \mathbb{R}$. Hieraus

lesen wir die Koordinatengleichungen ab mit $x_1 = 1 + t, x_2 = 1$ und $x_3 = 3 - t$. Diese setzen wir in die Koordinatengleichung von $E$ ein:

$$(1 + t) - (3 - t) - 4 = 0.$$

Auflösen nach $t$ liefert $t = 3$. Einsetzen in $h$ ergibt den Schnittpunkt $S$ (genauer

gesagt den zugehörigen Ortsvektor): $\vec{s} = \begin{pmatrix} 1 \\ 1 \\ 3 \end{pmatrix} + 3 \begin{pmatrix} 1 \\ 0 \\ -1 \end{pmatrix} = \begin{pmatrix} 4 \\ 1 \\ 0 \end{pmatrix}$.

Mit $\overrightarrow{AA'} = 2 \cdot \overrightarrow{AS} \Rightarrow \vec{a'} - \vec{a} = 2(\vec{s} - \vec{a}) \Rightarrow \vec{a'} = 2\vec{s} - \vec{a} = 2 \begin{pmatrix} 4 \\ 1 \\ 0 \end{pmatrix} - \begin{pmatrix} 1 \\ 1 \\ 3 \end{pmatrix} = \begin{pmatrix} 7 \\ 1 \\ -3 \end{pmatrix}$.

**Ergebnis:** Der Spiegelungspunkt $A'$ ist gegeben mit $A'(7|1|-3)$.

## Aufgabe 8

- Wähle einen beliebigen Punkt $S$ auf $E$, der aber nicht auf $g$ liegt.
- Konstruiere eine Hilfsebene $H$, orthogonal zu $g$, so dass $S$ in $H$ liegt. Als Stützvektor verwende $\vec{s}$ und als Normalenvektor verwende den Richtungsvektor $\vec{u}$ der Geraden $g$.
- Aus dem Schnitt der beiden Ebenen $E$ und $H$ ergibt sich die gesuchte Schnittgerade $h$, die senkrecht zu $g$ ist und in $E$ liegt.

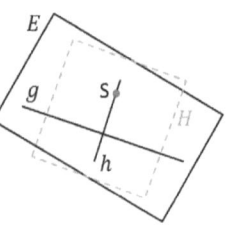

# 5.32 Wahlteil 2012 – Analysis I 1

### Aufgabe I 1

Die Abbildung zeigt den Verlauf einer Umgehungsstraße zur Entlastung der Ortsdurchfahrt $AB$ einer Gemeinde. Das Gemeindegebiet ist kreisförmig mit dem Mittelpunkt $M$ und dem Radius 1,5 km. Die Umgehungsstraße verläuft durch die Punkte $A$ und $B$ und wird beschrieben durch die Funktion $f$ mit

$$f(x) = -0,1x^3 - 0,3x^2 + 0,4x + 3,2.$$

1 LE entspricht 1 km.

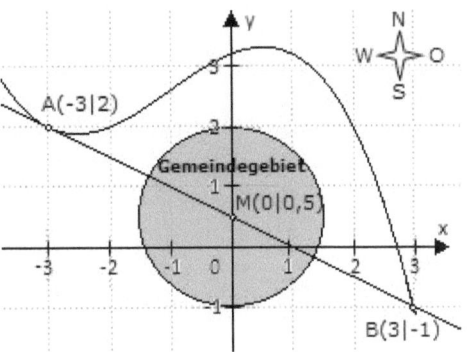

a)  Welche Koordinaten hat der nördlichste Punkt der Umgehungsstraße?
    Wie weit ist dieser Punkt vom Ortsmittelpunkt $M$ entfernt?
    Die Umgehungsstraße beschreibt eine Linkskurve und eine Rechtskurve.
    Bestimmen Sie den Punkt, in dem diese beiden Abschnitte ineinander
    übergehen.
    Zeigen Sie, dass die Umgehungsstraße im Punkt $A$ ohne Knick in die
    Ortsdurchfahrt einmündet.

                                                                    (6 VP)

b)  Zur Bewertung von Grundstücken wird die Fläche zwischen der Ortsdurchfahrt
    und der Umgehungsstraße vermessen.
    Wie viel Prozent dieser Fläche liegen außerhalb des Gemeindegebiets?

                                                                    (4 VP)

c)  Im Punkt $P(1,5|3)$ befindet sich eine Windkraftanlage.
    Ein Fahrzeug fährt von $B$ aus auf der Umgehungsstraße.
    Von welchem Punkt der Umgehungsstraße aus sieht der Fahrer die
    Windkraftanlage genau in Fahrtrichtung vor sich?

                                                                    (4 VP)

d)  In welchem Punkt der Umgehungsstraße fährt ein Fahrzeug parallel zur
    Ortsdurchfahrt $AB$?
    Welchen Abstand hat ein Fahrzeug auf der Umgehungsstraße höchstens von
    der Ortsdurchfahrt?

                                                                    (4 VP)

# 5.33 Lösung Wahlteil 2012 – Analysis I 1

## Aufgabe I 1

### a) Nördlichster Punkt der Umgehungsstraße

Geben Sie den Funktionsterm von $f(x)$ bei Y₁ im Y-Editor Ihres GTR ein und lassen Sie sich den Graphen im Bereich $x_{min} = -4$, $x_{max} = 4$, $y_{min} = -2$, $y_{max} = 4$ zeichnen. Den maximalen Funktionswert bestimmen Sie mit {2nd CALC maximum} im Intervall [0;2]. Sie erhalten $x = 0,528$ und $y = 3,313$.

**Ergebnis:** Der nördlichste Punkt der Umgehungsstraße hat die Koordinaten $N(0,528|3,313)$.

### Entfernung von $N$ zum Ortsmittelpunkt $M$

Die Entfernung zweier Punkte bestimmt man anhand der Koordinatenunterschiede mit dem Satz des Pythagoras. Es gilt $\Delta x = 0,528 - 0 = 0,528$ und $\Delta y = 3,313 - 0,5 = 2,813$. Damit ist die Entfernung von $N$ zu $M$ gegeben durch

$$d = \sqrt{\Delta x^2 + \Delta y^2} = \sqrt{0,528^2 + 2,813^2} = 2,862.$$

**Ergebnis:** Die Entfernung des nördlichsten Punkts der Umgehungsstraße zum Ortsmittelpunkt beträgt 2,862km.

### Bestimmung des Punktes $W$ in dem die Linkskurve in eine Rechtskurve übergeht

Gesucht ist der Wendepunkt $W$ von $f$. Es gilt $f'(x) = -0,3x^2 - 0,6x + 0,4$, $f''(x) = -0,6x - 0,6$ und $f'''(x) = -0,6$. Mit $f''(x) = 0$ folgt $-0,6x - 0,6 = 0$ also $x = -1$. Da $f'''(-1) = -0,6 \neq 0$ ist liegt tatsächlich ein Wendepunkt vor. $x = -1$ in $f$ eingesetzt liefert die $y$-Koordinate $y = f(-1) = 2,6$. (Sie können dies mit dem GTR durch Eingabe von {Y₁(-1)} relativ schnell berechnen).

**Ergebnis:** Der Punkt $W$, in dem die Linkskurve auf der Umgehungsstraße in eine Rechtskurve übergeht lautet $W(-1|2,6)$.

**Knickfreie Einmündung**

Ein knickfreier Übergang ist dann gegeben, wenn die Ortsdurchfahrt (genauer: der zugehörige Funktionsterm) im Punkt $A(-3|2)$ dieselbe Steigung hat wie die Umgehungsstraße. Wir müssen also prüfen, ob $f'(-3) = m$ gilt, wobei $m$ die Steigung der Geraden ist, welche die Ortsdurchfahrt beschreibt. $m$ bestimmen wir durch das Steigungsdreieck in den Punkten $A$ und $B$. Es gilt $m = \frac{y_2-y_1}{x_2-x_1} = \frac{-1-2}{3-(-3)} = -\frac{3}{6} = -0{,}5$. Durch Eingabe von {nDeriv(Y₁,X,-3)} bestimmen wir $f'(-3)$ und erhalten ebenfalls den Wert $-0{,}5$. Damit ist die knickfreie Einmündung gezeigt.

**b) Prozentanteil der Fläche zwischen Umgehungsstraße und Ortsdurchfahrt außerhalb des Gemeindegebiets**

Zunächst bestimmen wir die Fläche $A_1$ des Gemeindegebiets, die zwischen der Ortsdurchfahrt und der Umgehungsstraße liegt. Die Abbildung legt nahe, dass die Ortsdurchfahrt genau durch den Mittelpunkt des Ortes geht. Da dies aber nirgendwo in der Aufgabe beschrieben ist, müssen wir dies rechnerisch nachweisen. Durch die vorherige Aufgabe ist $g(x) = -0{,}5x + b$ bereits teilweise gegeben. Da $A$ auf $g$ liegt setzen wir $A$ ein und 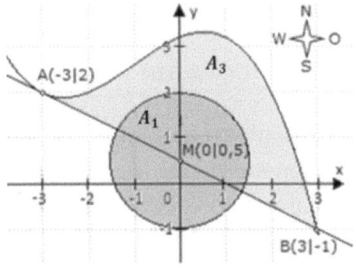 erhalten $2 = -0{,}5(-3) + b$ und damit $b = 0{,}5$. Die Ortsdurchfahrt geht also tatsächlich exakt durch den Ortsmittelpunkt und halbiert somit die Gemeindefläche. Daher gilt $A_1 = \frac{r^2\pi}{2} = \frac{1{,}5^2\pi}{2} \approx 3{,}534$. Die Fläche $A_2$ zwischen den beiden Kurven $f$ und $g$ wird bestimmt durch den Ausdruck

$$A_2 = \int_{-3}^{3} (f(x) - g(x))dx.$$

Geben Sie nun den Funktionsterm für $g(x)$ bei Y₂ im GTR ein. Im Berechnungsmodus geben Sie nun {fnInt(Y₁-Y₂,X,-3,3)} ein und erhalten für $A_2$ den Wert $10{,}8$. Die Restfläche außerhalb des Gemeindegebiets beträgt dann $A_3 = A_2 - A_1 = 7{,}266$. Der prozentuelle Anteil von $A_3$ an $A_2$ ergibt sich durch

$$p = \frac{A_3}{A_2} \cdot 100 = \frac{7{,}266}{10{,}8} \cdot 100 = 67{,}2\%.$$

**Ergebnis:** Der gesuchte Flächenanteil außerhalb des Gemeindegebiets beträgt 67,2%.

**c)  Geradlinige Sicht auf die Windkraftanlage**

Gesucht ist eine Tangente an $f$, so dass diese durch den Punkt $P$ geht. Die Tangente berührt $f$ im Punkt $Q(u|f(u))$. Die Tangentengleichung lautet allgemein $y = f'(x_0)(x - x_0) + f(x_0)$. In unserem Fall ist $x_0 = u$, also ist $y = f'(u)(x - u) + f(u)$. Da der Punkt $P(1,5|3)$ auf der Tangente liegt, setzen wir dessen Koordinaten ein und erhalten:

$$3 = f'(u)\,(1,5 - u) + f(u)$$

Nun ist $f(u) = -0,1u^3 - 0,3u^2 + 0,4u + 3,2$ und $f'(u) = -0,3u^2 - 0,6u + 0,4$. Auch dies setzen wir ein und erhalten eine Gleichung, aus der wir $u$ bestimmen können:

$$3 = (-0,3u^2 - 0,6u + 0,4)\,(1,5 - u) + (-0,1u^3 - 0,3u^2 + 0,4u + 3,2)$$

Ausmultiplizieren und zusammenfassen liefert: $0,2u^3 - 0,15u^2 - 0,9u + 0,8 = 0$. Geben Sie diesen Ausdruck bei Y₃ Ihres GTR ein und bestimmen Sie die Nullstellen z.B. mit dem Gleichungslöser (Taste {MATH}, dann {B: Solver}). Alternativ können Sie sich den Graphen zeichnen lassen und mit {2nd CALC zero} die Nullstellen im graphischen Modus bestimmen. Sie erhalten $u_1 \approx -2,17$, $u_2 \approx 0,92$ und $u_3 = 2$. Die ersten beiden Lösungen kommen hier nicht in Frage, da der Fahrer im Punkt $B$ also bei $x = 3$ startet und sich die Windkraftanlage an der Stelle $x = 1,5$ befindet. Somit können wir jetzt mit $u = 2$ die endgültigen Koordinaten des Berührpunktes $Q$ bestimmen. Mit $f(2) = 2$ (Eingabe im GTR: Y₁(2)) folgt $Q(2|2)$.

**Ergebnis:** Vom Punkt $Q(2|2)$ aus sieht der Fahrer die Windkraftanlage direkt vor sich.

**d)  Stelle an der ein Fahrzeug parallel zur Ortsdurchfahrt fährt**

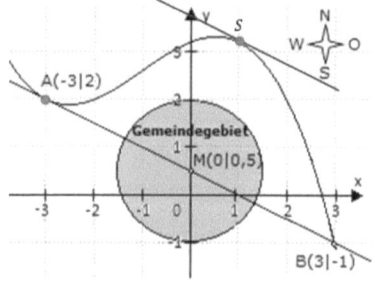

Aus Teilaufgabe a) wissen wir, dass die Gerade, welche die Ortsdurchfahrt darstellt, die Steigung $-0,5$ hat. Gesucht ist demnach eine Stelle $x = u$ auf der Umgehungsstraße an der $f'(u) = -0,5$ gilt. Ersetzen Sie Ihre bisherige Eingabe bei Y₃ im GTR durch den Funktionsterm von $f'(x) + 0,5$ also durch $-0,3x^2 - 0,6x + 0,9$. Lassen Sie sich den Graphen zeichnen und bestimmen Sie mit {2nd CALC zero} die erste Nullstelle im Intervall $[0;2]$ . Sie erhalten $x_1 = 1$. Einsetzen in $f$ liefert die $y$-Koordinate $y = f(1) = 3{,}2$. Somit ist $S(1|3{,}2)$ der gesuchte Punkt. Ein zweite Nullstelle findet sich bei $x_2 = -3$, doch dies ist die Stelle, an der die Umgehungsstraße (knickfrei) in die Ortsdurchfahrt übergeht.

**Ergebnis:** Im Punkt $S(1|3{,}2)$ auf der Umgehungsstraße fährt man parallel zur Ortsdurchfahrt.

**Maximaler Abstand eines Fahrzeugs auf der Umgehungsstraße zur Ortsdurchfahrt**

**Achtung Stolperfalle:** Den maximalen Abstand können Sie nicht anhand der Funktionsunterschiede, also durch $f(x) - g(x)$, bestimmen!

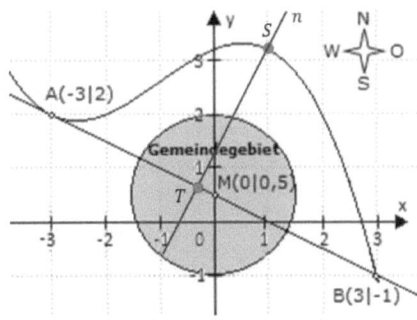

Der größte Abstand zur Ortsdurchfahrt $g$ ist im Punkt $S$ gegeben. Wir müssen zuerst die Normale $n$ zur Ortsdurchfahrt bestimmen, danach den Schnittpunkt $T$ von $n$ mit $g$. Der gesuchte Abstand ist schließlich derjenige zwischen $S$ und $T$.

**Schritt 1: Bestimmung der Normalen $n$**

Die Steigung von $g$ ist $m_g = -\frac{1}{2}$. Wegen $m_g \cdot m_n = -1$ muss $m_n = 2$ sein. Damit folgt zunächst $y = 2x + b$. $S$ in $n$ eingesetzt liefert $3{,}2 = 2 \cdot 1 + b$ und damit $b = 1{,}2$. Es folgt $n$:  $y = 2x + 1{,}2$

**Schritt 2: Schnittpunkt von $n$ mit $g$**

Geben Sie die Geradengleichungen für $g$ und $n$ im GTR ein und lassen Sie sich die Graphen zeichnen. Mit {2nd CALC intersect} liefert der GTR den Schnittpunkt bei $x \approx -0{,}28$ und $y \approx 0{,}64$, somit ist $T(-0{,}28|0{,}64)$.

**Schritt 3: Abstand zwischen $S$ und $T$ mit Pythagoras**

$$d(S,T) = \sqrt{(-0{,}28 - 1)^2 + (0{,}64 - 3{,}2)^2} = 2{,}86$$

**Ergebnis:** Der größtmögliche Abstand eines Fahrzeugs auf der Umgehungsstraße zur Ortsdurchfahrt beträgt 2,86km.

# 5.34 Wahlteil 2012 – Analysis I 2

### Aufgabe I 2

Gegeben sind die Funktion $f$ und für jedes $t > 0$ die Funktion $g_t$ durch

$$f(x) = (\sin(x))^2 \quad \text{bzw.} \quad g_t(x) = t \cdot \sin(x) \quad ; \quad x \in \mathbb{R}.$$

a)  Skizzieren Sie die Graphen von $f$ und $g_1$ für $0 \leq x \leq \pi$ in einem
    gemeinsamen Koordinatensystem.
    Geben Sie die Periode und Amplitude der Funktion $f$ an.
    An welchen Stellen unterscheiden sich die Funktionswerte von $f$ und $g_1$
    im skizzierten Bereich am stärksten?
    Wie groß ist dieser Unterschied?

    (6 VP)

b)  Für welchen Wert von $t$ schneiden sich die Graphen von $f$ und $g_t$ im
    Ursprung unter einem Winkel von 45° ?
    Der Graph der Funktion $f$ schließt im Bereich $0 \leq x \leq \pi$ mit der $x$-Achse
    eine Fläche ein.
    Für welchen Wert von $t$ hat die Fläche, die der Graph von $g_t$ im gleichen
    Bereich mit der $x$-Achse einschließt, den gleichen Inhalt?

    (6 VP)

c)  $K$ ist der Graph der Funktion $g_1$.
    Durch Spiegelung von $K$ an der Gerad//en $h$: $y = 2$ entsteht der Graph $\overline{K}$.
    Geben Sie eine zu $\overline{K}$ gehörende Gleichung an.

    $K$ rotiert um die Gerade $h$.
    Dadurch entsteht im Bereich $0{,}5 \leq x \leq 5{,}2$ das Modell eines Pokals, dessen
    Standfläche den Mittelpunkt $M(0{,}5|2)$ hat.
    Der massive Boden des Pokals reicht von der Standfläche bis zur engsten Stelle.
    Untersuchen Sie, ob ein Liter Flüssigkeit in den Pokal passt.
    (1 LE entspricht 2,5cm.)

    (6 VP)

# 5.35 Lösung Wahlteil 2012 – Analysis I 2

### Aufgabe I 2

#### a) Graphen von $f$ und $g_1$

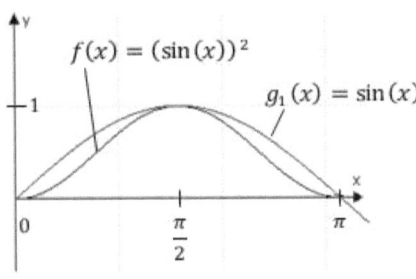

**Periode und Amplitude von $f$**

Durch das Quadrieren der Sinus-Funktion ändern sich die Nullstellen nicht, jedoch wird die untere Halbwelle nach oben „geklappt" und dabei deformiert. Daher vollzieht $f$ eine komplette Schwingung nun im Intervall $[0; \pi]$ und nicht, wie bei Sinus im Intervall $[0; 2\pi]$. $f$ nimmt minimal den Wert 0 und maximal den Wert 1 an. Die maximale Auslenkung von $f$ hat demnach den Wert 1. Für den rechnerischen Nachweis der Periode müsste man testen, ob $f(x) = f(x + \pi)$ für $x \in \mathbb{R}$ gilt. Dies war nicht verlangt, aber wir zeigen den Nachweis dennoch. Es gilt:

$$f(x + \pi) = (\sin(x + \pi))^2 = (-\sin(x))^2 = (\sin(x))^2 = f(x) \text{ für } x \in \mathbb{R}.$$

**Ergebnis:** Die Periode von $f$ ist $p = \pi$, die Amplitude ist 1.

### Größter Unterschied zwischen $f$ und $g_1$

Geben Sie den Ausdruck {sin(x)-(sin(x))^2} im Y-Editor Ihres GTR bei Y₁ ein. Dies stellt den Unterschied zwischen $f$ und $g_1$ dar. Lassen Sie sich den Graphen in einem geeigneten Bereich zeichnen. Sie erkennen, dass der maximale Unterschied an zwei verschiedenen Stellen angenommen wird. Durch Eingabe von {2nd CALC maximum} einmal im Intervall $[0; 1]$ und einmal im Intervall $[2; 3]$ erhalten Sie im ersten Fall $x_1 = 0{,}523$ und im zweiten Fall $x_2 = 2{,}618$ jeweils mit demselben Wert $y = 0{,}25$.

**Ergebnis:** Der größte Unterschied zwischen $f$ und $g_1$ beträgt 0,25 und wird an den Stellen $x_1 = 0{,}523$ und $x_2 = 2{,}618$ angenommen.

## b) Schnitt der Graphen von $f$ und $g_t$ im Ursprung

Da es in der Aufgabe um Schnittwinkel geht bilden wir zunächst die erste Ableitung beider Funktionen. Es gilt $f'(x) = 2\sin(x)\cos(x)$ und $g_t'(x) = t \cdot \cos(x)$. Im Ursprung, also bei $x = 0$, erhalten wir $f'(0) = 0$ und $g_t'(0) = t$. Die erste Ableitung einer Funktion an der Stelle $x_0$ stellt bekanntlich deren Steigung in $x_0$ dar. Folglich hat $f$ im Ursprung eine waagrechte Tangente (Steigung=0), so dass der Schnittwinkel zwischen $f$ und $g_t$ nur noch durch den Steigungswinkel von $g_t$ (im Ursprung) bestimmt wird. Es muss also $t = 1$ gelten, da dann $g_1'(0) = 1$ ist und die Steigung 1 dem Steigungswinkel 45° entspricht.

**Ergebnis:** Für $t = 1$ schneiden sich $f$ und $g_t$ im Ursprung im Winkel von 45°.

### Bestimmung von $t$ für die Flächengleichheit der beiden Graphen

Im Intervall $[0;\pi]$ ist die Fläche unterhalb des Graphen von $f$ gegeben durch $A = \int_0^\pi (\sin(x))^2 dx$. Durch Eingabe von {fnInt((sin(X))^2,X,0,$\pi$)} im GTR erhalten Sie den Wert $A = 1{,}571$. Es muss also ebenfalls $A_t = 1{,}571$ gelten. Mit

$$A_t = \int_0^\pi t \cdot \sin(x)\,dx = t \cdot \int_0^\pi \sin(x)\,dx = 2t$$

folgt $1{,}571 = 2t$ und damit $t = 0{,}785$.

**Ergebnis:** Für $t = 0{,}785$ haben die Flächen unterhalb der Graphen von $f$ und $g_t$ im Intervall $[0;\pi]$ den selben Wert (nämlich $A = 1{,}571$).

## c) Funktionsterm für $\overline{K}$

Wir verschieben die Gerade $h$ zusammen mit der Funktion $g_1$ um zwei Einheiten nach unten. Dadurch wird $h$ zur $x$-Achse und aus $g_1$ entsteht die neue Funktion $k(x) = \sin(x) - 2$. Durch Multiplikation mit $-1$ wird $k(x)$ an der $x$-Achse gespiegelt wodurch $l(x) = 2 - \sin(x)$ entsteht. Schließlich schieben wir $l(x)$ wieder um zwei Einheiten zurück nach oben und erhalten $s(x) = 4 - \sin(x)$. Dadurch haben wir $g_1$ an $h$ gespiegelt.

**Ergebnis:** Der Funktionsterm für $\overline{K}$ lautet $s(x) = 4 - \sin(x)$.

## Passt 1$l$ Flüssigkeit in den Pokal?

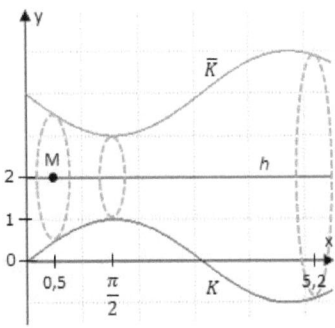

Die engste Stelle des Pokals liegt bei $x = \frac{\pi}{2}$ weil dort $g_1(x)$ maximal (und $s(x)$ minimal) wird. Gesucht ist demnach das Rotationsvolumen von $g_1(x)$ im Intervall $\left[\frac{\pi}{2}; 5{,}2\right]$ bei Rotation um die Gerade $h$. Wir verschieben hierzu $g_1(x)$ um zwei Einheiten nach unten, so dass die neue Funktion $k(x) = \sin(x) - 2$ nunmehr um die $x$-Achse rotiert. Nun können wir die übliche Integralformel für das Rotationsvolumen bei Rotation um die $x$-Achse verwenden. Es gilt:

$$V_x = \pi \int_{\frac{\pi}{2}}^{5{,}2} [k(x)]^2 dx = \pi \int_{\frac{\pi}{2}}^{5{,}2} (\sin(x) - 2)^2 dx \approx 57{,}844 \text{ LE}^3$$

Den Wert des obigen Integrals erhalten Sie mit dem GTR nach Eingabe von {fnInt((sin(X)-2)^2,X, $\pi$ /2,5.2)}. Laut Aufgabenstellung hat eine Längeneinheit eine Länge von 2,5cm. Somit gilt: $V_x = 57{,}844 \cdot (2{,}5\text{cm})^3 \approx 904\text{cm}^3$.

**Ergebnis:** Das Füllvolumen des Pokals beträgt etwa $904\text{cm}^3$. Ein Liter Flüssigkeit passt somit nicht hinein, denn dies entspricht $1000\text{cm}^3$.

# 5.36 Wahlteil 2012 – Analysis I 3

## Aufgabe I 3

Ein Medikament kann mithilfe einer Spritze oder durch Tropfinfusion verabreicht werden.

a) Bei Verabreichung des Medikaments mithilfe einer Spritze wird die Wirkstoffmenge im Blut des Patienten beschrieben durch die Funktion $f$ mit

$$f(t) = 130 \cdot (e^{-0,2 \cdot t} - e^{-0,8 \cdot t}); \ 0 \leq t \leq 24$$

($t$ in Stunden nach der Injektion, $f(t)$ in mg).

Skizzieren Sie den Graphen von $f$.
Das Medikament wirkt nur dann, wenn mindestens 36mg des Wirkstoffs im Blut vorhanden sind.
Bestimmen Sie den Zeitraum, in dem das Medikament wirkt.
Zu welchen Zeitpunkten nimmt die Wirkstoffmenge im Blut am stärksten zu bzw. ab?
Berechnen Sie die mittlere Wirkstoffmenge im Blut während der ersten 12 Stunden.

(7 VP)

Wenn das Medikament stattdessen durch Tropfinfusion zugeführt wird, lässt sich die Wirkstoffmenge im Blut beschreiben durch die Funktion $g$ mit

$$g(t) = 80 \cdot (1 - e^{-0,05 \cdot t}); \ t \geq 0$$

($t$ in Minuten nach Infusionsbeginn, $g(t)$ in mg).

b) Welche Wirkstoffmenge wird sich langfristig im Blut befinden?
Zeigen Sie, dass die Wirkstoffmenge im Blut ständig zunimmt.
Zu welchem Zeitpunkt beträgt die momentane Änderungsrate der Wirkstoffmenge im Blut $1 \frac{\text{mg}}{\text{min}}$ ?
In welchem 15-Minuten-Zeitraum ändert sich die Wirkstoffmenge um 30mg?

(7 VP)

c)  Geben Sie eine Differenzialgleichung des beschränkten Wachstums an, die von
    der Funktion $g$ erfüllt wird.
    Bei der Tropfinfusion wird dem Patienten pro Minute eine konstante
    Wirkstoffmenge zugeführt. Die Abbaurate ist dabei stets proportional zur
    Wirkstoffmenge im Blut.
    Wie groß ist die konstante Zufuhr der Wirkstoffmenge pro Minute?
    Welche Wirkstoffmenge müsste man pro Minute zuführen, damit sich
    langfristig 90 mg im Blut befinden?

                                                                    (4 VP)

# 5.37 Lösung Wahlteil 2012 – Analysis I 3

**Aufgabe I 3**

**a) Graph von $f$**

**Wirkzeitraum des Medikaments**

Geben Sie den Funktionsterm von $f$ bei $Y_1$ und den Wert 36 bei $Y_2$ im GTR ein und lassen Sie sich die Graphen im $x$-Intervall $[0; 24]$ und im $y$-Intervall $[0; 70]$ zeichnen. Das Ergebnis sollte in etwa der nebenstehenden Abbildung entsprechen. Da das Medikament erst ab 36mg Wirkstoffmenge wirkt suchen wir die Schnittpunkte der Geraden $y = 36$ mit $f$. Diese berechnen Sie mit dem GTR durch Eingabe von {2nd CALC intersect}. Sie erhalten im ersten Fall

$t \approx 0,628$ und im zweiten Fall $t \approx 6,305$.

**Ergebnis:** Das Medikament wirkt im Zeitraum von 0,63 bis 6,3 Stunden nach der Einnahme.

**Stärkste Zu- bzw. Abnahme der Wirkstoffmenge**

Die stärkste Zunahme der Wirkstoffmenge kann man bei $t = 0$ direkt an der Grafik erkennen. Man nennt dies ein Randmaximum. Für die Bestimmung mit dem GTR geben Sie bei $Y_3$ den Ausdruck nDeriv{$Y_1$,X,X} ein und lassen sich den Graphen im $x$-Intervall $[0; 24]$ und $y$-Intervall $[-20; 70]$ zeichnen. Das Maximum von $f'$ sehen Sie auch hier am Rand bei $t = 0$. Das Minimum

Graph von $f'$ mit dem GTR

bestimmen Sie mit {2nd CALC minimum} im Intervall $[2; 10]$. Sie erhalten $x = 4,62$.

**Ergebnis:** Die stärkste Zunahme der Wirkstoffmenge findet zu Beginn der Einnahme, die stärkste Abnahme findet nach 4,62 Stunden nach Einnahme statt.

### Mittlere Wirkstoffmenge während der ersten zwölf Stunden

Der gesuchte Mittelwert berechnet sich mit dem Integral $m =$ $\frac{1}{12}\int_0^{12} f(x)dx$. Sie berechnen diesen Ausdruck mit dem GTR durch Eingabe von {$(1\div12)$*fnInt(Y1,X,0,12)}. Sie erhalten $m =$ 35,71.

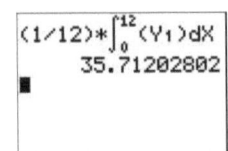

**Ergebnis:** Die mittlere Wirkstoffmenge während der ersten zwölf Stunden beträgt 35,71mg.

### b) Langfristige Wirkstoffmenge im Blut

Gesucht ist der Grenzwert $\lim\limits_{t\to\infty} g(t)$. Es gilt

$$\lim_{t\to\infty} 80 \cdot (1 - e^{-0,05\cdot t}) = 80 \cdot \lim_{t\to\infty} \left(1 - \frac{1}{e^{0,05\cdot t}}\right) = 80,$$

da für $t \to \infty$ der Ausdruck $\frac{1}{e^{0,05\cdot t}}$ gegen 0 geht.

**Ergebnis:** Langfristig befinden sich 80mg Wirkstoff im Blut.

### Zunahme der Wirkstoffmenge

Wir müssen prüfen, ob der Graph von $g(t)$ monoton wachsend ist. Dies ist der Fall, wenn stets $g'(t) > 0$ gilt. Mit $g'(t) = 80 \cdot (0,05e^{-0,05\cdot t}) = 4e^{-0,05\cdot t}$ folgt tatsächlich $g'(t) > 0$ da die $e$-Funktion stets positiv ist. Damit ist die langfristige Zunahme der Wirkstoffmenge im Blut gezeigt.

### Momentane Änderungsrate von $1\frac{\text{mg}}{\text{min}}$

Gesucht ist der Zeitpunkt $t$ an dem $g'(t) = 1$ ist. Wir lösen die entsprechende Gleichung nach $t$ auf und erhalten: $4e^{-0,05\cdot t} = 1 \Rightarrow e^{-0,05\cdot t} = \frac{1}{4}$ und nach Logarithmieren $-0,05t = \ln\left(\frac{1}{4}\right) \Rightarrow t = -\frac{1}{0,05}\ln\left(\frac{1}{4}\right) = -20\ln\left(\frac{1}{4}\right) \approx 27,73.$

**Ergebnis:** Nach etwa 28 Minuten beträgt die momentane Änderungsrate der Wirkstoffmenge im Blut $1\frac{\text{mg}}{\text{min}}$.

**Bestimmung des 15-Minuten-Zeitraums**

Wenn $t$ ein beliebiger Zeitpunkt ist, dann wird 15 Minuten später durch $t + 15$ ausgedrückt. Es muss also $g(t + 15) - g(t) = 30$ gelten. Löschen Sie nun Ihre bisherigen Eingaben im Y-Editor und geben Sie bei $Y_1$ den Funktionsterm von $g$ ein, bei $Y_2$ den Ausdruck {Y₁(X+15)-Y₁(X)} und bei $Y_3$ den Wert 30 und lassen Sie sich die Graphen von $Y_2$ und $Y_3$ im $x$-Intervall $[0; 24]$ zeichnen. Mit {2nd CALC intersect} bestimmen Sie den Schnittpunkt beider Kurven bei $x = 6{,}83$.

**Ergebnis:** Im Zeitraum zwischen 6,83 Minuten und 21,83 Minuten nach Infusionsbeginn ändert sich die Wirkstoffmenge im Blut um 30mg.

### c)  Differenzialgleichung für $g$

Die DGL für beschränktes Wachstum lautet allgemein $g'(t) = k(S - g(t))$. $g'(t) = 4e^{-0{,}05 \cdot t}$ kennen wir bereits aus Teilaufgabe b). Damit haben wir:

$$4e^{-0{,}05 \cdot t} = k\left(S - 80 \cdot (1 - e^{-0{,}05 \cdot t})\right)$$

Ausmultiplizieren liefert $4e^{-0{,}05 \cdot t} = kS - 80k + 80ke^{-0{,}05 \cdot t}$. Durch einen Vergleich der Term links und rechts sieht man, dass offenbar $kS - 80k = 0$ und $80k = 4$ gelten muss. Aus der letzten Gleichung erhalten wir $k = 0{,}05$. In die erste Gleichung eingesetzt folgt $0{,}05S - 4 = 0$ und damit wieder $S = 80$.

**Ergebnis:** Die Differenzialgleichung für g lautet $g'(t) = 0{,}05(80 - g(t))$.

### Bestimmung der konstanten Zufuhr

Ausmultiplizieren der soeben ermittelten DGL liefert $g'(t) = 4 - 0{,}05g(t)$. Diesen Ausdruck kann man lesen als „Änderungsrate zum Zeitpunkt $t$ ist Zufluss minus Abfluss". Daran erkennen Sie, dass der konstante Wert 4 den Zufluss angibt.

**Ergebnis:** Pro Minute werden konstant 4mg Wirkstoffmenge zugeführt.

### Bestimmung der neuen Wirkstoffzufuhr

In der DGL $g'(t) = k(S - g(t))$ ist $S$ die obere Schranke der das Wachstum zustrebt. Diese soll nun den Wert $S = 90$ annehmen. Durch Ausmultiplizieren der DGL erhält man $g'(t) = k \cdot S - k \cdot g(t)$. Hier stellt $k \cdot S$ den (konstanten) Zufluss und $k \cdot g(t)$ die Abnahme dar. Da $k$ unverändert den Wert 0,05 hat ist $k \cdot S = 0,05 \cdot 90 = 4,5$ der konstante Zufluss.

**Ergebnis:** Die konstante Wirkstoffzufuhr muss 4,5mg pro Minute betragen, damit sich langfristig 90mg Wirkstoff im Blut befinden.

# 5.38 Wahlteil 2012 – Geometrie II 1

### Aufgabe II 1

Die Ebene $E$ enthält die Punkte $A(6|1|0)$, $B(2|3|0)$ und $P(3|0|2{,}5)$.

a) Bestimmen Sie eine Koordinatengleichung von $E$.
   Stellen Sie die Ebene $E$ in einem Koordinatensystem dar.
   Unter welchem Winkel schneidet $E$ die $x_1$-Achse?
   (Teilergebnis: $E\colon x_1 + 2x_2 + 2x_3 = 8$)

   (4 VP)

b) Zeigen Sie, dass das Dreieck $ABP$ gleichschenklig ist.

   Das Viereck $ABCD$ ist ein Rechteck mit Diagonalenschnittpunkt $P$.
   Bestimmen Sie die Koordinaten der Punkte $C$ und $D$.

   Es gibt senkrechte Pyramiden mit Grundfläche $ABCD$ und Höhe 12.
   Berechnen Sie die Koordinaten der Spitzen dieser Pyramiden.

   (6 VP)

c) Welche Punkte der $x_1$-Achse bilden jeweils mit $A$ und $B$ ein rechtwinkliges
   Dreieck mit Hypotenuse $AB$?

   (3 VP)

d) Gegeben ist ein senkrechter Kegel mit Grundkreismittelpunkt $M(0|0|0)$,
   Grundkreisradius 4 und Spitze $S(0|0|12)$.
   Untersuchen Sie, ob der Punkt $R(2|2|3)$ innerhalb des Kegels liegt.

   (3 VP)

# 5.39 Lösung Wahlteil 2012 – Geometrie II 1

**Aufgabe II 1**

**a) Bestimmung einer Koordinatengleichung für $E$**

Aus den Punkten $A$, $B$ und $P$ können wir zwei Richtungsvektoren bilden. Es folgt $\vec{u} =$

$\overrightarrow{AB} = \begin{pmatrix} 2 \\ 3 \\ 0 \end{pmatrix} - \begin{pmatrix} 6 \\ 1 \\ 0 \end{pmatrix} = \begin{pmatrix} -4 \\ 2 \\ 0 \end{pmatrix}$ und $\vec{v} = \overrightarrow{AP} = \begin{pmatrix} 3 \\ 0 \\ 2{,}5 \end{pmatrix} - \begin{pmatrix} 6 \\ 1 \\ 0 \end{pmatrix} = \begin{pmatrix} -3 \\ -1 \\ 2{,}5 \end{pmatrix}$. Mit dem

Vektorprodukt $\vec{u} \times \vec{v}$ bestimmen wir einen Normalenvektor:

$\Rightarrow \quad \vec{u} \times \vec{v} = \begin{pmatrix} 5 \\ 0 \\ 4 \end{pmatrix} - \begin{pmatrix} 0 \\ -10 \\ -6 \end{pmatrix} = \begin{pmatrix} 5 \\ 10 \\ 10 \end{pmatrix}$

Da es beim Normalenvektor nicht auf die Länge ankommt dividieren wir durch 5 und

erhalten $\vec{n} = \begin{pmatrix} 1 \\ 2 \\ 2 \end{pmatrix}$. Damit folgt $E: x_1 + 2x_2 + 2x_3 = d$ mit einem noch unbekannten

$d \in \mathbb{R}$. Da $A$ in $E$ liegt erhalten wir $d$ durch Einsetzen von $A$. Es folgt $6 + 2 \cdot 1 + 0 = 8 = d$.

**Ergebnis:** Die Koordinatengleichung von $E$ lautet $E: x_1 + 2x_2 + 2x_3 = 8$.

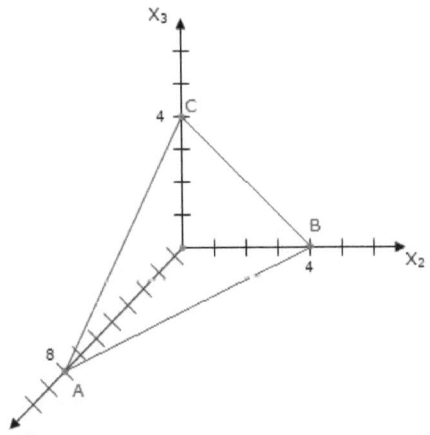

**Darstellung im Koordinatensystem**

Aus der Koordinatengleichung ermittelt man die Spurpunkte nach Division durch 8 und anschließender Kehrwertbildung der Koeffizienten (also $\frac{8}{1}$, $\frac{8}{2}$ und $\frac{8}{2}$). Damit sind die Spurpunkte gegeben mit $S_1(8|0|0)$, $S_2(0|4|0)$ und $S_3(0|0|4)$ und wir können die Ebene wie links abgebildet zeichnen.

## Winkel zwischen $E$ und der $x_1$-Achse

Die Winkelformel für den Schnittwinkel zwischen einer Geraden und einer Ebene lautet $\sin(\alpha) = \frac{|\vec{n} \cdot \vec{u}|}{|\vec{n}| \cdot |\vec{u}|}$. In unserem Fall ist $\vec{n} = \begin{pmatrix} 1 \\ 2 \\ 2 \end{pmatrix}$ der Normalenvektor der Ebene und $\vec{u} = \begin{pmatrix} 1 \\ 0 \\ 0 \end{pmatrix}$ der Richtungsvektor der $x_1$-Achse. Wir erhalten $|\vec{n} \cdot \vec{u}| = |1 \cdot 1 + 2 \cdot 0 + 2 \cdot 0| = 1$, $|\vec{n}| = \sqrt{1^2 + 2^2 + 2^2} = 3$ und $|\vec{u}| = \sqrt{1^2 + 0^2 + 0^2} = 1$. Eingesetzt in die Winkelformel folgt $\sin(\alpha) = \frac{1}{3}$. Nach Eingabe von {2nd SIN(1÷3)} erhält man schließlich $\alpha \approx 19{,}47°$.

**Ergebnis:** Der Winkel zwischen $E$ und der $x_1$-Achse beträgt etwa $19{,}5°$.

### b) Gleichschenkligkeit des Dreiecks $ABP$

Die Vektoren $\overrightarrow{AB} = \begin{pmatrix} -4 \\ 2 \\ 0 \end{pmatrix}$ und $\overrightarrow{AP} = \begin{pmatrix} -3 \\ -1 \\ 2{,}5 \end{pmatrix}$ haben wir bereits in Teilaufgabe a) berechnet. Es gilt weiter $\overrightarrow{BP} = \begin{pmatrix} 3 \\ 0 \\ 2{,}5 \end{pmatrix} - \begin{pmatrix} 2 \\ 3 \\ 0 \end{pmatrix} = \begin{pmatrix} 1 \\ -3 \\ 2{,}5 \end{pmatrix}$. Damit bestimmen wir die Längen der jeweiligen Dreiecksseiten zu $|\overrightarrow{AB}| = \sqrt{(-4)^2 + 2^2 + 0^2} = \sqrt{20}$, $|\overrightarrow{AP}| = \sqrt{(-3)^2 + (-1)^2 + 2{,}5^2} = \sqrt{16{,}25}$ und $|\overrightarrow{BP}| = \sqrt{1^2 + (-3)^2 + 2{,}5^2} = \sqrt{16{,}25}$. Wie man sieht haben die Seiten $AP$ und $BP$ dieselbe Länge. Das Dreieck ist somit gleichschenklig.

### Bestimmung der Eckpunkte $C$ und $D$

Mit $\vec{a} + 2 \cdot \overrightarrow{AP} = \vec{c}$ folgt

$$\begin{pmatrix} 6 \\ 1 \\ 0 \end{pmatrix} + 2 \cdot \begin{pmatrix} -3 \\ -1 \\ 2{,}5 \end{pmatrix} = \begin{pmatrix} 0 \\ -1 \\ 5 \end{pmatrix} = \vec{c}.$$

Mit $\vec{b} + 2 \cdot \overrightarrow{BP} = \vec{d}$ folgt $\begin{pmatrix} 2 \\ 3 \\ 0 \end{pmatrix} + 2 \cdot \begin{pmatrix} 1 \\ -3 \\ 2{,}5 \end{pmatrix} = \begin{pmatrix} 4 \\ -3 \\ 5 \end{pmatrix} = \vec{d}.$

**Ergebnis:** Die Punkte $C$ und $D$ sind gegeben mit $C(0|-1|5)$ und $D(4|-3|5)$.

**Bestimmung der Pyramidenspitzen**

**Möglichkeit 1: Verwendung der Abstandsformel Punkt-Ebene**

Überlegung: Die Spitze einer senkrechten Pyramide liegt immer senkrecht über dem Mittelpunkt (in unserem Fall ist dies $P$) der Grundfläche. Wir suchen also eine Gerade $g$, senkrecht zu $E$, die den Mittelpunkt $P$ enthält. Als Richtungsvektor von $g$ nehmen wir den Normalenvektor von $E$ und als Stützvektor den Ortsvektor des Punktes $P$.

Wir erhalten $g\colon \vec{x} = \begin{pmatrix} 3 \\ 0 \\ 2{,}5 \end{pmatrix} + t \cdot \begin{pmatrix} 1 \\ 2 \\ 2 \end{pmatrix}; t \in \mathbb{R}$. Die Gleichung der Ebene wurde in Teilaufgabe a) bestimmt mit $E\colon x_1 + 2x_2 + 2x_3 = 8$. Wir überführen diese in die Hesse'sche Normalenform. Es folgt

$$\text{HNF } E\colon \frac{x_1 + 2x_2 + 2x_3 - 8}{3} = 0$$

Der Abstand eines beliebigen Punktes $S(x_1|x_2|x_3)$ zu $E$ ist folglich gegeben mit

$$d(S,E) = \frac{|x_1 + 2x_2 + 2x_3 - 8|}{3}$$

Da $S$ auf unserer Geraden liegt sind die Koordinaten gegeben mit $x_1 = 3 + t$, $x_2 = 2t$ und $x_3 = 2{,}5 + 2t$ was man aus der Geradengleichung ablesen kann. Diese Koordinaten setzen wir in die Abstandsformel ein und erhalten unter Beachtung, dass dieser Abstand den Wert 12 haben soll:

$$\frac{|(3 + t) + 2(2t) + 2(2{,}5 + 2t) - 8|}{3} = 12$$

Ausmultiplizieren und Zusammenfassen liefert $|9t| = 36$. Falls $t \geq 0$ ist können wir die Betragsstriche einfach weglassen und erhalten $t = 4$. Falls $t < 0$ ist können wir die Betragsstriche nur weglassen, wenn wir den Term zwischen den Betragsstrichen nochmal mit $-1$ multiplizieren. Es folgt $-9t = 36$ und damit $t = -4$. Beide Werte setzen wir in die Geradengleichung ein und erhalten dadurch erstens $\vec{s} = \begin{pmatrix} 3 \\ 0 \\ 2{,}5 \end{pmatrix} +$

$4 \cdot \begin{pmatrix} 1 \\ 2 \\ 2 \end{pmatrix} = \begin{pmatrix} 7 \\ 8 \\ 10{,}5 \end{pmatrix}$ und zweitens $\vec{s} = \begin{pmatrix} 3 \\ 0 \\ 2{,}5 \end{pmatrix} - 4 \cdot \begin{pmatrix} 1 \\ 2 \\ 2 \end{pmatrix} = \begin{pmatrix} -1 \\ -8 \\ -5{,}5 \end{pmatrix}$.

**Ergebnis:** Es gibt zwei mögliche Pyramidenspitzen mit der Höhe 12, nämlich $S_1(7|8|10{,}5)$ und $S_2(-1|-8|-5{,}5)$.

**Möglichkeit 2: Einfache Argumentation mit dem Normalenvektor**

Aus Teilaufgabe a) wissen wir, dass der Normalenvektor $\vec{n}$ die Länge 3 hat. Mit 4 multipliziert hat er dann die Länge 12 und es gilt $\vec{n}_{neu} = 4 \cdot \vec{n} = \begin{pmatrix} 4 \\ 8 \\ 8 \end{pmatrix}$. Nun setzen wir $\vec{n}_{neu}$ auf den Mittelpunkt $P$, so dass er einmal in die eine und einmal in die andere Richtung zeigt. Dadurch erhalten wir ebenfalls die beiden Spitzen der Pyramide. Es gilt: $\vec{s}_1 = \vec{p} + \vec{n}_{neu} = \begin{pmatrix} 3 \\ 0 \\ 2,5 \end{pmatrix} + \begin{pmatrix} 4 \\ 8 \\ 8 \end{pmatrix} = \begin{pmatrix} 7 \\ 8 \\ 10,5 \end{pmatrix}$ und $\vec{s}_2 = \vec{p} - \vec{n}_{neu} = \begin{pmatrix} 3 \\ 0 \\ 2,5 \end{pmatrix} - \begin{pmatrix} 4 \\ 8 \\ 8 \end{pmatrix} = \begin{pmatrix} -1 \\ -8 \\ -5,5 \end{pmatrix}$. Diese Lösung ist viel eleganter und deutlich einfacher als die erste Variante!

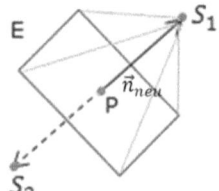

**Ergebnis:** Es gibt zwei mögliche Pyramidenspitzen mit der Höhe 12, nämlich $S_1(7|8|10,5)$ und $S_2(-1|-8|-5,5)$.

## c) Rechtwinkliges Dreieck

Wenn das durch $Q$ gebildete Dreieck rechtwinklig in $Q$ sein soll, so muss ganz allgemein $\overrightarrow{QA} \cdot \overrightarrow{QB} = 0$ gelten. Wir wissen, dass $Q$ auf der $x_1$-Achse liegt, daher hat $Q$ die Koordinaten $Q(t|0|0)$ mit noch unbekanntem $t \in \mathbb{R}$. Zusammen mit dem Skalarprodukt gewinnen wir hieraus eine Bestimmungsgleichung für $t$:

$$\overrightarrow{QA} \cdot \overrightarrow{QB} = \left( \begin{pmatrix} 6 \\ 1 \\ 0 \end{pmatrix} - \begin{pmatrix} t \\ 0 \\ 0 \end{pmatrix} \right) \cdot \left( \begin{pmatrix} 2 \\ 3 \\ 0 \end{pmatrix} - \begin{pmatrix} t \\ 0 \\ 0 \end{pmatrix} \right) = \begin{pmatrix} 6-t \\ 1 \\ 0 \end{pmatrix} \cdot \begin{pmatrix} 2-t \\ 3 \\ 0 \end{pmatrix} = 0$$

$$\Leftrightarrow (6-t)(2-t) + 3 = 0 \Leftrightarrow t^2 - 8t + 15 = 0$$

Mit der p-q-Formel ergibt sich daraus $t_1 = 3$ und $t_2 = 5$.

**Ergebnis:** Für die Punkte $Q_1(3|0|0)$ und $Q_2(5|0|0)$ auf der $x_1$-Achse ist das Dreieck $AQB$ rechtwinklig.

### d) Liegt $R$ innerhalb des Kegels?

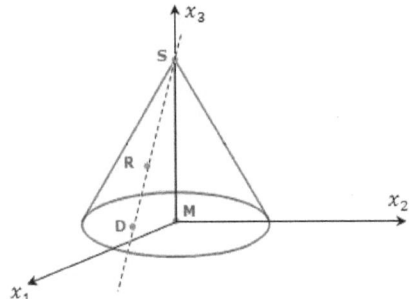

Für den Test konstruieren wir eine Gerade $g$ durch $S$ und $R$ und stellen den Durchstoßpunkt $D$ durch die $x_1x_2$-Ebene fest. Dann prüfen wir mit einer einfachen Abstandberechnung, ob $D$ innerhalb des Grundkreises liegt. Ist dies der Fall, so liegt $R$ innerhalb des Kegels.

Mit $S(0|0|12)$ und $R(2|2|3)$ ist $\vec{u} = \overrightarrow{SR} = \begin{pmatrix} 2 \\ 2 \\ -9 \end{pmatrix}$ ein Richtungsvektor von $g$. Als Stützvektor verwenden wir $\vec{s} = \begin{pmatrix} 0 \\ 0 \\ 12 \end{pmatrix}$. Es folgt $g: \vec{x} = \begin{pmatrix} 0 \\ 0 \\ 12 \end{pmatrix} + t \cdot \begin{pmatrix} 2 \\ 2 \\ -9 \end{pmatrix}$. In der $x_1x_2$-Ebene muss jede $x_3$-Koordinate den Wert 0 haben. Also ist die $x_3$-Koordinate von $g$ dort ebenfalls 0, d.h. $12 - 9t = 0$ woraus $t = \frac{4}{3}$ folgt. Eingesetzt in $g$ erhalten wir den Schnittpunkt $D\left(\frac{8}{3}\middle|\frac{8}{3}\middle|0\right)$. Der Abstand von $D$ zum Ursprung ist dann gegeben mit

$$d = \sqrt{\left(\frac{8}{3}\right)^2 + \left(\frac{8}{3}\right)^2 + 0^2} = \sqrt{\frac{128}{9}} \approx 3,77.$$ Der Abstand von $D$ zum Ursprung ist also kleiner als 4, dem Grundkreisradius, folglich liegt $D$ innerhalb des Grundkreises und damit $R$ innerhalb des Kegels.

**Ergebnis:** Der Punkt R liegt innerhalb des Kegels.

**Variante 2:**

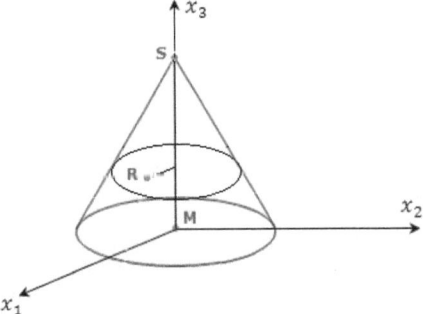

$R$ hat die Höhenkoordinate 3 und man kann mit Hilfe des Strahlensatzes den Radius des Schnittkreises bei Höhe 3 des Kegels bestimmen. Dieser Radius beträgt $r = 3$. Der Punkt $R$ liegt innerhalb dieses Kreises, denn der Abstand zu dessen Mittelpunkt $M'(0|0|3)$ ist gegeben durch

$$d = \sqrt{(2 - 0)^2 + (2 - 0)^2 + (3 - 3)^2} =$$ $\sqrt{8} < 3 = r$. Folglich liegt $R$ im Inneren des Kegels.

# 5.40 Wahlteil 2012 – Geometrie II 2

## Aufgabe II 2

In einem Koordinatensystem beschreibt die $x_1x_2$-Ebene die Meeresoberfläche (1 LE entspricht 1 m).
Zwei U-Boote $U_1$ und $U_2$ bewegen sich geradlinig jeweils mit konstanter Geschwindigkeit. Die Position von $U_1$ zum Zeitpunkt $t$ ist gegeben durch

$$\vec{x} = \begin{pmatrix} 104 \\ 105 \\ -170 \end{pmatrix} + t \cdot \begin{pmatrix} -60 \\ -90 \\ -30 \end{pmatrix} \quad (t \text{ in Minuten seit Beginn der Beobachtung}).$$

$U_2$ befindet sich zu Beobachtungsbeginn im Punkt $A(68|135|-68)$ und erreicht nach drei Minuten den Punkt $B(-202|-405|-248)$.

a)  Wie weit bewegt sich $U_1$ in einer Minute?
    Woran erkennen Sie, dass sich $U_1$ von der Meeresoberfläche weg bewegt?
    Welchen Winkel bildet die Route von $U_1$ mit der Meeresoberfläche?

    (4 VP)

b)  Berechnen Sie die Geschwindigkeit von $U_2$ in $\frac{\text{m}}{\text{min}}$.
    Begründen Sie, dass sich die Position von $U_2$ zum Zeitpunkt $t$ beschreiben lässt durch

$$\vec{x} = \begin{pmatrix} 68 \\ 135 \\ -68 \end{pmatrix} + t \cdot \begin{pmatrix} -90 \\ -180 \\ -60 \end{pmatrix}.$$

    Zu welchem Zeitpunkt befinden sich beide U-Boote in gleicher Tiefe?

    (4 VP)

c)  Welchen Abstand haben die beiden U-Boote zu Beobachtungsbeginn?
    Aus Sicherheitsgründen dürfen sich die beiden U-Boote zu keinem Zeitpunkt näher als 100 m kommen.
    Wird dieser Sicherheitsabstand eingehalten?

    (4 VP)

d)  Die Routen der beiden U-Boote werden von einem Satelliten ohne Berücksichtigung der Tiefe als Strecken aufgezeichnet. Diese beiden Strecken schneiden sich.
    Wie groß ist der Höhenunterschied der zwei Routen an dieser Stelle?    (4 VP)

# 5.41 Lösung Wahlteil 2012 – Geometrie II 2

**Aufgabe II 2**

## a) Wie weit bewegt sich $U_1$ in einer Minute

In einer Minute legt $U_1$ genau einmal die Länge des Richtungsvektors zurück. Es folgt

$$\left| \begin{pmatrix} -60 \\ -90 \\ -30 \end{pmatrix} \right| = \sqrt{(-60)^2 + (-90)^2 + (-30)^2} = \sqrt{12600} \approx 112{,}25.$$

**Ergebnis:** $U_1$ legt in einer Minute etwa 112,25m zurück.

### Wegbewegung von der Meeresoberfläche

Die Höhenkoordinate ist für jede Minute $t$ gegeben durch $x_3 = -170 - 30t$. Mit größer werdendem $t$ nimmt $x_3$ immer mehr ab, d.h. $U_1$ entfernt sich von der Meeresoberfläche (nach unten).

### Winkel zwischen der Route von $U_1$ und der Meeresoberfläche

Da die $x_1 x_2$-Ebene die Meeresoberfläche darstellt ist eine Koordinatengleichung gegeben durch $E: x_3 = 0$. Die Winkelformel für den Winkel zwischen Ebene und Gerade lautet $\sin(\alpha) = \frac{|\vec{n} \cdot \vec{u}|}{|\vec{n}| \cdot |\vec{u}|}$ wobei $\vec{u}$ der Richtungsvektor der Geraden und $\vec{n}$ der Normalenvektor der Ebene ist. In unserem Fall gilt $\vec{n} = \begin{pmatrix} 0 \\ 0 \\ 1 \end{pmatrix}$ und $\vec{u} = \begin{pmatrix} -60 \\ -90 \\ -30 \end{pmatrix}$ und somit $|\vec{n} \cdot \vec{u}| = |0 \cdot (-60) + 0 \cdot (-90) + 1 \cdot (-30)| = 30$, $|\vec{u}| = 112{,}25$ (wie oben berechnet) und $|\vec{n}| = 1$. Eingesetzt in die Winkelformel folgt $\sin(\alpha) = \frac{30}{112{,}25} \approx$ 0,267. Nach Eingabe von {2ND SIN(0.267)} im GTR liefert dies $\alpha \approx 15{,}5°$. (Beachten Sie wie immer, dass der GTR dazu im Modus DEGREE eingestellt sein muss).

**Ergebnis:** Der Winkel zwischen der Route von $U_1$ und dem Meeresspiegel beträgt etwa 15,5°.

**b)   Geschwindigkeit von $U_2$**

In drei Minuten legt $U_2$ die Strecke von $A$ nach $B$ zurück. Es gilt

$$|\overrightarrow{AB}| = \left|\begin{pmatrix} -202 \\ -405 \\ -248 \end{pmatrix} - \begin{pmatrix} 68 \\ 135 \\ -68 \end{pmatrix}\right| = \left|\begin{pmatrix} -270 \\ -540 \\ -180 \end{pmatrix}\right|$$

$$= \sqrt{(-270)^2 + (-540)^2 + (-180)^2} = 630$$

In drei Minuten werden 630m zurückgelegt, in einer Minute sind es dann 210m.

**Ergebnis:** $U_2$ hat eine Geschwindigkeit von $210\,\frac{m}{min}$.


**Begründung für die Geradengleichung von $U_2$**

In der Geradengleichung ist der Ortsvektor von $A$ der Stützvektor. Einen Richtungsvektor habe wir oben mit $\overrightarrow{AB} = \begin{pmatrix} -270 \\ -540 \\ -180 \end{pmatrix}$ bestimmt. Wenn wir durch 3 teilen, ändert sich dadurch lediglich die Länge des Richtungsvektors aber nicht die Richtung. Daher ist $\vec{u} = \begin{pmatrix} -90 \\ -180 \\ -60 \end{pmatrix}$ wie in der Geradengleichung ebenfalls ein möglicher Richtungsvektor.

**Zeitpunkt für gleiche Tiefe**

Die Höhenkoordinaten der beiden U-Boote sind gegeben mit $x_3 = -170 - 30t$ (bei $U_1$) und $x_3 = -68 - 60t$ (bei $U_2$). Gleichsetzen liefert $-170 - 30t = -68 - 60t$ also $30t = 102$ und damit $t = 3,4$.

**Ergebnis:** Nach 3,4 Minuten befinden sich $U_1$ und $U_2$ in gleicher Tiefe.


**c)   Abstand der beiden U-Boote zu Beobachtungsbeginn**

Zu Beobachtungsbeginn befindet sich $U_1$ im Punkt $C(140|105|-170)$ und $U_2$ im Punkt $A(68|135|-68)$. Der Abstand dieser beiden Punkte ist

$$\begin{aligned}
|\overrightarrow{AC}| &= \left|\begin{pmatrix} 140 \\ 105 \\ -170 \end{pmatrix} - \begin{pmatrix} 68 \\ 135 \\ -68 \end{pmatrix}\right| = \left|\begin{pmatrix} 72 \\ -30 \\ -102 \end{pmatrix}\right| \\
&= \sqrt{(72)^2 + (-30)^2 + (-102)^2} \approx 128{,}4
\end{aligned}$$

**Ergebnis:** Bei Beobachtungsbeginn haben die U-Boote einen Abstand von etwa 128,4m.

**Werden die Sicherheitsbestimmungen eingehalten?**

Aus der Geradengleichung liest man ab, dass $U_1$ sich zum Zeitpunkt $t$ im Punkt $P_t(140 - 60t|105 - 90t| - 170 - 30t)$ und $U_2$ im Punkt $Q_t(68 - 90t|135 - 180t| - 68 - 60t)$ befindet. Der Abstand ist

$$d(t) = |\overrightarrow{PQ}| = \left|\begin{pmatrix} 68 - 90t \\ 135 - 180t \\ -68 - 60t \end{pmatrix} - \begin{pmatrix} 140 - 60t \\ 105 - 90t \\ -170 - 30t \end{pmatrix}\right| = \left|\begin{pmatrix} -72 - 30t \\ 30 - 90t \\ 102 - 30t \end{pmatrix}\right|$$

$$= \sqrt{(-72 - 30t)^2 + (30 - 90t)^2 + (102 - 30t)^2}$$

Geben Sie diesen Ausdruck bei $Y_1$ im GTR ein uns lassen Sie sich den Graphen im $x$-Intervall $[0; 10]$ und im $y$-Intervall $[0; 300]$ zeichnen. Mit {2ND CALC minimum} bestimmen Sie im Intervall $[0; 100]$ den minimalen Abstand der beiden U-Boote. Sie erhalten bei $t = 0{,}32$ den Wert 123,28. Streng genommen ist dies noch kein Beweis dafür, dass die Sicherheitsbestimmungen eingehalten werden, da wir mit dem GTR nur den Zeitabschnitt zwischen 0 und 100 Minuten untersucht haben. Formal müssten wir $d'(t) = 0$ setzen und damit das Minimum finden. Das Ergebnis ist dasselbe, wir ersparen uns aber hier die Details.

**Ergebnis:** Der minimale Abstand zwischen den beiden U-Booten beträgt 123,28m, d.h. die Sicherheitsbestimmungen werden eingehalten.

### d) Höhenunterschied

Ohne Berücksichtigung der Tiefenkoordinate sind die Geradengleichungen für die U-Boote wie folgt gegeben:

$$U_1: \vec{x} = \begin{pmatrix} 140 \\ 105 \end{pmatrix} + s \cdot \begin{pmatrix} -60 \\ -90 \end{pmatrix} \text{ und } U_2: \vec{x} = \begin{pmatrix} 68 \\ 135 \end{pmatrix} + t \cdot \begin{pmatrix} -90 \\ -180 \end{pmatrix}; \quad s, t \in \mathbb{R}$$

Gleichsetzen der Geraden liefert

$$\begin{pmatrix} 140 \\ 105 \end{pmatrix} + s \cdot \begin{pmatrix} -60 \\ -90 \end{pmatrix} = \begin{pmatrix} 68 \\ 135 \end{pmatrix} + t \cdot \begin{pmatrix} -90 \\ -180 \end{pmatrix}$$

$$\Leftrightarrow \begin{pmatrix} 72 \\ -30 \end{pmatrix} = s \cdot \begin{pmatrix} 60 \\ 90 \end{pmatrix} + t \cdot \begin{pmatrix} -90 \\ -180 \end{pmatrix}$$

Dies führt zu einem linearen Gleichungssystem:

$$\begin{array}{rrcr} \text{I.} & 60s - 90t & = & 72 \\ \text{II.} & 90s - 180t & = & -30 \end{array}$$

Die Lösung ist $s = 5{,}8$ und $t = 3{,}067$ (ermittelt mit dem GTR). Die $x_3$-Koordinate von $U_1$ erhalten Sie, indem Sie den Wert 5,8 in die Geradengleichung einsetzen. Es gilt $x_3 = -344$. Analog erhalten Sie die $x_3$-Koordinate für $U_2$ mit $x_3 = -252$. Der Höhenunterschied beträgt dann $-252 - (-344) = 92$.

**Ergebnis:** Der Höhenunterschied der beiden U-Boote beträgt 92m.

# 5.42 Pflichtteil 2011

**Aufgabe 1:**

Bilden Sie die erste Ableitung der Funktion $f$ mit $f(x) = \frac{\sin(2x)}{x}$.          (2 VP)

**Aufgabe 2:**

Berechnen Sie das Integral $\int_0^1 (2x - 1)^4 dx$.          (2 VP)

**Aufgabe 3:**

Lösen Sie die Gleichung $4e^{2x} + 6e^x = 4$.          (3 VP)

**Aufgabe 4:**

Gegeben sind die Funktionen $f$ und $g$ mit $f(x) = e^x$ und $g(x) = -e^{-x} + 2$.

a) Beschreiben Sie, wie das Schaubild von $g$ aus dem Schaubild von $f$ entsteht.

b) Zeigen Sie, dass sich die Schaubilder von $f$ und $g$ im Punkt $P(0|1)$ berühren.

          (4 VP)

**Aufgabe 5:**

Die Abbildung zeigt das Schaubild einer Funktion $f$.

$F$ ist eine Stammfunktion von $f$.

Begründen Sie, dass folgende Aussagen wahr sind:

(1) $F$ ist im Bereich $-3 \leq x \leq 1$ monoton wachsend.
(2) $f'$ hat im Bereich $-3{,}5 \leq x \leq 3{,}5$ drei Nullstellen.
(3) $\int_0^3 f'(x)dx = -1$
(4) $O(0|0)$ ist Hochpunkt des Schaubilds von $f'$.

          (5 VP)

**Aufgabe 6:**

Lösen Sie das lineare Gleichungssystem:

$$
\begin{array}{rrrcr}
-5x_1 & +x_2 & -3x_3 & = & 7 \\
5x_1 & -3x_2 & -x_3 & = & -11 \\
x_1 & & +x_3 & = & -1
\end{array}
$$

Interpretieren Sie das Gleichungssystem und seine Lösungsmenge geometrisch.

(4 VP)

**Aufgabe 7:**

Gegeben sind die Ebenen $E: \left[\vec{x} - \begin{pmatrix} -1 \\ 4 \\ -3 \end{pmatrix}\right] \cdot \begin{pmatrix} 8 \\ 1 \\ -4 \end{pmatrix} = 0$

und die Gerade $g: \vec{x} = \begin{pmatrix} 7 \\ 5 \\ -7 \end{pmatrix} + t \cdot \begin{pmatrix} 1 \\ -4 \\ 1 \end{pmatrix}$.

a)  Zeigen Sie, dass $E$ und $g$ zueinander parallel sind.
b)  Bestimmen Sie den Abstand von $E$ und $g$.

(3 VP)

**Aufgabe 8:**

Gegeben sind eine Gerade $g$ und ein Punkt $A$, der nicht auf $g$ liegt.

Beschreiben Sie ein Verfahren, mit dem man denjenigen Punkt $B$ auf $g$

bestimmt, der den kleinsten Abstand von $A$ hat.

(3 VP)

# 5.43 Lösung Pflichtteil 2011

**Aufgabe 1:**

$$f'(x) = \frac{2x\cos(2x) - \sin(2x)}{x^2}$$

**Aufgabe 2:**

$$\int_0^1 (2x-1)^4 dx = \left[\frac{1}{5}(2x-1)^5 \cdot \frac{1}{2}\right]_0^1 = \frac{1}{10} - \frac{-1}{10} = \frac{1}{5}$$

**Aufgabe 3:**

$$4e^{2x} + 6e^x = 4 \quad |-4\ |:4$$
$$e^{2x} + \frac{3}{2}e^x - 1 = 0 \quad |\text{Substitution } z := e^x$$
$$z^2 + \frac{3}{2}z - 1 = 0 \quad |\text{p}-\text{q}-\text{Formel}$$

$z_{1,2} = -\frac{3}{4} \pm \sqrt{\frac{9}{16} + \frac{16}{16}} = -\frac{3}{4} \pm \frac{5}{4}$. Es folgt $z_1 = \frac{1}{2}$ und nach Rücksubstitution $e^x = \frac{1}{2} \Rightarrow x =$

$\ln\left(\frac{1}{2}\right)$. Weiterhin gilt $z_2 = -2$ und nach Rücksubstitution $e^x = -2$. Da die e-Funktion aber immer positiv ist, führt dies zu keiner weiteren Lösung und es bleibt bei der ersten Lösung.

**Ergebnis:** $\mathbb{L} = \left\{\ln\left(\frac{1}{2}\right)\right\}$.

**Aufgabe 4:**

a) Zuerst wird $f$ an der $y$-Achse gespiegelt und es entsteht $g_1(x) = e^{-x}$. $g_1$ wird an der $x$-Achse gespiegelt wodurch $g_2(x) = -e^{-x}$ entsteht. $g_2$ wird schließlich in $y$-Richtung um 2 Einheiten nach oben geschoben. Dies liefert $g(x) = -e^{-x} + 2$.

b) Wenn $f$ und $g$ sich im Punkt $P(0|1)$ berühren, so müssen zwei Bedingungen erfüllt sein, nämlich $f(0) = g(0)$ (weil $P$ gemeinsamer Punkt ist) und $f'(0) = g'(0)$ (weil $f$ und $g$ sich nicht schneiden sondern „nur" berühren).
Mit $f(0) = 1$ und $g(0) = -1 + 2 = 1$ haben wir den ersten Nachweis. Mit $f'(x) = e^x \Rightarrow f'(0) = e^0 = 1$ und mit $g'(x) = e^{-x} \Rightarrow g'(0) = e^0 = 1$ folgt auch der zweite Nachweis.

**Aufgabe 5:**

(1) Wegen $f(x) = F'(x)$ gibt $f$ die Steigung von $F$ wieder. In $-3 \leq x \leq 1$ ist $f \geq 0$, also $F$ monoton wachsend.

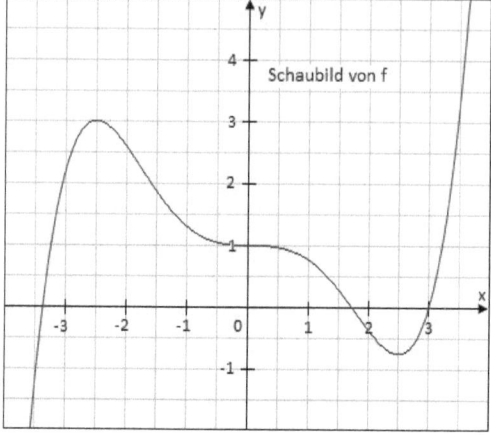

Schaubild von f

(2) Die Nullstellen von $f'$ sind die Stellen mit waagrechter Tangente im Graphen von $f$. Im Bereich $-3,5 \leq x \leq 3,5$ hat $f$ drei waagrechte Tangenten, also hat $f'$ in diesem Bereich drei Nullstellen.

(3) $\int_0^3 f'(x)\,dx = [f(x)]_0^3 = f(3) - f(0) = 0 - 1 = -1.$

(4) $f$ hat nahe links und nahe rechts von $x = 0$ absteigende Tangenten, somit gilt dort $f'(x) < 0$. In $x = 0$ verläuft die Tangente an $f$ waagrecht, d.h. $f'(x) = 0$. Somit ist wie behauptet der Punkt $O(0|0)$ der(!) Hochpunkt des Schaubildes von $f'$, denn die genannte Situation tritt an keiner Stelle im Graphen von $f$ noch ein zweites Mal auf.


**Aufgabe 6:**

|       | $x_1$ | $x_2$ | $x_3$ |      |                         |
|-------|-------|-------|-------|------|-------------------------|
| I.    | $-5$  | $1$   | $-3$  | $7$  |                         |
| II.   | $5$   | $-3$  | $-1$  | $-11$| II. $\leftarrow$ I. $+$II. |
| III.  | $1$   | $0$   | $1$   | $-1$ | III. $\leftarrow$ I. $+ 5 \cdot$ III. |

|       | $x_1$ | $x_2$ | $x_3$ |      |                         |
|-------|-------|-------|-------|------|-------------------------|
| I.    | $-5$  | $1$   | $-3$  | $7$  |                         |
| II.   | $0$   | $-2$  | $-4$  | $-4$ | II. $\leftarrow$ II. $: (-2)$ |
| III.  | $0$   | $1$   | $2$   | $2$  | III. $\leftarrow$ II. $-$III. |

|       | $x_1$ | $x_2$ | $x_3$ |     |
|-------|-------|-------|-------|-----|
| I.    | $-5$  | $1$   | $-3$  | $7$ |
| II.   | $0$   | $1$   | $2$   | $2$ |
| III.  | $0$   | $0$   | $0$   | $0$ |

Somit bleiben nur noch zwei Gleichungen mit drei Unbekannten übrig und wir können in Gleichung II. eine der Unbekannten frei wählen, z.B. $x_3 = s$ mit $s \in \mathbb{R}$. Es folgt $x_2 + 2s = 2$, also $x_2 = 2 - 2s$. Eingesetzt in I. ergibt $-5x_1 + (2 - 2s) = 7$ und nach Umstellung $x_1 = -1 - s$ liefert dies $\mathbb{L} = \{(-1 - s \,|\, 2 - 2s \,|\, s) \,|\, s \in \mathbb{R}\}$ die Lösungsmenge des LGS. $\mathbb{L}$ stellt eine Gerade im Raum dar, von der sich leicht eine Parameterform angeben lässt, nämlich

$$\vec{x} = \begin{pmatrix} x_1 \\ x_2 \\ x_3 \end{pmatrix} = \begin{pmatrix} -1-s \\ 2-2s \\ s \end{pmatrix} = \begin{pmatrix} -1 \\ 2 \\ 0 \end{pmatrix} + s \cdot \begin{pmatrix} -1 \\ -2 \\ 1 \end{pmatrix}; \quad s \in \mathbb{R}$$

## Aufgabe 7:

a)  Wir prüfen zunächst, ob der Normalenvektor $\vec{n}$ der Ebene und der Richtungsvektor $\vec{u}$ der Geraden senkrecht zueinander stehen. Wenn das Skalarprodukt von $\vec{n} \cdot \vec{u} = 0$ ist, so sind $g$ und $E$ entweder parallel oder $g$ liegt in $E$. Es folgt

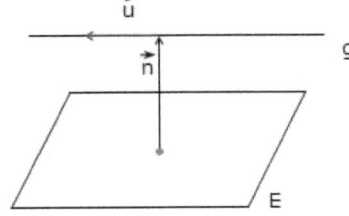

$$\vec{n} \cdot \vec{u} = \begin{pmatrix} 8 \\ 1 \\ -4 \end{pmatrix} \cdot \begin{pmatrix} 1 \\ -4 \\ 1 \end{pmatrix} = 8 - 4 - 4 = 0. \quad \text{Mit}$$

einer einfachen Punktprobe schließen wir aus,

dass $g$ in $E$ liegt und verwenden hierzu den Stützvektor $\begin{pmatrix} 7 \\ 5 \\ -7 \end{pmatrix}$ von $g$. Eingesetzt in $E$

folgt:

$$\left[ \begin{pmatrix} 7 \\ 5 \\ -7 \end{pmatrix} - \begin{pmatrix} -1 \\ 4 \\ -3 \end{pmatrix} \right] \cdot \begin{pmatrix} 8 \\ 1 \\ -4 \end{pmatrix} = \begin{pmatrix} 8 \\ 1 \\ -4 \end{pmatrix} \cdot \begin{pmatrix} 8 \\ 1 \\ -4 \end{pmatrix} = 64 + 1 + 16 \neq 0$$

**Ergebnis:** $g$ verläuft parallel zu $E$.

b)  Zunächst bestimmen wir eine Koordinatengleichung von $E$, wandeln diese um in die Hesse'sche Normalenform und bestimmen damit den Abstand von $g$ zu $E$. Mit dem Normalenvektor $\vec{n}$ von $E$ ergibt sich $8x_1 + x_2 - 4x_3 = d$. Einsetzen des Stützvektors von $E$ liefert $8 \cdot (-1) + 4 - 4 \cdot (-3) = 8 = d$. Also gilt $E: 8x_1 + x_2 - 4x_3 = 8$. Subtraktion von 8 und Division durch die Länge des Normalenvektors $|\vec{n}| = \sqrt{8^2 + 1^2 + (-4)^2} = 9$ führt zur HNF $E: \frac{8x_1 + x_2 - 4x_3 - 8}{9} = 0$. Den Abstand von $g$ zu $E$ bekommen wir, indem wir den Stützvektor von $g$ wie folgt einsetzen:

$$d(g, E) = \frac{|8 \cdot 7 + 5 - 4 \cdot (-7) - 8|}{9} = \frac{|81|}{9} = 9$$

**Ergebnis:** Der Abstand von $g$ zu $E$ beträgt 9 LE.

**Aufgabe 8:**

Konstruiere eine Hilfsebene $E$ senkrecht zu $g$, so dass $A \in E$.
Verwende den Richtungsvektor von $g$ als Normalenvektor
von $E$ und $A$ (bzw. den zugehörigen Ortsvektor $\vec{a}$) als
Stützvektor von $E$.

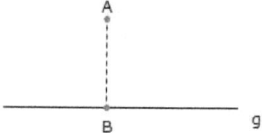

Bilde den Schnittpunkt von $E$ mit $g$.

Dies liefert den gesuchten Punkt $B$ mit der kürzesten
Entfernung zu $A$.

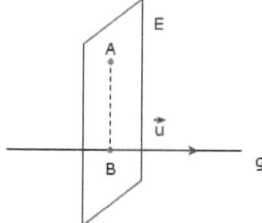

# 5.44 Wahlteil 2011 – Analysis I 1

### Aufgabe I 1

Für jedes $a \neq 0$ ist eine Funktion $f_a$ mit

$$f_a(x) = \frac{4}{x^3 + 4a} \text{ gegeben.}$$

a) Bestimmen Sie die maximale Definitionsmenge von $f_2$.
   Geben Sie die Asymptoten von $K_2$ an.
   Das Schaubild $K_2$ besitzt genau zwei Wendepunkte.
   Bestimmen Sie deren Koordinaten.
   Welcher Punkt $P(u|v)$ von $K_2$ mit $0 \leq u \leq 2$ hat vom Punkt $A(1|0)$ den kleinsten
   Abstand?

   (7 VP)

b) Zeigen Sie, dass $K_2$ mit keinem anderen Schaubild $K_a$ einen gemeinsamen Punkt
   besitzt.
   Bestimmen Sie den Punkt $Q_a$, in dem $K_a$ eine waagrechte Tangente besitzt.
   Wo liegen alle Punkte $Q_a$?

   (5 VP)

c) Die Schaubilder $K_1$ und $K_2$ schließen mit der $y$-Achse und der Geraden $x = 2$ eine
   Fläche ein.
   Bei Rotation dieser Fläche um die $x$-Achse entsteht ein Drehkörper, der als Düse
   benutzt wird (Längeneinheit 1cm).
   Berechnen Sie die Masse einer solchen Düse, die aus Titan mit einer Dichte von
   $4{,}5 \frac{g}{cm^3}$ besteht.
   Diese Düse wurde aus einem massiven Kegel mit der Höhe 3cm und der $x$-Achse als
   Rotationsachse ausgefräst.
   Welchen Radius hatte der Grundkreis dieses Kegels mindestens?

   (6 VP)

# 5.45 Lösung Wahlteil 2011 – Analysis I 1

## a) Definitionsmenge

$f_2(x) = \frac{4}{x^3+8}$ ist nicht definiert für diejenigen x, bei denen der Nenner Null wird. Mit $x^3 + 8 = 0$ folgt $x = -2$.

**Ergebnis:** Die Definitionsmenge ist $\mathbb{D} = \mathbb{R}\backslash\{-2\}$.

## Asymptoten

Es gilt $\lim\limits_{x\to\pm\infty} f_2(x) = 0$ und $\lim\limits_{x\to-\infty} f_2(x) = 0$, also ist die x-Achse die waagrechte Asymptote von $f_2$. Die Nullstellen des Nenners sind Kandidaten für Polstellen. Wir nähern uns der Nullstelle $x = -2$ einmal von links und einmal von rechts und betrachten das Verhalten der Funktionswerte. Für $x < -2$ hat der Nenner ein negatives Vorzeichen und es gilt $\lim\limits_{x\to-2} f_2(x) = -\infty$. Für $x > -2$ ist der Nenner positiv und es folgt $\lim\limits_{x\to-2} f_2(x) = \infty$. Somit haben wir in $x = -2$ eine Polstelle mit Vorzeichenwechsel.

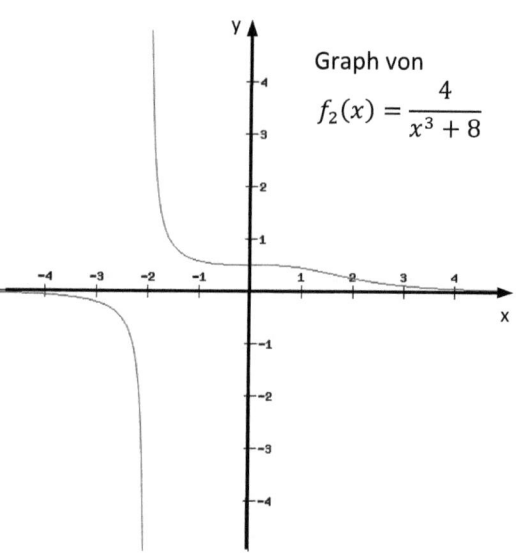

Graph von
$$f_2(x) = \frac{4}{x^3 + 8}$$

**Ergebnis:** Die $x$-Achse ist waagrechte Asymptote und die Gerade $x = -2$ ist eine Polstelle mit VZW.

## Wendepunkte

Unter Verwendung der Quotientenregel erhält man

$$f'_2(x) = -\frac{12x^2}{(x^3 + 8)^2} \text{ und } f''_2(x) = \frac{-24x(x^3 + 8)^2 - (-12)x^2 \cdot 2(x^3 + 8) \cdot 3x^2}{(x^3 + 8)^4}$$

Letzteres lässt sich zusammenfassen zu $f''_2(x) = \frac{48x^4 - 192x}{(x^3 + 8)^3}$. Für $f''_2(x) = 0$ folgt

$48x^4 - 192x = x(48x^3 - 192) = 0 \Rightarrow x = 0$  oder  $48x^3 - 192 = 0$  also  $x = \sqrt[3]{4} \approx$ 1,587. Nun muss mit der dritten Ableitung noch getestet werden, ob dies wirklich zu Wendepunkten führt. Geben Sie hierzu den Funktionsterm von $f''_2(x)$ im Y-Editor des GTR bei {Y$_1$} ein. Im Berechnungsmodus geben Sie {nDeriv(Y$_1$,X,0)} bzw. {nDeriv(Y$_1$,X,1.587)} ein und stellen fest, dass die Ergebnisse jeweils ungleich Null sind. Das bedeutet, dass es sich tatsächlich um Wendepunkte handelt. Einsetzen der beiden Lösungen in $f_2$ liefert $f_2(0) = \frac{1}{2}$ und $f_2(\sqrt[3]{4}) = \frac{1}{3}$.

**Ergebnis:** Die Wendepunkte sind $W_1\left(0 \middle| \frac{1}{2}\right)$ und $W_2\left(\sqrt[3]{4} \middle| \frac{1}{3}\right)$.

**Abstand von $P(u|v)$ zu $A(1|0)$**

Es gilt zunächst $v = f_2(u) = \frac{4}{u^3 + 8}$. Den Abstand zwischen zwei Punkten berechnet man wie üblich mit Pythagoras. Damit folgt

$$d(P,A) = \sqrt{(u-1)^2 + (v-0)^2} = \sqrt{(u-1)^2 + \left(\frac{4}{u^3+8}\right)^2}.$$

Diesen Term geben Sie nun bei Y$_1$ im Y-Editor Ihres GTR ein und lassen sich den Graphen anzeigen. Mit {2ND CALC minimum} bestimmen Sie das Minimum bei u=1,07. Durch Eingabe von {Y$_1$(1.07) ENTER} erhalten Sie den zugehörigen Funktionswert $v$ also die $y$-Koordinate von $P$: $v = f_2(u) \approx 0{,}434$.

**Ergebnis:** Der Punkt $P(1{,}07|0{,}434)$ hat von $A(1|0)$ den geringsten Abstand.

**b)   Gemeinsame Punkte $K_2$ mit $K_a$**

Gleichsetzen beider Funktionsterme liefert $\frac{4}{x^3+8} = \frac{4}{x^3+4a}$. Division durch 4 und Bilden des Kehrwerts führt zu $x^3 + 8 = x^3 + 4a \Rightarrow 4a = 8 \Rightarrow a = 2$.

**Ergebnis:** Für kein $a \neq 2$ haben $K_2$ und $K_a$ gemeinsame Punkte.

**Bestimmung des Punktes $Q_a$ auf $K_a$ mit waagrechter Tangente**

Mit $f'_a(x) = -\frac{12x^2}{(x^3+4a)^2} = 0$ folgt $x = 0$ und $f_a(0) = \frac{1}{a}$, also $Q_a\left(0 \middle| \frac{1}{a}\right)$.

**Ergebnis:** Für alle $a \in \mathbb{R}$ ist $Q_a\left(0 \middle| \frac{1}{a}\right)$ der einzige Punkt auf $K_a$ mit waagrechter Tangente. Wegen $x = 0$ liegen alle Punkte $Q_a$ auf der $y$-Achse.

### c)   Volumen und Gewicht der Düse

Zunächst müssen die Volumina des äußeren und inneren Rotationskörpers getrennt berechnet werden. Die Differenz liefert anschließend das Volumen der Düse. Für die Berechnungen geben Sie die Funktionsterme von $f_1(x) =$ 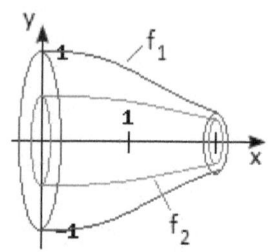 $\frac{4}{x^3+4}$ und $f_2(x) = \frac{4}{x^3+8}$ bei $Y_1$ und $Y_2$ im GTR ein. Das Rotationsvolumen des äußeren Graphen um die $x$-Achse ist gegeben durch $V_{x,K_1} = \pi \int_0^2 [f_1(x)]^2 dx$. Diesen Ausdruck berechnen Sie mit dem GTR durch Eingabe von {fnInt($Y_1^2$,X,0,2)*π}. Sie erhalten $V_{x,K_1} \approx$ 3,83. Analog erhalten Sie $V_{x,K_2} \approx 1,14$ nach Eingabe von {fnInt($Y_2^2$,X,0,2)*π}. Dann gilt $V_D = V_{x,K_1} - V_{x,K_2} = 2,69$ gemessen in cm$^3$. Das Gewicht bzw. die Masse der Düse ist dann gegeben durch $M = V_D \cdot 4,5 \frac{\text{g}}{\text{cm}^3} = 12,13\text{g}$.

**Ergebnis:** Das Volumen der Düse beträgt $V_D = 2,69$ cm$^3$, die Masse ist $M = 12,13\text{g}$.

### Grundkreisradius des Kegels

Gesucht ist eine Tangente an $K_1$ so dass der Punkt $(3|0)$, also die Spitze des Kegels, auf dieser Tangente liegt. Der Schnittpunkt mit der $y$-Achse ist dann der gesuchte Radius des Kegels. Wir verwenden die übliche Tangentengleichung $y = f'_1(x_0)(x - x_0) + f_1(x_0)$. Da die Tangente durch den Punkt $(3|0)$ geht, können wir diese Koordinaten für $x$ und $y$ einsetzen. Zusammen mit $f'_1(x_0) = -\frac{12x_0^2}{(x_0^3+4)^2}$ erhält man $0 = -\frac{12x_0^2}{(x_0^3+4)^2} \cdot (3 - x_0) + \frac{4}{x_0^3+4}$ und nach einigen Umformungen ergibt sich die Gleichung $x_0^3 - 6x_0^2 + 4 = 0$. Diesen Ausdruck kann man im GTR eingeben und nach Anzeige des Graphen lassen sich mit {2ND CALC zero} die drei Nullstellen bestimmen. Sie erhalten die gerundeten Werte $x_{0,1} = -0,769$, $x_{0,2} = 0,884$ und $x_{0,3} = 5,884$. Da wir den Berührpunkt der Tangente mit $K_1$ im Intervall $[0; 3]$ suchen, kommt hierfür nur die zweite Lösung in Frage. Wir haben also $x_0 = 0,884$, setzen dies ein in $f'$ und $f$ und erhalten $f'(0,884) = -0,426$ sowie $f(0,884) = 0,853$. Alle gefundenen Werte werden nun in obige Tangentengleichung eingesetzt: $y = -0,426(x - 0,884) + 0,853$. Nach Ausmultiplizieren und Zusammenfassen erhält man die Tangentengleichung: $y = -0,426x + 1,23$. Der $y$-Achsenabschnitt dieser Geraden ist dann der Radius des gesuchten Kegels, den wir mit $r = 1,23$ ablesen.

**Ergebnis:** Der Grundkreisradius des Kegels beträgt $r = 1,23\text{cm}$.

# 5.46 Wahlteil 2011 – Analysis I 2

**Aufgabe I 2.1**

Ein Staubecken wird zur Zeit der Schneeschmelze gefüllt. Da die Schneeschmelze temperaturabhängig ist, kann die momentane Zuflussrate des Wassers durch die Funktion $w$ mit

$$w(t) = 50 \cdot \sin\left(\frac{\pi}{12} \cdot t\right) + 60; \ \ 0 \le t \le 24$$

beschrieben werden ($t$ in Stunden seit Beobachtungsbeginn, $w(t)$ in $\frac{m^3}{h}$).

a)  In welchem Zeitraum ist die momentane Zuflussrate größer als $100\,\frac{m^3}{h}$?
    Zu welchem Zeitpunkt nimmt die momentane Zuflussrate am stärksten ab?
    
    (4 VP)

b)  Zu Beobachtungsbeginn enthält das Staubecken $5000 m^3$ Wasser.
    Wie viel Wasser enthält es nach 24 Stunden?
    Bestimmen Sie einen integralfreien Funktionsterm für die zum Zeitpunkt $t$ im Staubecken enthaltene Wassermenge.
    Nach welcher Zeit sind $6000 m^3$ Wasser im Becken?
    
    (5 VP)

**Aufgabe I 2.2**

Für jedes $a > 0$ ist eine Funktion $f_a$ gegeben durch

$$f_a(x) = a \cdot \sin(ax) + a; \ \ x \in \mathbb{R}.$$

$f_a$ hat das Schaubild $K_a$ und die Periode $p_a$.

a)  Bestimmen Sie die Koordinaten des Hochpunkts $H_a$ von $K_a$ für $0 \le x \le p_a$.
    Ermitteln Sie eine Gleichung der Kurve, auf der alle diese Hochpunkte $H_a$ liegen.
    
    (4 VP)

b)  Geben Sie in Abhängigkeit von $a$ die Koordinaten des Wendepunktes $W_a$ von $K_a$ an, der den kleinsten positiven $x$-Wert hat.
    Die Tangente in $W_a$ an $K_a$ schließt mit den Koordinatenachsen eine Fläche ein.
    Zeigen Sie, dass der Inhalt dieser Fläche unabhängig von $a$ ist.
    
    (5 VP)

# 5.47 Lösung Wahlteil 2011 – Analysis I 2

## Aufgabe I 2.1

### a) Zeitraum in dem die Zuflussrate größer als $100 \frac{m^3}{h}$ ist

Geben Sie den Funktionsterm von $w(t)$ bei $Y_1$ und die Gerade $y = 100$ bei $Y_2$ im GTR ein und lassen Sie sich den Graphen im Bereich $x_{min} = 0, x_{max} = 24, y_{min} = 0$ und $y_{max} = 120$ zeichnen. Mit {2ND CALC intersect} bestimmen Sie die beiden Schnittpunkte und erhalten $x_1 = 3{,}542$ und $x_2 = 8{,}458$.

**Ergebnis:**

In der Zeit zwischen $t_1 = 3{,}54h$ und $t_2 = 8{,}46h$ liegt die Zuflussrate über $100 \frac{m^3}{h}$.

**Stärkste Abnahme der Zuflussrate**

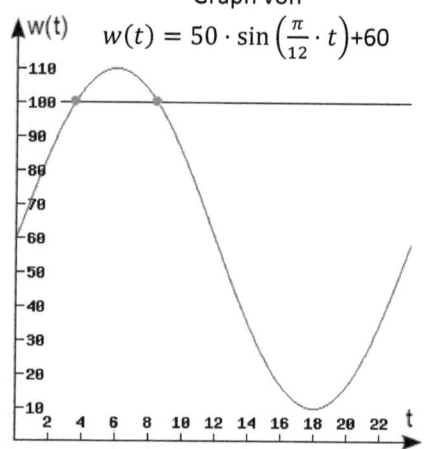

Graph von
$$w(t) = 50 \cdot \sin\left(\frac{\pi}{12} \cdot t\right) + 60$$

Gesucht ist der Wendepunkt im Graphen von $w(t)$. Geben Sie hierzu bei $Y_3$ den Ausdruck {nDeriv($Y_1$,X,X)} im Y-Editor ein und lassen Sie sich den Graphen der Ableitung im Bereich $y_{min} = -20$ und $y_{max} = 20$ zeichnen. Das Minimum auf diesem Graphen entspricht dem Wendepunkt im Graphen von $w(t)$. Sie bestimmen das Minimum mit {2ND CALC minimum} und erhalten $x = 12$.

**Ergebnis:** Nach 12 Stunden nimmt die Zuflussrate am stärksten ab.

### b) Wassermenge nach 24 Stunden

Durch Integration erhält man aus der Zuflussrate die Zuflussmenge in einem bestimmten Zeitabschnitt. Unter Beachtung der anfänglichen Wassermenge gilt $V = 5000 + \int_0^{24} w(t)dt$. Nach Eingabe des Ausdrucks {5000+fnInt($Y_1$,X,0,24)} im GTR ergibt sich die gesuchte Wassermenge zu $6440m^3$.

**Ergebnis:** Nach 24 Stunden enthält das Staubecken $6440m^3$ Wasser.

**Integralfreier Term für die Wassermenge**

Um einen integralfreien Term für die Wassermenge zum Zeitpunkt $t$ zu finden, brauchen wir eine Stammfunktion von $w(t)$ und beachten wie vorher die bereits vorhandene Wassermenge zu Beginn der Beobachtung. Es gilt:

$$
\begin{aligned}
V(t) &= 5000 + \int_0^t \left(50 \cdot \sin\left(\frac{\pi}{12} \cdot x\right) + 60\right) dx \\[2mm]
&= 5000 + 50 \int_0^t \sin\left(\frac{\pi}{12}x\right) dx + \int_0^t 60 dx \\[2mm]
&= 5000 + 50 \left[-\frac{12}{\pi}\cos\left(\frac{\pi}{12}x\right)\right]_0^t + [60x]_0^t \\[2mm]
&= 5000 + 50\left(-\frac{12}{\pi}\cos\left(\frac{\pi}{12}t\right) - \left(-\frac{12}{\pi}\right)\right) + 60t \\[2mm]
&= 5000 + \frac{600}{\pi} - \frac{600}{\pi}\cos\left(\frac{\pi}{12}t\right) + 60t
\end{aligned}
$$

Sicherlich gewinnt dieser Ausdruck keinen Schönheitswettbewerb, aber er ist der gesuchte integralfreie Term.

**Ergebnis:** Der gesuchte integralfreie Term für die Wassermenge lautet

$$
V(t) = 5000 + \frac{600}{\pi} - \frac{600}{\pi}\cos\left(\frac{\pi}{12}t\right) + 60t
$$

**Nach welcher Zeit sind 6000m$^3$ im Wasserbecken?**

Geben Sie den integralfreien Term von oben bei Y$_1$ im Y-Editor Ihres GTR ein. Bei Y$_2$ geben Sie zusätzlich die Gerade $y = 6000$ ein und lassen sich anschließend beide Graphen anzeigen. Mit {2ND CALC intersect} erhalten Sie den Schnittpunkt bei $x = 10{,}53$.

**Ergebnis:** Nach etwa 10,5 Stunden befinden sich 6000m$^3$ Wasser im Becken.

**Aufgabe I 2.2**

### a) Koordinaten des Hochpunkts $H_a$ von $K_a$

Es gilt $f'_a(x) = a^2 \cos(ax) = 0$ genau dann, wenn $\cos(ax) = 0$. Nun hat $\cos(x)$ innerhalb einer Periode genau zwei Nullstellen, nämlich bei $x = \frac{\pi}{2}$ und $x = \frac{3\pi}{2}$. Demzufolge wird $\cos(ax) = 0$ wenn $ax = \frac{\pi}{2}$ oder $ax = \frac{3\pi}{2}$. Die Art des Nulldurchgangs (nämlich von + nach -) zeigt, dass nur die erste Lösung zu einem Hochpunkt führt und folglich ist $x = \frac{\pi}{2a}$ dessen $x$-Koordinate.

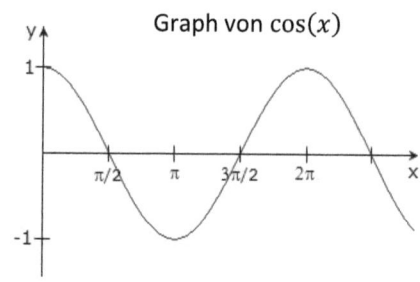

Graph von $\cos(x)$

Eingesetzt in $f_a$ folgt $f_a\left(\frac{\pi}{2a}\right) = a \cdot \sin\left(a \cdot \frac{\pi}{2a}\right) + a = a + a = 2a$.

**Ergebnis:** Der gesuchte Hochpunkt liegt bei $H_a\left(\frac{\pi}{2a} \mid 2a\right)$.

### Ortskurve der Hochpunkte $H_a$

Die Kurve, auf der alle Hochpunkte $H_a$ liegen, nennt man eine Ortskurve. Wir beginnen mit der $y$-Koordinate und sehen, dass $y = 2a$ von $a$ abhängt. Gesucht ist aber eine Funktion, die von $x$ abhängt. Um dies zu erreichen verwendet man einfach die $x$-Koordinate des Hochpunkts und stellt diese nach dem Parameter $a$ um. Mit $x = \frac{\pi}{2a}$ folgt $a = \frac{\pi}{2x}$ was wir jetzt in die $y$-Koordinate einsetzen. Wir erhalten $y = 2 \cdot \frac{\pi}{2x} = \frac{\pi}{x}$ und dies ist schon die gesuchte Ortskurve!

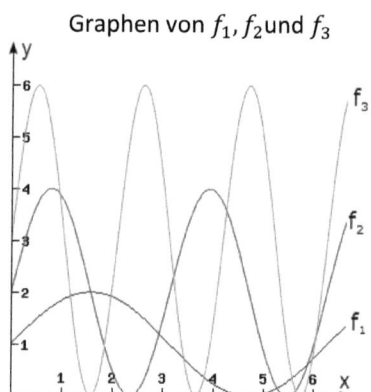

Graphen von $f_1, f_2$ und $f_3$

**Ergebnis:** Die Ortskurve der Hochpunkte $H_a$ lautet $y = \frac{\pi}{x}$.

### b) Bestimmung des Wendepunkts $W_a$ von $K_a$

Wir bilden zunächst die ersten drei Ableitungen von $f_a$. Es folgt:

$$f_a'(x) = a^2 \cos(ax), \quad f_a''(x) = -a^3 \sin(ax) \text{ und } f_a'''(x) = -a^4 \cos(ax)$$

Es ist $f_a''(x) = 0$ genau dann, wenn $\sin(ax) = 0$. Innerhalb der ersten Periode ist dies nur bei $ax = \pi$, also $x = \frac{\pi}{a}$ der Fall. Einsetzen in $f_a'''$ liefert $f_a'''\left(\frac{\pi}{a}\right) = -a^4 \cos\left(a \cdot \frac{\pi}{a}\right) = a^4 \neq 0$. Somit ist gesichert, dass bei $x = \frac{\pi}{a}$ wirklich ein Wendepunkt vorliegt. Einsetzen in $f_a(x)$ liefert $f_a\left(\frac{\pi}{a}\right) = a \cdot \sin\left(a \cdot \frac{\pi}{a}\right) + a = a$. Wir haben nun $W_a\left(\frac{\pi}{a}\middle|a\right)$.

**Behauptung: Die von der Tangente in $W_a$ mit den Koordinatenachsen gebildete Fläche ist unabhängig von $a$.**

Die Tangente in $W_a$ bekommen wir mit der Tangentenformel: $y = f_a'\left(\frac{\pi}{a}\right)\left(x - \frac{\pi}{a}\right) + f_a\left(\frac{\pi}{a}\right)$. Mit $f_a'\left(\frac{\pi}{a}\right) = a^2 \cos\left(a\frac{\pi}{a}\right) = -a^2$ und $f_a\left(\frac{\pi}{a}\right) = a$ folgt

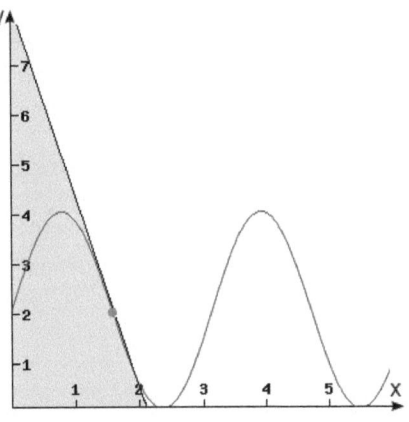

$$y = -a^2\left(x - \frac{\pi}{a}\right) + a = -a^2 x + \pi \cdot a + a$$

Die Tangente bildet zusammen mit den Koordinatenachsen ein Dreieck und die Achsenabschnitte bilden die Grundseite $g$ sowie die Höhe $h$. Den $y$-Achsenabschnitt liest man an der Tangentengleichung mit $h = \pi \cdot a + a$ ab. Für den $x$-Achsenabschnitt lösen wir $0 = -a^2 x + \pi \cdot a + a$ nach $x$ auf. Es folgt $a^2 x = \pi \cdot a + a$ und damit $x = \frac{\pi}{a} + \frac{1}{a} = g$. Nun gilt für die Fläche des Dreiecks

$$A = \frac{1}{2}gh = \frac{1}{2}\left(\frac{\pi}{a} + \frac{1}{a}\right)(\pi a + a) = \frac{1}{2}\left(\pi^2 + 2\pi + 1\right) = \frac{1}{2}(\pi + 1)^2$$

was, wie behauptet, unabhängig von $a$ ist.

# 5.48 Wahlteil 2011 – Analysis I 3

**Aufgabe I 3**

In einer großen Stadt breitet sich eine Viruserkrankung aus.
Die momentane Erkrankungsrate wird modellhaft beschrieben durch die Funktion
$f$ mit

$$f(t) = 150 \cdot t^2 \cdot e^{-0,2t} \; ; \; t \geq 0.$$

Dabei ist $t$ die Zeit in Wochen seit Beobachtungsbeginn und $f(t)$ die Anzahl der
Neuerkrankungen pro Woche.

a)  Skizzieren Sie das Schaubild von $f$.
    Wann erkranken die meisten Personen?
    Zeigen Sie, dass ab diesem Zeitpunkt die momentane Erkrankungsrate rückläufig ist.
    Wann nimmt sie am stärksten ab?

    (6 VP)

b)  Alle Neuerkrankungen werden sofort dem Gesundheitsamt gemeldet.
    Bei Beobachtungsbeginn sind bereits 100 Personen gemeldet.
    Wie viele Personen sind nach 12 Wochen insgesamt gemeldet?
    Die Funktion $F$ mit $F(t) = -750 \cdot (t^2 + 10t + 50) \cdot e^{-0,2t}$ ist eine Stammfunktion
    von $f$.
    Geben Sie eine Funktion für die Gesamtzahl der gemeldeten Personen nach $t$ Wochen
    an.
    Wann wird die Zahl von 20 000 gemeldeten Personen erreicht?
    Weisen Sie nach, dass die Anzahl der Meldungen unter 40 000 bleiben wird.

    (6 VP)

In einer benachbarten Stadt mit 30 000 Einwohnern ist bei Beobachtungsbeginn bereits die Hälfte der Einwohner an dem Virus erkrankt. Es ist davon auszugehen, dass im Laufe der Zeit alle Einwohner von der Krankheit erfasst werden und dass dabei die momentane wöchentliche Erkrankungsrate proportional zur Anzahl der bisher noch nicht von der Krankheit erfassten Einwohner ist.

c)   Man nimmt zur Modellierung zunächst den Proportionalitätsfaktor 0,1 an.
     Geben Sie eine zugehörige Differenzialgleichung an.
     Bestimmen Sie eine Funktion, welche die Anzahl der von der Krankheit erfassten Personen beschreibt.
     Wie viele Personen werden demzufolge nach 4 Wochen von der Krankheit erfasst sein?
     Tatsächlich sind es nach 4 Wochen bereits 22 000 Personen.
     Passen Sie die Funktion an die tatsächliche Situation an.

(6 VP)

# 5.49 Lösung Wahlteil 2011 – Analysis I 3

## Aufgabe I 3

### a) Wann erkranken die meisten Personen?

Geben Sie den Funktionsterm bei $Y_1$ im Y-Editor Ihres GTR ein und lassen Sie sich den Graphen im Bereich $x_{min} = 0, x_{max} = 20, y_{min} = 0$ und $y_{max} = 2500$ anzeigen. Mit {2ND CALC maximum} ermitteln Sie die höchste Erkrankungsrate bei $x = 10$.

**Ergebnis:** Nach 10 Wochen erkranken die meisten Personen.

Graph von
$$f(t) = 150 \cdot t^2 \cdot e^{-0,2t}$$

## Rückläufigkeit der Erkrankungsrate nach 10 Wochen

Es muss gezeigt werden, dass $f'(t) < 0$ für $t > 10$ gilt. Nun ist $f'(t) = 300te^{-0,2t} - 150t^2e^{-0,2t} \cdot 0,2 = e^{-0,2t}(300t - 30t^2)$. Somit ist $f'(t) = 0$ genau dann, wenn $300t - 30t^2 = 0$. Division durch 30 und Ausklammern von $t$ liefert $t(10 - t) = 0$, also $t = 0$ oder $t = 10$. Für $t > 10$ wird der Ausdruck $t(10 - t)$ negativ und damit gilt auch $f'(t) < 0$.

**Ergebnis:** Nach 10 Wochen ist die Erkrankungsrate rückläufig.

## Stärkste Abnahme der Erkrankungsrate

Gesucht ist der Wendepunkt, d.h. die Stelle an der $f''(t) = 0$ (und natürlich $f'''(t) \neq 0$) ist. Den Funktionsterm von $f'(t)$ geben Sie bei $Y_2$ im Y-Editor ein und lassen sich den Graphen im Bereich $x_{min} = 0, x_{max} = 50, y_{min} = -400$ und $y_{max} = 400$ anzeigen. Die Extrempunkte im Graphen der ersten Ableitung sind dann die Wendepunkte im Graphen der ursprünglichen Funktion.

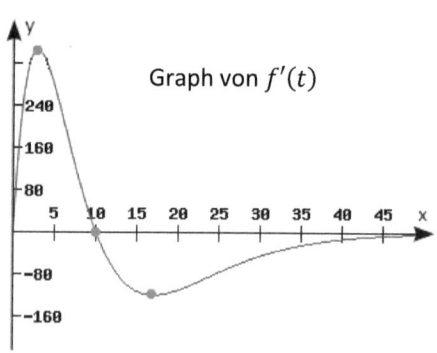

Graph von $f'(t)$

Sie ermitteln mit {2ND CALC minimum} den Wendepunkt nach der zehnten Woche bei $t =$ 17,07 (der erste Wendepunkt bei $t = 2,92$ zeigt die Stelle der stärksten Zunahme, was ja nicht gefragt war).

**Ergebnis:** Nach etwa 17 Wochen nimmt die Erkrankungsrate am stärksten ab.

### b) Funktionsterm für die Gesamtzahl der Neuerkrankungen nach $n$ Wochen

Die Gesamtzahl aller Neuerkrankungen bis zur Woche n kann auf verschiedene Arten berechnet werden. Der aufwändige aber genaue Weg besteht darin, die Anzahl der Neuerkrankungen für die Wochen 1 bis $n$ zu bestimmen (durch Einsetzen der Werte 1 bis $n$ in $f(t)$) und diese dann zu addieren, zuzüglich der 100 gemeldeten Personen bei Beginn der Beobachtung.

Der zweite Weg unter Verwendung des Integrals ist schneller, dafür aber ungenau, da wir mit dem Integral eine endliche Summe nur annähern können. Es sei nun $K(t)$ die Gesamtzahl aller erkrankten Personen bis zur Woche $t$. Dann gilt

$$
\begin{aligned}
K(t) &= 100 + \int_0^t f(x)dx = 100 + F(t) - F(0) \\
&= 100 - 750(t^2 + 10t + 50)e^{-0,2t} + 750 \cdot 50 \cdot 1 \\
&= 37600 - 750(t^2 + 10t + 50)e^{-0,2t}
\end{aligned}
$$

**Ergebnis:** Der Funktionsterm, der die Gesamtzahl der Erkrankungen bis zur Woche $t$ wiedergibt lautet $K(t) = 37600 - 750(t^2 + 10t + 50)e^{-0,2t}$.

### Anzahl der gemeldeten Personen nach 12 Wochen

Geben Sie den Funktionsterm von $K(t)$ bei $Y_2$ im GTR ein und bestimmen Sie $K(12)$ durch Eingabe von {$Y_2(12)$} im Berechnungsmodus. Sie erhalten den aufgerundeten Wert 16236.

**Ergebnis:** Die Gesamtzahl aller Erkrankungen nach 12 Wochen beträgt 16236.

### Zeitpunkt zu dem 20000 Personen gemeldet sind

Geben Sie bei $Y_3$ im GTR die Gerade $y = 20000$ ein und lassen Sie sich die Graphen von $Y_2$ und $Y_3$ zeichnen. Mit {2ND CALC intersect} finden Sie den Schnittpunkt bei $t = 14$. Dies ist der gesuchte Zeitpunkt.

**Ergebnis:** Nach 14 Wochen waren 20000 Personen gemeldet.

**Nachweis, dass die Anzahl der Meldungen unter 40000 bleibt**

Wenn wir die Gesamtzahl der Erkrankungen auf lange Sicht erfahren wollen, haben wir den Grenzwert $\lim\limits_{t\to\infty} K(t)$ zu bestimmen. Es folgt $\lim\limits_{t\to\infty} -750 \cdot (t^2 + 10t + 50) \cdot e^{-0,2t} + 37600 = 37600$ da für $t \to \infty$ der Ausdruck $e^{-0,2t} \to 0$ geht (und zwar „schneller" als der Faktor $(t^2 + 10t + 50)$ gegen $\infty$). Somit ist stets $K(t) < 40000$.

### c)   Differenzialgleichung (DGL) für den Wachstumsprozess
Da im Laufe der Zeit alle 30000 Einwohner der Stadt erkranken, haben wir es mit einem größenbeschränkten Wachstumsprozess zu tun mit der oberen Schranke $S = 30000$. Die DGL eines größenbeschränkten Wachstumsprozesses lautet $f'(t) = k(S - f(t))$. Mit dem in der Aufgabe vorgegebenen Proportionalitätsfaktor $k = 0,1$ erhalten wir also die zugehörige DGL.

**Ergebnis:** Die DGL für den Wachstumsprozess lautet $f'(t) = 0,1(30000 - f(t))$.

**Funktion für die Gesamtzahl der Erkrankungen**

In der obigen DGL beschreibt $f(t)$ die Gesamtzahl der bis zum Zeitpunkt $t$ erkrankten Personen. Die allgemeine Lösung der DGL ist $f(t) = S - ce^{-kt}$, wobei $c$ den Wert zu Beobachtungsbeginn darstellt. Mit $c = 15000$ (die Hälfte der Bevölkerung) folgt $f(t) = 30000 - 15000e^{-0,1t}$.

**Ergebnis:** Die gesuchte Funktion lautet $f(t) = 30000 - 15000e^{-0,1t}$.

**Gesamtzahl der Erkrankungen nach 4 Wochen**

Es gilt $f(4) = 19945$.

**Ergebnis:** Nach 4 Wochen sind 19945 Personen erkrankt.

### Anpassung von $f(t)$

Tatsächlich gilt nach 4 Wochen $f(4) = 22000$. Da die obere Schranke $S$ und die Gesamtzahl der Erkrankten bei Beobachtungsbeginn feststeht, kann sich in $f(t)$ nur noch der Proportionalitätsfaktor $k$ ändern. Diesen setzen wir also neu an und erhalten $f(4) = 30000 - 15000 \cdot e^{-k \cdot 4} = 22000$. Abziehen von 30000 und Division durch $-15000$ liefert nach Kürzen $\frac{8}{15} = e^{-4k}$. Nach Logarithmieren folgt $-4k \approx -0,6286$ also $k \approx 0,157$.

**Ergebnis:** Die angepasste Funktion lautet $f(t) = 30000 - 15000e^{-0,157t}$.

# 5.50 Wahlteil 2011 – Geometrie II 1

### Aufgabe II 1

Eine prismenförmige Truhe ist durch ihre Eckpunkte $A(6|4|0)$, $B(6|8|0)$, $C(-4|8|0)$, $D(-4|4|0)$, $P(6|4|4)$, $Q(6|8|6)$, $R(-4|8|6)$ und $S(-4|4|4)$ gegeben.
Das Viereck $PQRS$ beschreibt den Deckel der Truhe.

a)  Stellen Sie die Truhe in einem Koordinatensystem dar.
    Berechnen Sie das Volumen der Truhe.
    Bestimmen Sie eine Koordinatengleichung der Ebene, in welcher der Deckel der Truhe
    liegt.
    (Teilergebnis: $E_{Deckel}: x_2 - 2x_3 = -4$)

                                                                    (5 VP)

Gegeben ist eine Ebenenschar durch $E_a: x_2 - ax_3 = 8 - 6a;\ a \in \mathbb{R}$.

b)  Zeigen Sie, dass die Ebene, in der der Deckel liegt, und die Ebene, in der die Rückwand
    $BCRQ$ liegt, zur Ebenenschar gehören.
    Zeigen Sie, dass es eine Gerade gibt, die in allen Ebenen $E_a$ der Schar liegt.
    Berechnen Sie den Schnittwinkel $\varphi$ von $E_0$ und $E_2$.
    Welche andere Ebene $E_a$ schließt mit der Ebene $E_2$ ebenfalls den Winkel $\varphi$ ein?
                                                                    (7 VP)

c)  Der Deckel der Truhe ist um die Kante $QR$ drehbar.
    Durch Drehung des Deckels um 90° wird die Truhe geöffnet.
    In welcher Ebene $E_a$ liegt der Deckel dann?
    Der Punkt $P$ geht bei dieser Drehung in den Punkt P* über.
    Bestimmen Sie die Koordinaten von P*.
                                                                    (4 VP)

# 5.51 Lösung Wahlteil 2011 – Geometrie II 1

**Aufgabe II 1**

**a)   Darstellung der Truhe im Koordinatensystem**

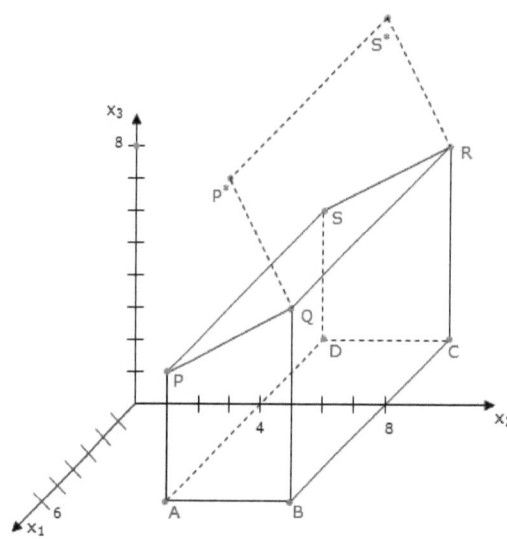

**Volumen der Truhe**

Für das Volumen der Truhe gilt $V = A_{Trapez} \cdot |BC|$, wobei das Trapez durch das Viereck $ABQP$ gebildet wird und $A_{Trapez} = \frac{|AP|+|BQ|}{2} \cdot |AB|$ gilt. Wir haben daher nur die Länge der jeweiligen Kanten zu berechnen. Es folgt $|AP|=4$, $|BQ|=6$ (Unterschied zwischen den $x_3$-Koordinaten), $|AB| = 4$ (Unterschied der $x_2$-Koordinaten) und $|BC| = 10$ (Unterschied der $x_1$-Koordinaten).

Damit folgt $V = \frac{(4+6)}{2} \cdot 4 \cdot 10 = 200$.

**Ergebnis:** Die Truhe hat ein Volumen von 200 LE$^3$.

**Koordinatengleichung der Ebene des Deckels**

Aus den zwei Richtungsvektoren $\overrightarrow{PQ} = \vec{q} - \vec{p} = \begin{pmatrix} 0 \\ 4 \\ 2 \end{pmatrix}$ und $\overrightarrow{PS} = \vec{s} - \vec{p} = \begin{pmatrix} -10 \\ 0 \\ 0 \end{pmatrix}$ berechnen wir mit dem Vektorprodukt zunächst einen Normalenvektor:

$$\overrightarrow{PQ} \times \overrightarrow{PS} = \begin{pmatrix} 4 \cdot 0 \\ 2 \cdot 10 \\ 0 \cdot 0 \end{pmatrix} - \begin{pmatrix} 2 \cdot 0 \\ 0 \cdot 0 \\ 4 \cdot (-10) \end{pmatrix} = \begin{pmatrix} 0 \\ -20 \\ 40 \end{pmatrix}$$

Da es auf die Länge des Normalenvektors nicht ankommt, teilen wir durch 20 und erhalten $\vec{n} = \begin{pmatrix} 0 \\ -1 \\ 2 \end{pmatrix}$, woraus sich die Koordinatengleichung $-x_2 + 2x_3 = d$ ergibt. Da $P(6|4|4)$ in der Ebene des Deckels liegt, können wir dessen Koordinaten einsetzen und damit $d$ bestimmen: $-4 + 2 \cdot 4 = 4 = d$.

**Ergebnis:** Die Koordinatengleichung der Ebene des Deckels lautet $E_D: -x_2 + 2x_3 = 4$.

### b)   Zugehörigkeit von Deckel und Rückwand $BCRQ$ zu $E_a$

In $E_a: x_2 - ax_3 = 8 - 6a$ setzen wir $a = 2$, teilen durch $-1$ und erhalten die Ebenengleichung des Deckels, also liegt der Deckel in der Ebenenschar. Für die Rückwand $BCRQ$ brauchen wir zunächst eine Koordinatengleichung. Da die $x_2$-Achse senkrecht zur Rückwand steht, können wir $\vec{n} = \begin{pmatrix} 0 \\ 1 \\ 0 \end{pmatrix}$ als Normalenvektor nehmen und erhalten $0x_1 + 1x_2 + 0x_3 = d$ also $x_2 = d$ als vorläufige Ebenengleichung. Da $B$ in der Ebene liegt setzen wir dessen $x_2$-Koordinate ein und erhalten $E_R: x_2 = 8$. Somit müssen wir in $E_a$ lediglich $a = 0$ wählen, erhalten $E_0 = E_R$ und sehen dadurch, dass die Ebene der Rückwand ebenfalls zur Ebenenschar gehört.

### Gemeinsame Gerade aller Ebenen aus $E_a$

Die Gerade $g$ auf der die Kante $QR$ liegt ist die Schnittgerade von $E_D$ und $E_R$, was ja ohne Rechnung sofort durch die Zeichnung ersichtlich ist. Also kann nur diese als gemeinsame Gerade aller $E_a$ in Frage kommen. Eine Parameterdarstellung lautet:

$$g: \vec{x} = \vec{q} + t(\vec{r} - \vec{q}), \text{ also } g: \vec{x} = \begin{pmatrix} 6 \\ 8 \\ 6 \end{pmatrix} + t \begin{pmatrix} -10 \\ 0 \\ 0 \end{pmatrix}$$

Um zu prüfen, ob $g$ in $E_a$ liegt, müssen wir lediglich die Koordinaten von $\vec{x}$, nämlich $x_1 = 6 - 10t$, $x_2 = 8$ und $x_3 = 6$ in die Ebenengleichung von $E_a$ einsetzen und testen, ob die Gleichung dadurch erfüllt wird. Es folgt $8 - a \cdot 6 = 8 - a \cdot 6$ was offenbar für jedes $a \in \mathbb{R}$ gilt.

**Ergebnis:** Die Gerade, die in allen $E_a$ liegt lautet $g: \vec{x} = \begin{pmatrix} 6 \\ 8 \\ 6 \end{pmatrix} + t \begin{pmatrix} -10 \\ 0 \\ 0 \end{pmatrix}$.

### Winkel zwischen $E_0$ und $E_2$

Aus den Ebenengleichungen $E_0: x_2 = 8$ und $E_2: x_2 - 2x_3 = -4$ liest man die beiden Normalenvektoren $\vec{n}_0 = \begin{pmatrix} 0 \\ 1 \\ 0 \end{pmatrix}$ und $\vec{n}_2 = \begin{pmatrix} 0 \\ 1 \\ -2 \end{pmatrix}$ ab. Der Winkel zwischen $E_0$ und $E_2$ ist gegeben durch $\cos(\varphi) = \frac{\vec{n}_0 \cdot \vec{n}_2}{|\vec{n}_0| \cdot |\vec{n}_2|}$.

Es gilt $\vec{n}_0 \cdot \vec{n}_2 = 1$, $|\vec{n}_0| = 1$ und $|\vec{n}_2| = \sqrt{1^2 + (-2)^2} = \sqrt{5}$. Einsetzen ergibt $\cos(\varphi) = \frac{1}{\sqrt{5}}$. Der GTR liefert dann $\varphi = 63{,}43°$. Beachten Sie, dass der GTR hierbei im Modus {DEGREE} arbeitet.

**Ergebnis:** Die Ebenen $E_0$ und $E_2$ schneiden sich im Winkel $\varphi = 63{,}43°$.

### Weitere Ebenen $E_a$, die mit $E_2$ den Winkel $\varphi$ einschließen

Nun müssen wir obige Berechnung allgemein mit $E_a$: $x_2 - ax_3 = 8 - 6a$ durchführen.

Den Normalenvektor lesen wir ab mit $\vec{n}_a = \begin{pmatrix} 0 \\ 1 \\ -a \end{pmatrix}$ mit einer Länge von $|\vec{n}_a| = \sqrt{1 + a^2}$.

Außerdem gilt $\vec{n}_2 \cdot \vec{n}_a = \begin{pmatrix} 0 \\ 1 \\ -2 \end{pmatrix} \cdot \begin{pmatrix} 0 \\ 1 \\ -a \end{pmatrix} = 1 + 2a$. Zwischen beiden Ebenen soll der Winkel $\varphi = 63{,}43°$ liegen, somit ist $\cos(\varphi) = \frac{1}{\sqrt{5}}$ (siehe obige Aufgabe). Diese Zwischenergebnisse setzen wir in die Winkelformel $\cos(\varphi) = \frac{\vec{n}_2 \cdot \vec{n}_a}{|\vec{n}_2| \cdot |\vec{n}_a|}$ ein und erhalten $\frac{1}{\sqrt{5}} = \frac{1 + 2a}{\sqrt{5} \cdot \sqrt{1 + a^2}}$. Multiplikation mit $\sqrt{5}$ und Quadrieren auf beiden Seiten liefert $1 = \frac{(1 + 2a)^2}{1 + a^2}$, also $1 + a^2 = (1 + 2a)^2$ was uns nach einigen Umstellungen zur quadratischen Gleichung $3a^2 + 4a = 0$ führt. Nach Ausklammern von $a$ können wir die beiden Nullstellen direkt ablesen, denn $a(3a + 4) = 0$ liefert $a_1 = 0$ und $a_2 = -\frac{4}{3}$.

**Ergebnis:** $E_{-4/3}$ ist neben $E_0$ die einzige Ebene die mit $E_2$ den Winkel $\varphi = 63{,}43°$ einschließt.

### c)   Bestimmung der Ebene in der der geöffnete Deckel liegt

Der geschlossene Deckel liegt in der Ebene $E_2$ von der wir bereits den Normalenvektor kennen. Der geöffnete Deckel liegt in einer Ebene $E_k (k \in \mathbb{R})$ mit dem Normalenvektor $\vec{n}_k = \begin{pmatrix} 0 \\ 1 \\ -k \end{pmatrix}$. Aufgrund der Vorgabe, dass $E_2$ und $E_k$ senkrecht zueinander stehen, gilt $\vec{n}_2 \cdot \vec{n}_k = 0$ woraus sich $k$ bestimmen lässt. Es folgt $\begin{pmatrix} 0 \\ 1 \\ -2 \end{pmatrix} \cdot \begin{pmatrix} 0 \\ 1 \\ -k \end{pmatrix} = 0 \Leftrightarrow 0 + 1 + 2k = 0$, also $k = -\frac{1}{2}$

**Ergebnis:** Der um 90° geöffnete Deckel liegt in der Ebene $E_{-1/2}$.

**Bestimmung des Punktes $P^*$ nach der Drehung**

Der Punkt $P$ bewegt sich beim Öffnen des Deckels in einer zur $x_2x_3$-Ebene parallelen Ebene (nämlich in der Ebene $x_1 = 6$). Daher hat $P^*$ dieselbe $x_1$-Koordinate wie $P$, also gilt $P^*(6|s|t)$. Da $P$ um $Q$ gedreht wird sind die Längen der Strecken $PQ$ und $P^*Q$ dieselben.

Daraus bekommen wir eine erste Bestimmungsgleichung. Mit $\left|\overrightarrow{PQ}\right| = \left|\begin{pmatrix} 0 \\ 4 \\ 2 \end{pmatrix}\right| = \sqrt{4^2 + 2^2} =$

$\sqrt{20}$ und $\left|\overrightarrow{P^*Q}\right| = \left|\begin{pmatrix} 0 \\ 8 - s \\ 6 - t \end{pmatrix}\right| = \sqrt{(8 - s)^2 + (6 - t)^2}$ und wegen $\left|\overrightarrow{PQ}\right| = \left|\overrightarrow{P^*Q}\right|$ folgt

$\sqrt{20} = \sqrt{(8 - s)^2 + (6 - t)^2}$. Wir quadrieren und erhalten I. $20 = (8 - s)^2 + (6 - t)^2$ . Die zweite Bestimmungsgleichung erhalten wir aus der Tatsache, dass $P^*$ im geöffneten Deckel liegt, dass also $P^* \in E_{-1/2}$ gilt. Die Koordinatengleichung lautet $E_{-1/2}: x_2 + \frac{1}{2}x_3 =$

11. Einsetzen von $P^*$ liefert $s + \frac{1}{2}t = 11$ also II. $s = 11 - \frac{1}{2}t$. Einsetzen in I. ergibt $20 =$

$\left(8 - 11 + \frac{1}{2}t\right)^2 + (6 - t)^2$, was nach Ausmultiplizieren und Zusammenfassen zur quadratischen Gleichung $t^2 - 12t + 20 = 0$ führt. Mit der p-q-Formel folgt $t_1 = 10$ und $t_2 = 2$. Aus $t_1$ gewinnen wir $s_1 = 6$ und aus $t_2$ folgt $s_2 = 10$. Beide Lösungen setzen wir in $P^*$ ein und erhalten $P_1(6|6|10)$ bzw. $P_2(6|10|2)$. Die zweite Lösung können wir wegstreichen, denn hier wäre der Deckel um 270° aufgeklappt (das wäre ebenfalls eine Drehung um 90° aber im entgegengesetzten Uhrzeigersinn, was ja physikalisch nicht möglich ist).

**Ergebnis:** Nach der Drehung geht der Punkt $P(6|4|4)$ über in den Punkt $P^*(6|6|10)$.

# 5.52 Wahlteil 2011 – Geometrie II 2

## Aufgabe II 2

Ein Gebäude hat als Grundfläche das Rechteck $ABCD$ mit $A(4|0|0), B(4|6|0)$, $C(0|6|0), D(0|0|0)$ und als Dachfläche das Viereck $EFGH$ mit $E(4|0|4)$, $F(4|6|1), G(0|6|5)$ und $H(0|0|8)$ (Koordinatenangaben in Meter).

a) Stellen Sie das Gebäude in einem Koordinatensystem dar.
   Bestimmen Sie eine Koordinatengleichung der Ebene, in der die Dachfläche $EFGH$
   liegt.
   Welchen Neigungswinkel besitzt die Dachfläche?
   Zeigen Sie, dass die Dachfläche ein Parallelogramm ist.
   Berechnen Sie den Inhalt der Dachfläche.
   (Zwischenergebnis: $E_{Dach}$: $2x_1 + x_2 + 2x_3 = 16$)

   (8 VP)

b) Im Inneren des Gebäudes soll eine Lampe im Punkt $L(d|d|d)$ angebracht werden.
   Die Lampe soll von der Bodenfläche und der Dachfläche des Gebäudes den gleichen
   Abstand haben.
   Bestimmen Sie $d$.

   (4 VP)

c) Eine Person mit 1,7m Augenhöhe bewegt sich vom Punkt $P(5|1|0)$ aus in positiver
   $x_2$-Richtung.
   Wie weit muss sie mindestens gehen, damit sie die Ecke $H$ sehen kann?

   (4 VP)

# 5.53 Lösung Wahlteil 2011 – Geometrie II 2

### Aufgabe II 2

#### a) Darstellung im Koordinatensystem

Abb. 1: Teilaufgabe a)                    Abb. 2: Teilaufgabe c)

            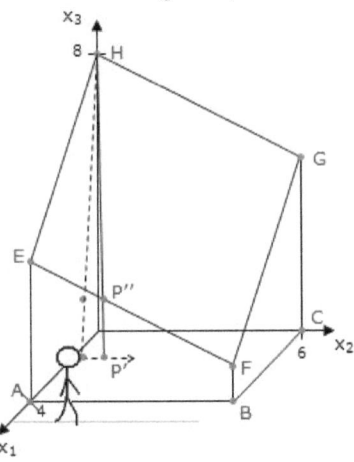

### Koordinatengleichung der Ebene der Dachfläche

Für die Koordinatengleichung benötigen wir einen Normalenvektor, den wir aus zwei beliebigen Kanten der Dachfläche durch Bilden des Vektorprodukts erhalten. Mit $\overrightarrow{HG} = \vec{g} -$

$\vec{h} = \begin{pmatrix} 0 \\ 6 \\ -3 \end{pmatrix}$ und $\overrightarrow{HE} = \vec{e} - \vec{h} = \begin{pmatrix} 4 \\ 0 \\ -4 \end{pmatrix}$ folgt

$$\overrightarrow{HG} \times \overrightarrow{HE} = \begin{pmatrix} 6 \cdot (-4) \\ -3 \cdot 4 \\ 0 \cdot 0 \end{pmatrix} - \begin{pmatrix} -3 \cdot 0 \\ 0 \cdot (-4) \\ 6 \cdot 4 \end{pmatrix} = \begin{pmatrix} -24 \\ -12 \\ -24 \end{pmatrix}.$$

Da die Länge des Normalenvektors keine Rolle spielt teilen wir noch durch $-12$ und erhalten

$\vec{n}_D = \begin{pmatrix} 2 \\ 1 \\ 2 \end{pmatrix}$ und damit $E_D: 2x_1 + x_2 + 2x_3 = d$. Durch Einsetzen des Punktes $H$, der zur

Dachfläche gehört, erhalten wir $d: 2 \cdot 0 + 0 + 2 \cdot 8 = 16 = d$.

**Ergebnis:** Die gesuchte Koordinatengleichung lautet $E_D: 2x_1 + x_2 + 2x_3 = 16$.

**Neigungswinkel der Dachfläche**

Der Winkel zwischen zwei Ebenen ist gegeben durch $\cos(\varphi) = \frac{\vec{n}_1 \cdot \vec{n}_2}{|\vec{n}_1| \cdot |\vec{n}_2|}$, wobei $\vec{n}_1$ und $\vec{n}_2$ die beiden Normalenvektoren der Ebenen sind. Wir haben nun den Neigungswinkel zwischen $E_D$ und der $x_1 x_2$-Ebene zu bestimmen. Als Normalenvektor für die $x_1 x_2$-Ebene nehmen wir $\vec{n} = \begin{pmatrix} 0 \\ 0 \\ 1 \end{pmatrix}$. Es gilt weiter $|\vec{n}| = 1$ und $|\vec{n}_D| = \sqrt{2^2 + 1^2 + 2^2} = 3$ und $\vec{n} \cdot \vec{n}_D = 0 + 0 + 2 = 2$. Diese Zwischenergebnisse setzen wir in die obige Winkelformel ein und erhalten $\cos(\varphi) = \frac{2}{1 \cdot 3}$. Mit dem GTR erhalten Sie hieraus $\varphi = 48{,}19°$.

**Ergebnis:** Die Dachfläche hat einen Neigungswinkel von $\varphi = 48{,}19°$.

**Nachweis, dass die Dachfläche ein Parallelogramm ist**

Wir zeigen, dass die Strecken $EH$ und $FG$ sowie $EF$ und $HG$ erstens jeweils parallel sind und zweitens jeweils dieselbe Länge haben. Es gilt $\overrightarrow{EH} = \begin{pmatrix} -4 \\ 0 \\ 4 \end{pmatrix}$ und $\overrightarrow{FG} = \begin{pmatrix} -4 \\ 0 \\ 4 \end{pmatrix}$, woraus sofort ersichtlich ist, dass beide Strecken dieselbe Länge haben. Es könnte nun theoretisch sein, dass beide Strecken identisch sind. Da aber beispielsweise $E$ nicht auf $FG$ liegt, ist dies nicht der Fall, d.h. $EH$ und $FG$ sind parallel. Weiterhin gilt $\overrightarrow{EF} = \begin{pmatrix} 0 \\ 6 \\ -3 \end{pmatrix}$ und $\overrightarrow{HG} = \begin{pmatrix} 0 \\ 6 \\ -3 \end{pmatrix}$ und somit ist $|\overrightarrow{EF}| = |\overrightarrow{HG}|$. $E$ liegt nicht auf $HG$, folglich sind beide Strecken nicht identisch, d.h. $EF$ und $HG$ sind parallel. Damit sind alle Nachweise erbracht!

**Inhalt der Dachfläche**

Im Parallelogramm gilt die Flächenformel $A = g \cdot h$, wobei $g$ die Grundseite und $h$ die Höhe ist. In unserem Fall verwenden wir die Kante $EH$ als Grundseite und den Abstand des Punktes $G$ zur Geraden $k$ durch $E$ und $H$ als Höhe $h$. Es gilt zunächst $g = |\overrightarrow{EH}| = \left| \begin{pmatrix} -4 \\ 0 \\ 4 \end{pmatrix} \right| = \sqrt{32}$. Eine Parameterform der Geraden durch $E$ und $H$ ist gegeben durch

$$k: \vec{x} = \vec{e} + t \cdot \overrightarrow{EH} = \begin{pmatrix} 4 \\ 0 \\ 4 \end{pmatrix} + t \begin{pmatrix} -4 \\ 0 \\ 4 \end{pmatrix}$$

Wir konstruieren eine Hilfsebene $K$ senkrecht zu $k$, so dass $G$ auf $K$ liegt. Den Richtungsvektor von $k$ nehmen wir als Normalenvektor. Dann ist $K: -4x_1 + 4x_3 = d$. Einsetzen von $G$ liefert $d$ mit $-4 \cdot 0 + 4 \cdot 5 = d = 20$. Es folgt $K: -4x_1 + 4x_3 = 20$. Nun bestimmen wir den Schnittpunkt von $K$ mit $k$. Aus der Geradengleichung für $k$ liest man ab $x_1 = 4 - 4t, x_2 = 0$ und $x_3 = 4 + 4t$. Einsetzen in $K$ liefert

$$-4(4 - 4t) + 4(4 + 4t) = 20 \Leftrightarrow 32t = 20 \Leftrightarrow t = \frac{5}{8}$$

Eingesetzt in $k$ erhalten wir den Schnittpunkt $S$ von $k$ mit $K: S(1{,}5|0|6{,}5)$. Der Abstand von $S$ zu $G$ ist dann unsere Höhe $h$ des Parallelogramms. Es gilt:

$$h = |\overrightarrow{GS}| = \left| \begin{pmatrix} 1{,}5 \\ -6 \\ 1{,}5 \end{pmatrix} \right| = \sqrt{40{,}5}$$

Schließlich erhalten wir die Dachfläche mit $A = g \cdot h = \sqrt{32} \cdot \sqrt{40{,}5} = 36$.

**Ergebnis:** Die Dachfläche hat einen Flächeninhalt von $36 \text{LE}^2$.

### b) Koordinaten der Lampe

Der Abstand der Lampe von der Bodenfläche, also von der $x_1x_2$-Ebene ist gegeben durch die $x_3$-Koordinate von $L$, somit ist $D(L, Boden) = d$, also auch $D(L, Dach) = d$, dabei bezeichnen wir die Abstandsfunktion mit einem großen $D$, um sie vom zahlenmäßigen Wert des Abstands $d$ zu unterscheiden. Für den Abstand von $L$ zum Dach benötigen wir die HNF der Ebene, in der das Dach liegt. In $E_D: 2x_1 + x_2 + 2x_3 = 16$ ziehen wir $16$ ab, teilen durch die Länge des Normalenvektors und erhalten HNF $E_D: \frac{2x_1 + x_2 + 2x_3 - 16}{3} = 0$. Damit folgt nach Einsetzen der Koordinaten von $L: D(L, Dach) = \frac{|2d + d + 2d - 16|}{3} = d$ also $|5d - 16| = 3d$. Für die Lösung dieser Betragsgleichung müssen zwei Fälle unterschieden werden. Falls $5d - 16 \geq 0$ ist können wird die Betragsstriche weglassen und erhalten $5d - 16 = 3d$ mit der Lösung $d = 8$. Falls aber $5d - 16 < 0$, müssen wir den Ausdruck innerhalb der Betragsstriche mit $-1$ multiplizieren und können erst dann die Betragsstriche weglassen. Wir erhalten $-5d + 16 = 3d$ mit der Lösung $d = 2$. Der erste Fall führt also zu $L(8|8|8)$, der zweite Fall zu $L(2|2|2)$. Im ersten Fall hinge die Lampe aber außerhalb des Gebäudes, also kann nur $L(2|2|2)$ die korrekte Lösung sein.

**Ergebnis:** Es gilt $d = 2$, d.h. die Lampe hängt an der Position $L(2|2|2)$.

**c)  Wie weit muss die Person gehen, um die Ecke $H$ zu sehen?**

Die Person startet im Punkt $P(5|1|0)$ und bewegt sich in positiver $x_2$-Richtung zum Punkt $P(5|u|0)$. Die Augen befinden sich dann an der Position $P'(5|u|1,7)$ und dies sei die Stelle an der die Ecke $H$, die vorher von der vorderen Hauswand verdeckt wurde, erstmals sichtbar ist. Betrachten wir nun die Gerade durch $H$ und $P'$ während die Person sich bewegt. Solange die Augen die Position $P'(5|u|1,7)$ noch nicht erreicht haben, durchstößt diese Gerade die Hauswand. Im Punkt $P'$ aber schneidet sie sich mit der Geraden durch die Punkte $E$ und $F$. Wenn wir nun beide Geradengleichungen aufstellen, können wir deren Schnittpunkt bestimmen und erhalten dadurch einen Wert für $u$. Es sei also $g_1$ die Gerade durch $H$ und $P'$ und $g_2$ die Gerade durch $E$ und $F$. Dann gilt

$$g_1: \vec{x} = \vec{h} + t(\vec{p} - \vec{h}) = \begin{pmatrix} 0 \\ 0 \\ 8 \end{pmatrix} + t \begin{pmatrix} 5 \\ u \\ -3,6 \end{pmatrix} = \begin{pmatrix} 5t \\ ut \\ 8 - 6,3t \end{pmatrix}$$

und

$$g_2: \vec{x} = \vec{e} + s(\vec{f} - \vec{e}) = \begin{pmatrix} 4 \\ 0 \\ 4 \end{pmatrix} + s \begin{pmatrix} 0 \\ 6 \\ -3 \end{pmatrix} = \begin{pmatrix} 4 \\ 6s \\ 4 - 3s \end{pmatrix}$$

Gleichsetzen liefert die drei Koordinatengleichungen I. $5t = 4$, II. $ut = 6s$ und III. $8 - 6,3t = 4 - 3s$. Aus I. folgt $t = \frac{4}{5}$, eingesetzt in III. liefert dies $s = 0,347$, eingesetzt in II. führt schließlich zu $u = 2,6$. Die Augen der Person bewegen sich folglich von $P''(5|1|1,7)$ nach $P'(5|2,6|1,7)$, somit legt die Person einen Weg von $2,6\text{m} - 1\text{m} = 1,6\text{m}$ in positiver $x_2$-Richtung zurück.

**Ergebnis:** Eine Person mit 1,7m Augenhöhe, die in $P(5|1|0)$ startet, muss mindestens 1,6m in positiver $x_2$-Richtung gehen, damit sie die Ecke H des Dachs sehen kann.